Alois Rzach

Kritische Studien zu den sibyllinischen Orakeln

Alois Rzach

Kritische Studien zu den sibyllinischen Orakeln

ISBN/EAN: 9783744638869

Hergestellt in Europa, USA, Kanada, Australien, Japan

Cover: Foto ©ninafisch / pixelio.de

Weitere Bücher finden Sie auf **www.hansebooks.com**

DENKSCHRIFTEN
DER
KAISERLICHEN AKADEMIE DER WISSENSCHAFTEN IN WIEN
PHILOSOPHISCH-HISTORISCHE CLASSE.

BAND XXXVIII.

IV.

KRITISCHE STUDIEN

ZU DEN

SIBYLLINISCHEN ORAKELN.

VON

ALOIS RZACH.

WIEN, 1890.
IN COMMISSION BEI F. TEMPSKY
BUCHHÄNDLER DER KAIS. AKADEMIE DER WISSENSCHAFTEN.

Der Text der apokryphen sogenannten Sibyllinischen Orakeln gehört zu den am schlechtesten überlieferten Werken des griechischen Alterthums. Je länger man sich mit der Sammlung dieser Prophetien beschäftigt, desto mehr gelangt man zu der Einsicht, dass die vielen Fehler, denen man auf Schritt und Tritt begegnet, bei weitem nicht in dem Maasse auf Rechnung der Sibyllisten zu setzen sind, wie man es früher glaubte. Vielmehr ist eine der hauptsächlichsten Fehlerquellen in der schlechten Beschaffenheit der Tradition zu suchen: hiezu kommt noch, dass von den meisten Kritikern die Stellung der Handschriften zu einander und ihr relativer Wert nicht gehörig erkannt und bestimmt ward.

Unsere Handschriften, welche ich für meine im Drucke befindliche kritische Ausgabe der Sibyllinischen Bücher neu verglichen habe, zerfallen, wie ich anderwärts näher ausführen werde, in drei Sippen. Die erste Stelle gebührt der Gruppe, deren Consensus ich in meiner neuen Ausgabe mit Ω bezeichne, umfassend die Handschriften Q = Vatican. 1120, saec. XIV, M = Ambrosian. E 64 super. saec. XV, V = Vatican. 743 saec. XIV, H = Monacens. gr. 312 saec. XVI. Letztere beide stehen unter einander in engem Verhältnis, es stellt sich H als Abschrift von V heraus. Diese Familie Ω enthält nur einen Theil der Sibyllinen und zwar die Codd. QVH Buch IV, VI, XI—XIV, Stücke des VIII., Cod. M nur Buch IV, VI, XIV und dieselben Stücke des VIII. Buches. Wie sich bei der kritischen Betrachtung der Bücher IV, VI und zum Theile VIII ergibt, welche auch in den beiden anderen Handschriften-Familien vorliegen, stellt sich die Ueberlieferung dieser Sippe Ω wenigstens für die erwähnten Partien als die relativ bessere dar; dies wird auch durch die bei den Kirchenvätern, namentlich bei Lactantius, vorfindlichen Citate aus den Sibyllinen bestätigt, insoferne sich zumeist eine Uebereinstimmung derselben mit den in Ω gebotenen besseren Lesearten ergibt. An zweiter Stelle ist zu nennen die Familie Φ, welcher die folgenden Codices angehören: P = Monacens. gr. 351 saec. XV, A = Vindobonens. hist. gr. 96, 6 saec. XV, von minderem Werte B = Bodleian. saec. XV und S = Scorialens. II Σ 7 saec. XV. Die Handschrift A nimmt insoferne eine besondere Stellung ein, als ihrem Schreiber offenbar auch die in der dritten Familie Ψ

vorliegende Tradition nicht unbekannt war. Die Sippe Φ enthält dieselben Bücher I—VIII, wie die gleich anzuführende dritte Ψ, zeigt aber einen verhältnismässig viel weniger zerrütteten Text, als die letztere, obgleich auch in ihr arge Interpolationen genugsam wahrzunehmen sind. Der dritten schlechtesten Familie Ψ sind beizuzählen: F = Laurentian. pl. XI 17 saec. XV, der Hauptrepräsentant dieser Sippe, dann L = Parisin. 2850 saec. XV und R = Parisin. 2851 saec. XV.

An einer Anzahl von Stellen kommen der Kritik die bei den Kirchenvätern (besonders die bei Lactantius) vorliegenden Citate zu Hilfe. Indess, solange nicht irgendwo eine Handschrift auftaucht, die einen reineren Text vermittelt, als die uns bisher bekannten, wird Jeder, der sich mit den Sibyllinen beschäftigt, in gar vielen Fällen zur Conjecturalkritik seine Zuflucht nehmen müssen. Von dieser ist, wenn sich jener Wunsch nicht erfüllt, allein noch eine Besserung des so mannigfach zerstörten Textes zu erhoffen.

Auf den folgenden Blättern lege ich den Fachgenossen eine Reihe von kritischen Versuchen und Botrachtungen vor, wie sie sich mir bei den Vorstudien zu meiner neuen Edition ergaben. Es würde mir zur Freude gereichen, wenn meine Auseinandersetzungen wenigstens zum Theile die Billigung der Kenner fänden.

Prooem. 44 Alex. = Prooem. Fr. II 6 Friedl. Die Handschriften des Theophilos ad Autol. II 36, wo das sogenannte Prooemium der Sibyllinen erhalten ist, bieten

οὑρεά δ' ὑψήεντα καὶ ἀένναα χεύματα πηγῶν.

Das corrupte zweite Hemistichion liessen auch die beiden letzten Herausgeber stehen, ja Friedlieb hat die Ueberlieferung sogar noch verschlechtert, indem er nach der Ausgabe des Theophilos bei Gallandius Biblioth. vet. patr., Venedig 1765, x' ἀέννaa in den Text setzte. Hätte er aber nur einen Blick in den in oben dieser Sammlung der Kirchenväter vorliegenden Abdruck der Sibyllinischen Orakel (tom. I p. 336) geworfen, so hätte ihm die Note zu unserer Stelle einen andern, besseren Weg zur Emendation gezeigt; der Editor bemerkt hier: „Anonymus Londinensis in notis ad editionem Opsopoei Paris. an. 1607, quam penes me habeo, heic legendum statuit ἀενάων πόμα πηγῶν ut infra lib. IV v. 15." Dieser Anon. Londin. hat damit ganz richtig die Parallelstelle gewiesen: wir brauchen nur die ihm noch nicht bekannte, in den Handschriften QVH erhaltene genauere Fassung στόμα πηγῶν anzunehmen, um die Stelle völlig zu heilen. Der Vers hat also zu lauten:

οὑρεά δ' ὑψήεντα καὶ ἀενάων στόμα πηγῶν.

Ich verweise auch auf XIV 143, wo die überlieferte Fassung des Versschlusses παρ' ὑστάτων πόμα πηγῆς von Meineke nach jener Stelle IV 15 in στόμα πηγῆς verbessert ward.

Prooem. 49 Alex. = Prooem. Fr. II 11:

ἐν δὲ νάπαις ὀρέων ἀγρίαν γένναν θέτο θηρῶν.

Unwillkürlich erinnert sich Jeder der sophokleischen Stelle Antig. 345 θηρῶν ἀγρίων ἔθνη; auch in unserem Verse ist vermuthlich die gewählter Fügung ἀγρίων γένναν oder γενεήν θέτο θηρῶν die ursprüngliche gewesen.

I 50 sqq. τοῖσιν δ᾽ ἀθάνατος κότον ἔνθετο κάβαλεν ἔξω
ἀθανάτου χώρου· τόδε γὰρ τετελεσμένον ἦεν
θνητοῖς ἐν χώρᾳ μεῖναι, ἐπεὶ οὐκ ἐφύλαξαν
ἀθανάτου μεγάλοιο θεοῦ λόγον εἰσαΐσαντες.

Zunächst bemerke ich, dass das Schlusswort in Vers 53 εἰσαΐσαντες, wie Alexandre schrieb, nachdem schon Turnebus und Auratus εἰσαΐοντες vermuthet hatten, kaum zweifelhaft sein kann. Zwar hat die bessere Handschriftenclasse Φ ἀΐσαντες, die schlechtere Ψ ἀεΐσαντος, aber derselbe Sibyllist gebrauchte das Compositum I 171 εἰσαΐοντες und I 354 εἰσαΐσουσι. Meineke's Vorschlag, es sei vielleicht ἀΰσαντος (θεοῦ) zu schreiben, empfiehlt sich, von dem prosodischen Bedenken abgesehen (vgl. Hom. δεινὸν ἀΰσαντες Π 566), schon wegen des unserer Stelle zu Grunde liegenden Berichtes der Genesis nicht: 3, 8 καὶ ἤκουσαν τῆς φωνῆς κυρίου τοῦ θεοῦ.

Grössere Schwierigkeit bereitet die Herstellung des Anfanges von Vers 52: θνητοῖς ἐν χώρῳ bietet A, die übrigen Handschriften der Classe Φ θνητοῖς ἐν χώρᾳ; die Familie Ψ zeigt, wie zumeist, die Ueberlieferung noch weiter verderbt in der Fassung θνητοῖσιν ἐν χώρᾳ. Schon Castalio sah die Nothwendigkeit ein, die Conjecturalkritik zu Hilfe zu nehmen, indem er am Rande seiner Ausgabe bemerkte, ‚f. (fortasse) ἐν θνητῷ' (χώρᾳ). Volkmann erkannte die Richtigkeit des nur in A überlieferten χώρῳ und schrieb ἐν θνητῷ χώρῳ (in seinem ‚Specimen novae Sibyllinorum Oraculorum editionis'). Allein meines Erachtens verlangt der Gegensatz zu dem unmittelbar vorausgehenden ἀθανάτου χώρου die Beibehaltung des θνητῷ am Anfange des Verses, und thatsächlich findet sich das Adjectiv, wenn auch in verderbter Form, in allen Handschriften an dieser Stelle vor. Hiezu kommt, dass auch im nächsten Verse 53 mit nicht zu verkennender Absichtlichkeit wiederum ἀθανάτου an die Spitze gestellt ist. Deshalb ist wohl an θνητῷ ἐνὶ χώρῳ zu denken, vgl. in demselben Buche περίεσσῳ ἐνὶ χώρῳ I 215 ἐρημαίῳ ἐνὶ χώρῳ I 356. Die ausnahmsweise Zulassung der Längung der Schlusssilbe von ἐνὶ vor folgender Aspirata hat ihr Analogon an derselben Versstelle bei Aratos 1019 αὐτῇ ἐνὶ χώρῃ und in einem inschriftlich erhaltenen Epigramme bei Kaibel Epigramm. graeca ex lapid. conl. 330, 6 (= C. I. G. 2211) Λέσβῳ ἐνὶ χώρῳ; vgl. auch meine Schrift ‚Neue Beitr. zur Technik des nachhom. Hexam.' p. 14. Die Schreibung θνητῷ ἐν χώρῳ ist unstatthaft, da sich aus unseren Sibyllinen die Erhaltung der Länge eines auslautenden φ (resp. ω) in der Senkung vor folgendem vocalischen Anlaute nicht nachweisen lässt, wie ich anderwärts ausführen werde. Die Vermuthungen von Opsopoeus θνητοῖσι(ν) χωρίς ‚seorsim — nempe extra hortum dei' und von Friedlieb θνητέων ἐν χώρῳ können auf Beachtung keinen Anspruch erheben.

I 57 αὔξεσθε πληθύνεσθ᾽ ἐργάζεσθ᾽ ἐπὶ γαίης.

So Φ, während die Sippe Ψ αὐξάνεσθε πληθύνεσθε καὶ im ersten Halbverse bietet. Diesem Hemistichion, welches auch in den besseren Handschriften schwerfällig klingt, da die Hauptcäsur des Verses gänzlich mangelt, suchten einzelne Kritiker aufzuhelfen, wie namentlich Volkmann, der die Verba umsetzte und πληθύνεσθ᾽ αὔξεσθε καὶ hergestellt wissen wollte; Meineke wieder schlug vor αὔξετε πληθύνεσθε καὶ und zwar mit Berufung auf I 66, wo überliefert ist καὶ αὔξανεν ἄλλος ἐπ᾽ ἄλλῳ | λαὸς ἀπειρέσιος, so dass hier das Activum αὐξάνω im Sinne von ‚sich mehren' vorläge. So willkommen es wäre, statt jenes holperigen cäsurlosen Verses einen metrisch tadellosen zu gewinnen, glaube ich doch an der Ueberlieferung von Φ festhalten zu sollen. Zunächst fällt schwer ins Gewicht der Umstand, dass im Septuaginta-Texte der Genesis zu wiederholten Malen der Spruch ‚Wachset und mehret euch' in einer Form erscheint, an welche sich die in den Sibyllinen vorliegende Fassung offenbar ganz direct anschliesst, vgl. Genes. 1, 28 καὶ εὐλόγησεν αὐτοὺς ὁ θεὸς λέγων· αὐξάνεσθε καὶ πληθύνεσθε καὶ πληρώσατε τὴν γῆν καὶ κατακυριεύσατε αὐτῆς; ähnliche Stellen bezüglich Noe's Nachkommen Genes. 9, 1 (wie 1, 28), weiters 8, 18 καὶ αὐξάνεσθε καὶ πληθύνεσθε ἐπὶ τῆς γῆς; 9, 7 ὑμεῖς δὲ αὐξάνεσθε καὶ πληθύνεσθε κτλ. (vgl. auch 1, 22 αὐξάνεσθε καὶ πληθύνεσθε κτλ.). Diese Stellen verlangen kategorisch die Aufrechterhaltung der medialen Formen in unserem Sibyllenverse, zumal der Verfasser selbst später I 271 sq. auf Grund von Genes. 9, 1 solche ebenfalls gebraucht:

καὶ πλήσατε γαῖαν ἅπασαν
αὐξόμενοι πληθυνόμενοι.

Ja es ist wahrscheinlich, dass demgemäss Orac. Sib. I 66, so wie im vorangehenden Verse das Medium steht,

καὶ τότε δὴ γενεὴ πληθύνετο, ὡς ἐκέλευσεν
αὐτὸς ὁ παντοκράτωρ,

gleichfalls καὶ αὔξετο ἄλλος ἐπ' ἄλλῳ zu schreiben ist; αὔξανεν scheint durch das Streben den an dieser Stelle (in der bukol. Diärese) entschuldigten Hiatus zu vermeiden veranlasst (der ja auch, allerdings noch nachdrücklicher durch die Interpunction paralysirt, im Verse zuvor vorliegt).

I 70 sqq.   οὐ γὰρ ἀνίαις
τειρόμενοι θνῆσκον, ἀλλ' ὡς δεδμημένοι ὕπνῳ
ἔφθιθεν οἱ μέροπες μεγαλήτορες, οὓς ἐφίλησεν
σωτὴρ ἀθάνατος βασιλεὺς θεός.

In dieser Stelle, die, wie manche andere aus ihrer Umgebung, den hesiodischen Erga nachgebildet ist (vgl. Erg. 112 νόσφιν ἄτερ τε πόνων καὶ ἀϊζύος, Erg. 116 θνῆσκον δ' ὡς ὕπνῳ δεδμημένοι, Erg. 120 ἀφνειοὶ μήλοισι, φίλοι μακάρεσσι θεοῖσιν), stört der Artikel in der Verbindung ἔφθιθεν οἱ μέροπες μεγαλήτορες sehr; es empfiehlt sich, diese Schwierigkeit durch den bei späteren Dichtern mehrfach begegnenden Superlativ ἔλβιστοι (ΟΛΒΙCΤΟΙ konnte einst leicht zu ΟΛΒΙΟΙΟΙ werden) zu beheben.

I 87 sqq.   αὐτὰρ ἐπεὶ τούτους ὑπεδέξατο, δεύτερον αὖθις
τῶν καταλειφθέντων τε δικαιοτάτων ἀνθρώπων
ἄλλο γένος τεύξεν πολυποίκιλον.

Der Vers 88 ist ganz offenbar eine ziemlich nüchterne und ungeschickte Interpolation, durch welche der Zusammenhang in unangenehmer Weise zerrissen wird; der Verfasser musste zu dem hier recht unstatthaften Wörtchen τε greifen, um den Hexameter zu Stande zu bringen. Ebensowenig vermag der Inhalt der Kritik Stand zu halten: obzwar es I 80 heisst, dass das erste Geschlecht in den Hades eingehen musste, sollen doch gerechte Männer übrig geblieben sein. Das hat der Interpolator sich aus der folgenden Schilderung des neuen Geschlechtes herausgeklügelt. Von demselben Urheber stammt zweifellos auch ein weiteres Einschiebsel in dieser dem hesiodischen Mythos von den Weltaltern nachgebildeten Partie. I 120 sqq. heisst es nämlich in Alexandre's Fassung:

καὶ πάλιν ἄλλο γένος πολὺ χειρότερον μετόπισθεν
ἀνθρώπων ποίης', οἷς οὐκ ἀγαθὸν μετέπειτα
ἀθάνατος θεὸς τεῦξεν, ἐπεὶ κακὰ πόλλ' ἐπονοῦντο.

Auch hier ist Vers 121, dessen erstes Hemistichion in Φ ἀνθρώπων ποιήσας, in Ψ ἀνθρώπων ποίησεν οἷς lautet, aus dem Texte zu entfernen, was auch der Pariser Anonymus am Rande seiner Opsopoeus-Ausgabe schon vermerkte. Wiederum ist der armselige Vers an derselben Stelle angebracht, wie in jenem Abschnitte. In Vers 122 ist übrigens nach Alexandre's Vorschlag statt θεὸς τεῦξεν, ἐπεὶ zu lesen τεῦξεν, ἐπεὶ ἦ.

I 94 sq.   ἄλλῳ δὲ πλέειν μεμέλητο,
ἄλλῳ δ' ἀστρονομεῖν καὶ ἐνειροπολεῖν τὰ πετεινά.

Hier ist aller Wahrscheinlichkeit nach der Artikel τὰ erst jüngeren Ursprunges und daher die den Sibyllisten aus dem epischen Sprachgebrauche geläufige Form πετεηνά vorzuziehen.

I 98 sqq.   γρήγοροι ἀλφηστῆρες, ἐπωνυμίης μετέχοντες
ταύτης, ὅτι φασὶν ἀκύμαντον νόον εἶχον
ἄπληττόν τε δέμας.

In Vers 99 bietet ὅτι φασὶν cod. P, aber B hat ὅτι φρασὶν, wie auch die Handschrift des Pithoeus nach Opsopoeus' Angabe bot: in A liegt, wie in der schlechteren Sippe Ψ, die Lesart ὅτι φρασσὶν (R φρεσίν) vor; jenes φασὶν in P, das offenkundiger Schreibfehler ist, ausgenommen, weist also die Ueberlieferung auf den Dativ Pluralis φρασὶν oder φρεσίν hin, und es war daher ein wenig glücklicher Einfall Alexandre's, gerade von φασὶν auszugehen und die Conjectur τοιαύτης, ὅτι φασὶν zu versuchen (worin ihm Volkmann gefolgt ist); mit mehr Berechtigung hat Meineke ταύτης, ὅτι φραδαῖσιν vorgeschlagen. Indess, wenn wir bedenken, dass unbedeutende Wörtchen bei der so schlechten Beschaffenheit unserer Sibyllentexte öfter ausgefallen sind, so liegt es nahe, an ταύτης, ὅτι μετὰ φρεσίν zu denken, vgl. Hom. Σ 419 τῇς ἐν μὲν νόος ἐστὶ μετὰ φρεσίν.

Auch der folgende Ausdruck ἀκύμαντον ist wohl keineswegs ursprünglich. Die von Volkmann (in den Noten zur Specialausgabe des I. Buches) gebilligte Interpretation des Opsopoeus „quia in pectore sedatum, hoc est praesentem et sollertem animum gerunt" befriedigt nicht, ebensowenig aber Meineke's Ansicht, welcher ἀκύμαντον im Sinne von κολυσύμαντον fasste. Am ehesten kann man sich mit dem von einem Ungenannten herrührenden ἀκάμητον befreunden; doch macht dann die metrische Form dieses Ausdruckes eine etwas andere Fassung des Vorausgehenden nothwendig:

ταύτης, ὅτι μετὰ φρέσ' ἀκάμητον νόον εἶχον.

Indess liesse sich auch an μετὰ φρεσὶν ἀκάματον νόον denken, was mit Rücksicht auf γρήγοροι ἀλφηστῆρες eben so gut dem Sinne entspricht. Aehnliche Verbindungen liebt der epische Sprachgebrauch wie ἀκάματος ... μένος Hesiod. Fragm. V 3 R., μένος ἀκάματον Apollon. Rhod. Argon. B 274. Rhythmisch freilich wäre diese Gestaltung des Verses von geringerer Qualität als die vorhin erwähnte.

I 189 sq. καὶ τότε κόσμος ἅπας τε ἀκειρεσίων ἀνθρώπων
θνήξεται·

In der Mitte des Verses I 189 findet sich das Flickwörtchen τε ebenso vor, wie in der Ueberlieferung von II 21 κότερ κόσμος ὅλος τε ἀκειρεσίων ἀνθρώπων κτλ.; vergleichen wir I 162 ἔσται γὰρ ὅτε κόσμος ὅλος ἀπερείσιος ἀνθρῶν κτλ., so ergibt sich mit grosser Wahrscheinlichkeit zunächst, dass für ἅπας auch I 189 ὅλος zu lesen ist; statt des ganz ungehörigen τε aber vermuthe ich περ an beiden genannten Stellen.

I 193 πλεύσει γῆ, πλεύσουσιν ὄρη, πλεύσει δὲ καὶ αἰθήρ.

Der Vers kehrt VII 9 wieder: nur lautet die Ueberlieferung daselbst etwas anders πλεύσει δὲ ὄρη, was von Meineke richtig in πλεύσεις δ' ὄρη verbessert ward. Auch an unserer Stelle muss zweifelsohne ebenso geschrieben werden.

I 201 sq. ἤδη καιρὸς ἐπέστη. Νῶε, τὰ ἕκαστ' ἀγορεύειν
ὅσσα τε ἤματι τῷ σοὶ ὑπέστην καὶ κατένευσα.

Die handschriftliche Leseart ἐπέστη muss umso grösseres Bedenken erregen, als es den Anschein hat, dass der im folgenden Verse begegnende Ausdruck ὑπέστην nicht ohne Einfluss auf die Gestaltung derselben geblieben ist: man erwartet naturgemäss ἔκαστι und daher wollte der Anonymus Londinensis ἤδη καιρὸς ἔκεστι, Νῶε in den Text setzen. Aber die prosodische Messung von Νῶε, wo gleichzeitig ω als Kürze und ε vor folgendem einfachen Consonanten als Länge erschiene, ist bedenklich; ich vermuthe deshalb mit leichter Umsetzung καιρὸς ἔκεστ' ἤδη, Νῶε; die hier nothwendige Längung des Auslautes im Namen Νῶε ist durch die analoge Stelle I 269 Νῶε πεφυλαγμένε πιστὲ δίκαιε vollständig entschuldigt.

I 220 sqq. συνεπηγείροντο δ' ἅγιαι
πάντες καὶ ὑδάτων φλέβες ἐλύοντο ἅπασαι
οὐρανόθεν μεγάλων ἀνοιγομένων καταρρακτῶν
καὶ μυχῶν γαίης καὶ ἀβύσσοιο ἀκαμάτοιο
ὕδατα μυριόεντα φάνη καὶ γῆ ἐκαλύφθη
πᾶσα ἀπερέσιος.

An dieser Stelle ist vor Allem der Vers 221, den ich in der von Φ gegebenen Fassung hergesetzt habe, in rhythmischer Beziehung recht bedenklich: die Classe Ψ hat gar φλέβαις (φλέβες R) λύοντο ἅπασαι; von Emendationsversuchen sind zu verzeichnen der des Auratus, welcher φλέβες ἐλλύοντο ἅπασαι vorschlug (von Alexandre aufgenommen), ferner des Opsopoeus Conjectur φλέβες ἐξελύοντο ἅπασαι, endlich die des Anonymus Londinensis, welcher an φλέβες ἐξλύοντο ἅπασαι dachte. Näher scheint es mir zu liegen, wenn wir mit Rücksicht auf Hom. β 105 ἀλλύεσκεν β 109 ἀλλύουσιν, dann auf Apollon. Rhod. Argon. Δ 150, wo ἀνελύετ' mit langem υ begegnet, die Correctur πᾶσαι φλέβες ἀλλύοντο (gegen das etwaige φλέβες ἀλλύοντο ἅπασαι spricht meiner Ansicht nach der Hiatus und der unschöne Versrhythmus) versuchen, was auch dem Sinne mehr angemessen ist.

In Vers 222 ist das in Φ vorliegende ἀνοιγομένων (ἀνοιγομένων Ψ) bereits von Struve in ἀνοιγομένων verbessert worden (vgl. Hom. Ω 455 ἀνοίγεσκον), worauf die letzten

Herausgeber keine Rücksicht nahmen. Auch im nächsten Verse 223 ist eine Corruptel zu beseitigen: für das verdächtige καὶ μυχῶν empfahl derselbe Gelehrte καὶ μυχέων (von μυχή), wogegen Nauck καὶ μυχάτων, Volkmann aber eine Umsetzung καὶ γαίης τε μυχῶν vorschlug. Da sich in den Sibyllinen sonst nur die Form μυχός vorfindet, (vgl. in derselben Verbindung VIII 362 οἶδα μυχοὺς γαίης), so ist meines Erachtens μυχῶν festzuhalten. Es wird daher wahrscheinlich, dass eine bereits von Auratus vorgebrachte, seither aber ganz verschollene Conjectur ἐκ τε μυχῶν γαίης das Richtige trifft. Schliesslich ist zu bemerken, dass zu Ende von Vers 224 und zu Anfang des nächsten vielleicht eine Wortverschiebung erfolgt ist, welche den unerträglichen Hiatus πᾶσα ἀπειρέσιος verursachte. Hier könnte καὶ πᾶσα καλύφθη | γαίη ἀπειρέσιος die ursprüngliche Lesart gewesen sein. Die Form γαίη gehört zu den bei den Sibyllisten üblichen. Indess lässt sich auch an die Correctur πάντη ἀπειρέσιος denken, während am Schlusse des vorangehenden Verses γῇ ἐκαλύφθη beibehalten werden kann.

I 225 sqq.
   αὐτὸς δ' ἐπενήχετο ὄμβρῳ
οἶκος ὑποπέσιος· πολλοῖσι δὲ κύμασι λάβροις
ῥηγνύμενος καὶ νηχόμενος ἀνέμων ὑπὸ ῥιπῆς
ὤρνυτο δειμαλέως.

Befremden erregt die Wiederholung des Begriffes νήχεσθαι, mehr noch die Verwendung des νηχόμενος neben dem kräftigen ῥηγνύμενος und den übrigen den Aufruhr der Elemente treffend kennzeichnenden Ausdrücken. Ich halte es deshalb nicht für gewagt, in jenem νηχόμενος eine Corruptel zu vermuthen, welche sich aus ἐπενήχετο in den Vers 227 eingeschlichen hat. Die ursprüngliche Fassung mag wohl πλησσόμενος oder vielleicht νυσσόμενος gelautet haben.

I 230   ἀλλ' ὅτε κόσμον ἅπαντα θεὸς κατέλυσ' ὑετοῖσι

Alle Handschriften ausser A haben κατέλυσ' ὑετοῖσι, diese mit einer Lücke κατέλυ.. τοῖσι; selbstverständlich ist κατέλυσσ' ὑετοῖσι herzustellen. Die bisherigen Herausgeber hatten an κατέλῦσ' nichts auszusetzen.

I 244 sq.   ἡ δὲ πτερύγεσσι καμοῦσα
      πάντα περιπτήσασα πάλιν τρέπετ'·

Verschiedene monströse Formen sind durch die traurige Verderbnis der Ueberlieferung in den Text der Sibyllinen eingedrungen; kein Vernünftiger wird, um speciell auf einige Verbalformen zu verweisen, in θνηόντων III 554, ἐκλαθόντες III 34, μολοῦντες I 85, βολήθεὶς XIV 75, τασσόνται XIV 145 u. s. a. irgendwelche eigenartige Bildungen sehen, die doch ihre Analoga in der gleichzeitigen Litteratur haben müssten. Vielmehr sind solche Misformen als Textcorruptelen erkannt und zum Theile verbessert. Wenn sich nun derlei Monstrositäten noch in unseren Ausgaben vorfinden, so rührt das daher, weil man vielfach gewohnt war, in den Sibyllinischen Weissagungen alle möglichen Verstösse gegen Grammatik oder Metrik ohne weiteres als von den Verfassern derselben herrührend anzusehen, während, wie oben bemerkt, ein sehr grosser Theil der Fehler auf die Verderbnis der Ueberlieferung zu setzen ist. Eine meiner Ueberzeugung nach ebenfalls zu den Unmöglichkeiten zu zählende Form ist das Particip περιπτήσασα. In unmittelbarer

Nahe dieser handschriftlich überlieferten Unform lesen wir I 249 ganz regelrecht ἣ δ' ἄρα πωτήσασα διέπτατο; andererseits liegt in den Handschriften I 256 bei demselben Verbum eine Corruptel vor: προφρονέως πέτατέ, γαίη κτλ., die von Ludwich durch die Schreibung πωτᾶτο behoben ward. Und so ist auch περιπτήσασα als verderbte Form anzusehen, die wohl durch Missverständnis eines Compendiums im Schlusse des Wortes veranlasst ward, und in περιπταμένη zu verändern ist, wonach, um das Metrum nicht zu stören, nur noch die augmentirte Form ἐτρέπετ᾽ statt τρέπετ᾽ herzustellen ist, so dass der Vers jetzt lautet:

πάντα περιπταμένη πάλιν ἐτρέπετ᾽.

I 247   αὐτὰρ ὃς ἡσυχίως πάλιν ἤματα

Wie ausserordentlich oft die Sibyllisten von den Formeln und Wortverbindungen des alten Epos Gebrauch machen, wird sich aus den in meiner Ausgabe gegebenen Nachweisen herausstellen, die natürlich da und dort zur Emendation beitragen. Auch in unserem Verse ist statt αὐτὰρ ὃς die aus Homer so geläufige Formel αὐτὰρ ὃ γ᾽ zu schreiben, vgl. Γ 328, Ε 308, 327, 585, Θ 268, Κ 154, Λ 461, 483, Μ 40, Ν 164, 399, Ο 479, Π 108, Φ 550, Ψ 896, υ 140 (αὐτὰρ ὃ γε Ι 206, Ο 523, χ 480). Für πάλιν vermuthete Meineke sehr ansprechend ἐπί.

I 261 sq. ἔστι δέ τις Φρυγίης ἐπ᾽ ἠπείροιο μελαίνης
ἠλίβατον τανύμηκες ὄρος.

Beide Handschriftenclassen bieten die angeführte Fassung. Die Herausgeber begnügten sich mit der auf Castalio zurückgehenden Aenderung

ἔστι δέ τι Φρυγίης ἐπὶ ἠπείροιο μελαίνης

welche einen auch in der sibyllinischen Verstechnik unerhörten Hiatus am Schlusse des dritten Fusses, also in der Mitte des Hexameters, enthält, der nicht einmal in der verderbten Ueberlieferung zugelassen ist. Ich vermuthe, es sei zu lesen

ἔστι δ᾽ ἐνὶ Φρυγίοισιν ἐπ᾽ ἠπείρου μελαίνης.

Das unantastbare Hemistichion ἐπ᾽ ἠπείροιο μελαίνης liegt vor schon im Hom. Hymn. VII 22 und bei Antimachos Fragm. 59, 1 Kinkel, vgl. Hom. ξ 97 οὐδ᾽ ἠπείροιο μελαίνης und Hom. Hymn. auf Demet. 130 δι᾽ ἠπείροιο μελαίνης.

I 293 sq.   τρεῖς γὰρ βασιλεῖς μεγάθυμοι
ἄνδρα δικαιότατον μοίρας δέ τε δηλήσονται.

So stellt sich die Ueberlieferung dar nach *P*; ἄνδρα bietet er allein, ἄνδρες die übrigen Codd.; δέ τε δηλήσονται (δευλήσονται *B*) hat *Φ*, die schlechtere Sippe Ψ δή τε δηλήσονται (*L* von 1. Hand δή τε διαίσονται). Die Verderbnis am Schlusse des Verses 294 hat verschiedene Emendationsversuche hervorgerufen: Alexandre conjicirte schon in der ersten Ausgabe διαδηλήσονται 'etsi distrahendi aut discerpendi potius quam dividendi sensu'; er fühlte also selbst die Unzulänglichkeit dieses Vorschlages; Volkmann dachte an

ἄνδρα δικαιότατον μοίρῃ διαδηλήσονται

(wohl nach I 364) 'iustissimum virum calamitate afficient', was aber zum Zusammenhange gar nicht passen will. Einen Fingerzeig zur Heilung der Stelle scheint mir der hesiodische Ausdruck Theog. 544 διδάσσαο μοίρας zu geben. Nur dieses Verbum kann dem Sinne auch an unserer Stelle Genüge leisten und es ist sehr wohl möglich, dass dem Verfasser jener hesiodische Versausgang vorschwebte. Denn Anklänge an Hesiod gibt es in diesem Buche genug, z. B. I 46, vgl. Hesiod. Theog. 585, I 69 sq. — Hesiod. Erg. 113 sq., I 71 — Erg. 116, I 72 sq. — Erg. 120, I 75 — Erg. 185 sq., I 77 — Erg. 145 sq., I 78 sqq. — Erg. 152 sqq., I 83 sq. — Erg. 141 sq., I 85 — Erg. 153, I 86 — Erg. 142, I 100 — Theog. 153. I 104 sqq. — Erg. 143 sqq., I 112 — Erg. 136, I 115 — Erg. 161 und 163, I 120 — Erg. 127, I 254 — Erg. 212, I 297 sq. — Erg. 117 sq., I 300 — Erg. 91 sq., I 301 — Erg. 116, I 303 — Erg. 142, I 307 — Erg. 127 und 143 u. a.

Die Sage von der Theilung des Weltalls schwebt deutlich dem Verfasser vor; sie findet sich in dem von einem jüdischen Verfasser, der absichtlich jüdische und griechische Mythen contaminirt, herrührenden dritten Buche der Sibyllinen deutlich ausgesprochen:

III 110 καὶ βασίλευσε Κρόνος καὶ Τιτὰν Ἰαπετός τε.

wozu III 114 sq. zu ziehen ist:

τρισσαὶ δὴ μερίδες γαίης κατὰ κλῆρον ἑκάστου
καὶ βασίλευσεν ἕκαστος ἔχων μέρος οὐδ' ἐμάχοντο.

Es ist daher nicht allzu kühn, wenn ich vermuthe, es sei διαλλάσσονται τότε μοίρας zu schreiben. Die Corruptel δέ τε δηλήσονται konnte sich leicht ergeben, da das Verbum δηλεῖσθαι bei den Sibyllisten häufig im Gebrauche steht, so z. B. lesen wir es nahe unserer Stelle I 364.

I 309 sq.   ὁμοῖος δὲ τύπος ἐπὶ πᾶσι κέκασται
              εἶδος καὶ μέγεθός τε φυήν· φωνὴ δὲ μι' ἔσται.

In Vers 309 haben sich die Herausgeber mit der angeführten Fassung begnügt. Zunächst ist jedoch unbedingt εἶδός τε μέγεθός τε nach Homer herzustellen, da die Sibyllisten die Längungen vor liquidem Anlaute keineswegs perhorresciren, vgl. z. B. III 579 βωμῷ ἔπι μεγάλῳ, V 480 περὶ μέγαν οὐρανόν, XI 119 Αἴγυπτε μεγάθυμε; jenes vermutheten schon der Anonym. Londin. und nach ihm Meineke. Minder einfach steht die Sache betreffs der folgenden Worte. Ueberliefert ist φυή in Φ, φυήν in Ψ; der Accusativ ist hier nothwendig, er gibt die Relation zu ὁμοῖος τύπος (κέκαστα lese ich mit Meineke). Unmöglich aber kann φυήν ohne ein Bindewort angefügt sein, wie schon aus der offenbaren Vorlage bei Homer B 58 hervorgeht:

εἶδός τε μέγεθός τε φυήν τ' ἄγχιστα ἐῴκει.

Zwar ist man mit dem Wörtchen τε in der Ueberlieferung der Sibyllinen eigenthümlich umgesprungen und hat es an mancher Stelle zur Verklebung und Verkleisterung von Corruptelen missbraucht, anderseits ist es auch mitunter da ausgefallen, wo es ursprünglich stand. Ein Beispiel letzterer Art haben wir vor uns. Vergleichen wir unsere Stelle mit Hom. Σ 419

τῆς ἐν μὲν νόος ἐστὶ μετὰ φρεσίν, ἐν δὲ καὶ αὐδή
καὶ σθένος.

oder mit der Verbindung ἡμὲν δέμας ἠδὲ καὶ αὐδήν bei Hom. β 268, 401, χ 206, ω 503, 548, stellen wir ferner den sibyllinischen Vers mit sammt dem folgenden

ὡς πάρος ἐκ πρώτης γενεῆς θεὸς ἐν στήθεσσιν
ἔνθετο

zusammen mit Hom. Δ 430 ἔχοντ᾽ ἐν στήθεσιν αὐδήν, so dürfte kein Zweifel obwalten, dass zu emendiren sei:

εἶδός τε μέγεθός τε φυήν τ᾽. αὐδὴ δέ μί᾽ ἔσται.

I 324   δὴ τότε καὶ μεγάλοιο θεοῦ πάις ἀνθρώποισιν
          ἥξει σαρκοφόρος.

Das überlieferte δὴ τότε καί muss in καὶ τότε δή verändert werden, vgl. z. B. gleich den Anfang von Vers 351. Dergleichen Versetzungen kleiner Wörtchen, speciell bei dieser den Sibyllisten so geläufigen Verbindung, kommen in den Handschriften wiederholt vor.

I 353   βλέψουσιν δέ τε τυφλοί, ἀτὰρ βαδίσουσί τε χωλοί,
          κωφοί τ᾽ εἰσαΐσουσι, λαλήσουσ᾽ οὐ λαλέοντες.

Der Schluss von Vers 353 kann in dieser Form, welche Φ bietet (Ψ βαδιοῦσί τε χωλοί) nicht ursprünglich sein; es ist meines Erachtens naturgemäss ἀτὰρ χωλοὶ βαδίσουσιν herzustellen. Wegen der chiastischen Stellung ist die Parallelstelle VIII 207 zu vergleichen: καὶ τυφλοὶ βλέψουσι, λαλήσουσ᾽ οὐ λαλέοντες.

I 364   οὐράνιον ὅτι παῖδα θεοῦ διεϊληλήσαντο.

Es kommt nicht darauf an, dass die Ἑβραῖοι den himmlischen Sohn Gottes misshandelt haben, als vielmehr darauf, dass es der Sohn des himmlischen Gottes gewesen: Daher ist wahrscheinlich οὐρανίου ὅτι παῖδα θεοῦ zu schreiben, zumal der Ausdruck οὐράνιος θεός bei den Sibyllisten ganz geläufig ist. Die Nothwendigkeit des Genetivs οὐρανίου fühlte auch Alexandre, insoferne er in der lateinischen Uebersetzung sagt: „aeterni quoniam natum sprevere parentis'.

II 22 sq.   αὐτὰρ κόσμος ὅλος τε ἀπειρεσίων ἀνθρώπων
             ἀλλήλους κτείνουσι μεμηνότες.

Im ersten Verse muss, wie ich oben schon ausführte, statt des unmöglichen τε vielmehr περ geschrieben werden. Die Präsensform κτείνουσι in Vers 23 hat man ohne Anstoss im Texte belassen, wohl weil sich die Ansicht herausbildete, es könnten bei den Sibyllisten Präsentia auch im Sinne des Futurums gebraucht werden, da an einigen Stellen, wo dieses Tempus zu erwarten ist, thatsächlich Präsensformen überliefert sind. Dieser Umstand hat denn auch Alexandre veranlasst, in seinem Excursus ad Sibyllina VII (p. 591) diesen Gebrauch als eine Eigenthümlichkeit für die Sibyllinischen Gedichte in Anspruch zu nehmen. Allein dieser Punkt verlangt nochmalige Erwägung, die vielleicht zu einem etwas anderen Ergebnis führen wird.

Um von unserem Falle auszugehen, hat man sich die Frage vorzulegen, ob κτείνουσι auch sonst in Futurbedeutung nachweisbar ist. Eine willkommene Parallele zu dieser

Stelle bietet uns das letzte Buch der Sibyllinen, wo XIV 93 dasselbe Hemistichion in der Form ἀλλήλους κτενέουσι vorliegt: nun aber ist dies Buch durch die Handschriftenclasse Ω (= QMVH) überliefert, die da, wo sie neben den anderen in Betracht kommt, sich als die verhältnismässig beste Tradition darstellt. Wir werden daher nur nach einem vernünftigen kritischen Grundsatze verfahren, wenn wir auch II 23 für jenes auffällige κταίνωσι die Futurform κτανέουσι herstellen, da uns für das zweite Buch nur Handschriften der beiden schlechteren Sippen zu Gebote stehen. Wie leicht κτανέουσιν und κταίνουσιν verwechselt werden konnte, das sehen wir auch in der Ueberlieferung in zwei anderen Versen des XIV. Buches: Vers 26, wo κταίνουσιν in sämmtlichen Handschriften statt des Futurs steht, wogegen bald nachher, in Vers 39. die Codd. QVH die Futurform κτανέουσιν, M aber κτανέουσιν (d. i. aus κτανέουσιν entstanden) bieten.

Im Anschluss an diesen speciellen Fall empfiehlt es sich, die beregte Frage näher zu berühren. Von den bei Alexandre a. a. O. beigebrachten (übrigens nicht ganz vollständigen) Beispielen müssen diejenigen ausser Betracht bleiben, wo es sich um eine erst durch Conjectur herzustellende Form handelt; es betrifft dies die Verse III 450, V 195, VII 52. Auf einfache Art erledigt sich IV 19, wo die beste Ueberlieferung (QVH)

ἀνθρώποις ὅσα (ὅσσα QVH) νῦν τε καὶ ὁπόσα ἔσσεται αὐτις (αὐτοῖς QVH)

bietet, während in den übrigen Handschriften γίνεται (statt ἔσσεται) steht; in den Excurs. a. a. O. hat Alexandre γίνεται noch als Beleg für den in Rede stehenden Gebrauch angeführt, während er späterhin in der zweiten Ausgabe des Textes die richtige Form ἔσσεται aufnahm (γίνεται ward in einem Theile der Handschriften wohl durch das Streben, den scheinbaren Hiatus zu beseitigen, und durch die Scheu vor der Verbindung ὅσα νῦν τε καὶ ὁπόσα — αὐτις veranlasst). Andere vermeintliche Belege verschwinden, da man unter gehöriger Erwägung der Umstände durch eine geringfügige Aenderung ohne Störung des Zusammenhanges die regelmässige Futurform herstellen kann. Dies ist der Fall VIII 57, wo mitten unter einer ganzen Reihe regelrechter Futura eine Präsensform handschriftlich überliefert ist:

παῖδα θεὸν δείκνυσι, ἅπαντα σεβάσματα λύσει.

Schon Opsopoeus hat die ebenso einfache als zutreffende Correctur δείξουσι vorgebracht, das Futurum zu dem bei den Späteren gebrauchten Präsens δεικνύω. Aehnlich ist V 340 zu emendiren: es heisst da 339 sq.:

Λυδοί καὶ Γαλάται, Πάμφυλοι σὺν Πισίδησι
πανδημεὶ κρατέουσι κακὴν ἔριν ὁπλισθέντες.

(Πάμφυλοι ἐν Πισίδησι die Handschriften, was Alexandre seinerzeit verbesserte, während er im Texte der zweiten Ausgabe die Corruptel merkwürdiger Weise stehen liess.) Alexandre hat für diese Präsensform, die er in den Excursus ad Sibyll. anzuführen versäumte, selbst das Futurum κρανέουσι passend vorgeschlagen. Hieher gehört auch das von demselben Forscher unbeachtete Beispiel

VII 126   οὐδὲ θοῶς ἐλέχονται· ἀπολλύμενοι δ' ὑπὸ σαρκῶν κτλ.,

wo im Hinblicke auf die benachbarten Futura ἐξολάσεις VII 119, ἐξολέσει 121, φλέξει 122, καύσει 122, κενώσει 122 u. a. auch für ἐλέχονται eine Futurform zu erwarten ist; es ist wohl ἐλέξονται oder ἀκολοῦνται ursprünglich geschrieben gewesen. Ebenso bedarf es nur einer geringfügigen Aenderung, um die regelrechte Futurform in III 689 zu gewinnen. Die Classe Φ und Cod. L bieten καὶ κρίνει πάντας πολέμῳ θεός, FR καὶ κρίνει; wenn anders nicht überhaupt κολάσει zu schreiben ist, so lässt sich einfach καὶ κρινεῖ herstellen. Hier ist anzufügen III 286 sq. (bei Alexandre a. a. O. ebenfalls unbeachtet):

καὶ τότε δὴ θεὸς οὐρανόθεν πέμψει βασιλῆα·
κρινεῖ δ' ἄνδρα ἕκαστον ἐν αἵματι καὶ πυρὸς αὐγῇ.

Die Handschriften überliefern das ganz unstatthafte κρινεῖ mit falscher Länge des ι, wofür Alexandre κρίνει vermuthete. Ein einfacheres Auskunftsmittel fand Nauck, der hier den Infinitivus finalis κρίνειν zu schreiben vorschlug. Es kann mit Rücksicht auf VIII 218 sq. auch an κρίναι gedacht werden, denn hier heisst es ganz analog:

ἥξει δ' οὐρανόθεν βασιλεὺς αἰῶσιν ὁ μέλλων
σάρκα παρὼν πᾶσαν κρῖναι καὶ κόσμον ἅπαντα.

Alexandre's Hinweis auf VIII 222 ist nicht stichhaltig, weil dort, abgesehen davon, dass die Conjunctivform des Aorists κρίνῃ leicht herzustellen ist, in dem Satze

σαρκοφόρων δ' ἀνδρῶν ψυχὰς ἐπὶ βήματι κρίνει

auch ein wirkliches Präsens zulässig ist, da die Vorstellung von dem kommenden Gerichte bereits in den vorausgehenden Versen betont wird:

218 ἥξει δ' οὐρανόθεν βασιλεὺς αἰῶσιν ὁ μέλλων
σάρκα παρὼν πᾶσαν κρῖναι καὶ κόσμον ἅπαντα

vgl. auch

220 ἔσονται δὲ θεὸν μέροπες πιστοὶ καὶ ἄπιστοι κτλ.

Als Präsens hat es auch der Uebersetzer des Akrostichons Christi bei Augustin. de Civit. Dei XVIII 23 gefasst, indem er den Vers 222 wiedergibt mit „sic animae cum carne aderunt, quas iudicat ipse".

Ebenso liegt ein wirkliches Präsens vor

I 297 γαίῃ δ' αὖ καρποὶς ἐπαγάλλεται αὐτομάτοισι
γυομένοις πολλοῖσιν.

Vorher hat der Verfasser von der Herrschaft der τρεῖς βασιλεῖς μεγάθυμοι (293) erzählt, die lange Jahre gerecht der Menschen Geschicke lenken werden. Indem der Sibyllist sich nun in diese Zeit versetzt, kann er das Präsens ἐπαγάλλεται ganz wohl gebrauchen, da schon früher gesagt ist, dass dies in der Zukunft geschehe. Ebenso verhält es sich mit

VIII 304 sq. ἀλλ' ὁπότ' ἂν δὴ ταῦτα (vgl. unten zu d. St.) τελεωθῇ, ἃ περ εἶπον,
εἰς αὐτὸν τότε πᾶς λύσεται νόμος κτλ.

Ein Futurbegriff selbst liegt schon im Präsens VII 55 μέγα σοι κρέμαται φοβερὸν πῦρ, und in einem ähnlichen Sinne ist πέλεται zu fassen in

III 475 Καμπανοὶς ἀραβὸς πέλεται διὰ τὸν πτολίπορθον
λιμόν.

Im fünften Buche lesen wir Vers 465 vom Einfalle eines βάρβαρος ὄχλος in Kleinasien, dessen grause Folgen der Sibyllist Vers 467—470 andeutet. Auch hier finden sich

Präsentia, denn es entrollt der Verfasser gewissermassen vor uns die Greuel der Noth; man muss nicht λαιφάξονται schreiben und κατέδουσι als eine Futurbildung ansehen (für ἐδέσματα vermuthet Klouček ἀθέσφατα, ich denke an ἔγκατα, vgl. Hom. P 64):

καὶ τότ' ἀθεσμοβόροι μέροπες κατέδουσι γονήας
λιμῷ τειρόμενοι καὶ ἐδέσματα λαιφάξονται.
πάντων δ' ἐκ μελάθρων θῆρες κατέδουσι τράπεζαν,
αὐτοί τ' οἰωνοί τε βροτοὺς κατέδουσιν ἅπαντες.

Nach Abzug der besprochenen Stellen, von denen ein Theil bei Alexandre a. a. O. unerwähnt blieb, sind noch etliche wenige Fälle zu erledigen. Von vornherein muss es Bedenken erregen, dass, wenn thatsächlich die Verwendung des Präsens im Sinne des Futurums bei den Sibyllisten möglich war, sich dieser Gebrauch unter den ungezählten Belegen der echten Futurformen, deren sich die Verfasser bei ihren Weissagungen naturgemäss bedienten, nur ganz spärlich (die Belege reduciren sich auf 5—6) vorfinden sollte. Schon der Abwechslung wegen hätten wohl die Sibyllisten das Präsens öfter für das Futurum verwendet. Diese Erwägung legt die Frage nahe, ob denn jene Fälle nicht eine andere einfache und befriedigende Lösung zulassen.

Unleugbar steht die Thatsache fest, dass in den Sibyllinen der in der epischen Sprache vorkommende Gebrauch des Conjunctivs Aoristi für einen Futurbegriff wiederholt vorliege. Schon bei Homer kann auch in unabhängigen Sätzen der Conjunctiv (mit oder ohne ἄν, resp. κέν) im Sinne des Futurs stehen. Unantastbare Belege in den sibyllinischen Orakeln hiefür sind (bei Alexandre u. a. O. nicht vollständig aufgezählt): ὀλέσσῃ XIV 13, θραύσῃ XIV 14, ἐπέλθῃ IV 72, γένηται II 28, II 169, διαδηλήσηται XII 72, XII 276, ὀρθῇ VIII 318, σχισθῇ VIII 305, φοραθῶσι II 191 (εἰσέλθωσιν II 153 lasse ich ausser Betracht, da es nur in der schlechteren Familie Ψ steht, während Φ διελεύσονται bietet). Da nun die noch zu erledigenden Beispiele sich ohne Mühe und Schwierigkeit durch ganz leichte Veränderung in derartige Conjunctivformen verwandeln lassen, so ist es fürwahr weit weniger gewagt, durch Vornahme dieser Correctur die Zahl der Fälle eines unzweifelhaft vorliegenden Gebrauches zu vermehren, als durch starres Festhalten an der so schlechten handschriftlichen Ueberlieferung eine sehr problematische syntaktische Eigenthümlichkeit, die durch ein paar Belege repräsentirt wäre, statuiren zu wollen. Diese Annahme gewinnt dadurch an Wahrscheinlichkeit, dass sich Spuren dieser Auffassung auch handschriftlich vorfinden. Voran stelle ich III 359 sqq.:

πολλάκι δ' ἀρρήν σεῖο κόρην δέσποινά τε κείρει
ἠδὲ δίκην διάκουσι τὰ οὐρανόθεν ποτὶ γαῖαν
ῥίψει ἐκ δὲ γαίης πάλιν οὐρανὸν εἰς ἀναγείρει.

So Alexandre. Im zweiten Verse hat Volkmann mit Recht ἥ, σε (statt ἠδὲ) und ἀπ' οὐρανόθεν (statt τὰ οὐρανόθεν) vorgeschlagen. Im ersten Verse ändere ich δέσποινά τε κείρει zu δέσποιν' ἀποκείρῃ, da τε ganz sinnlos ist; ebenso muss εἰς im dritten geschrieben werden (Λ hat οὐρανὸν ἐσαναγείραι). Hier nun bietet die eine Handschriftenclasse Ψ ἀναγείρῃ, diejenige Form, die nach meiner Ueberzeugung in den Text zu setzen ist, wie ἀποκείρῃ in Vers 359. Auch ῥίψει in die Conjunctivform des Aorists ῥίψῃ zu verändern, halte ich nicht gerade für nothwendig, da auch anderwärts ein Wechsel von Indicativen Futuri und Conjunctiven des Aorists vorliegt, namentlich in Fällen, wo die betreffenden Formen äusserlich ziemlich verschiedenes Aussehen zeigen, wie z. B.:

VIII 305 sq. ναοῦ τε σχισθῇ τὸ πέτασμα καὶ ἥματι μέσσῳ
νὺξ ἔσται σκοτόεσσα πελώριος ἐν τρισὶν ὥραις.

VIII 318 πρῶτα δὲ τοῖς ἰδίοις φανερὸς τότε κύριος ὀφθῇ
σάρκινος, ὡς πάρος ἦν, χερσίν τε ποσίν τ᾽ ἐπιδείξει
τέσσαρα τοῖς ἰδίοις ἴχνη, πηχθέντα μέλεσσιν.

Indess ist ῥίφῃ zu schreiben auch nicht allzu gewagt. Blos die Veränderung eines ο zu ω ist nothwendig, um eine weitere Stelle zu erledigen,

V 250 sq. ἄχρι δὲ καὶ Ἰόπης τεῖχος μέγα κυκλώσαντες
ὑψόσ᾽ ἀείρονται ἄχρι καὶ νεφέων ἐρεβεννῶν·

hier haben wir ἀείρωνται als Conjunctiv Aoristi herzustellen; übrigens ist Vers 251 ἄχρι καὶ wohl in εἰσάχρις zu bessern; καί scheint aus dem vorausgehenden Verse eingedrungen zu sein. Hier sei auch der Stelle V 431 gedacht:

ὕστατος ἔσθ᾽ (d. i. ἔσται) ἁγίων καιρός, ὅτε ταῦτα περαίνει
θεὸς ὑψιβρεμέτης.

Statt des von Castalio aus der handschriftlichen Corruptel παραινεῖ hergestellten περαίνει ist vielmehr περάνῃ zu schreiben. Zwei Stellen, III 304 und III 779, sind unter Einem zu betrachten.

III 304 πᾶσαν ἁμαρτωλῶν γαῖαν ῥοῖζος πού ἱκνεῖται
καὶ πᾶσαν χώραν μερόπων ἀλαλαγμὸς ἐλίσσει.

III 779 πᾶσα γὰρ εἰρήνη ἀγαθῶν ἐπὶ γαῖαν ἱκνεῖται.

Die Präsentia ἱκνεῖται sind, da sie an beiden Stellen mitten unter Futura stehen, überaus störend; hiezu kommt, dass in den gesammten Sibyllinen einzig in diesen zwei Versen das Präsens ἱκνέομαι überliefert ist, während sonst nur die Futurformen öfter vorkommen; ferner erregt die Vernachlässigung der Positionslänge innerhalb des Wortes vor κν Bedenken. Ganz einfach aber gestaltet sich Alles, wenn nach Analogie des zweimaligen γένηται (II 28, 169) geschrieben wird ἵκηται. Was endlich die zwei noch erübrigenden Stellen, welche von Alexandre a. a. O. herangezogen wurden, anbelangt, so ist zunächst in dem verderbten Verse

III 450 Εὐρώπη· δ᾽ Ἀσίης τε λεὼς ῥήγιστά περ ἄλγη

(τ᾽ fehlt in A. τε λεὼς hat Ψ nicht. ῥήγιστα bietet Φ) von Alexandre zuerst ἀλγῇ, später ἀλγεῖ conjicirt worden ,pro ἀλγήσει', ein Versuch, den wir nicht gutheissen können. Es ist vielleicht ein Vers ausgefallen, der das Verbum zum Accusativ ἄλγη enthielt, oder es steckt in περ ἄλγη, etwa περάνῃ. Dass nun auch in dem letzten noch zu berührenden Falle

V 337 τήν τε Μακηδονίην βασιλεὺς Αἰγύπτιος αἱρεῖ,

wo αἱρεῖ zwischen echten Futura (ξεύξει ἐξαλαπάξει ῥέξει) steht, diese Form nicht als ursprünglich gelten kann, dürfte nach dem bisher Gesagten ausgemacht sein. Es lautete der Vers dereinst vielleicht

τῆς τε Μακηδονίης βασιλεὺς Αἰγύπτιος ἄρξει.

II 34 καὶ τότε δὴ μέγα σῆμα θεὸς μετέπειτα ποιήσει.

Diese Schreibung der Handschriften blieb bisher ganz unbeanstandet, obgleich μετέπειτα neben καὶ τότε δή Bedenken erregen muss. Vergleichen wir aber die Ueberlieferung von

XIV 220 ἀλλ' ὁπόταν μέγα σῆμα θεὸς μερόπεσσι ποιήσῃ,

so wird Niemand umhin können, in jenem μετέπειτα eine Verderbnis aus μερόπεσσι zu erblicken. Zum Ueberflusse möge auch noch auf XIV 158 verwiesen sein:

καὶ τότε δὴ μέγα σῆμα θεὸς μερόπεσσι βροτοῖσιν
οὐρανόθεν δείξει.

II 39 καὶ τότε γὰρ μέγας οὗτος ἀγὼν ἐσελάσεται ἔσται.

Die beiden letzten Herausgeber, Alexandre und Friedlieb, setzten καὶ τότε γάρ nach der schlechteren Classe Ψ in den Text, wir müssen aber von der Sippe Φ ausgehen, zumal jenes γάρ doch nur aus dem unmittelbar (Vers 37) vorausgehenden τότε γάρ πέρας eingedrungen zu sein scheint. In *P* finden wir corrupt καὶ τόθμαι, während *A* καὶ τό... θμαί bietet. Dies scheint mir auf die Leseart καὶ τότε μὲν (ν ging vor folgendem μ verloren) hinzuweisen, die der ganzen Stelle gut entspricht.

II 52 sq. οἱ δ' ἀγαπῶσι γάμον τε, γαμοκλοπιῶν δ' ἀπέχονται,
δώσει πλούσια δῶρ'. αἰώνιον ἐλπίδα καὶ τοῖς.

So Alexandre. Ein allgemeiner Fehler der Handschriften, welche am Eingange des Verses 52 ἠδ' bieten, ist stillschweigend schon von Betuleius verbessert worden; ein zweiter blieb bisher unbeanstandet. Das τε nach γάμον ist ganz unstatthaft und wie in so vielen anderen Fällen nur ein schlechtes Füllsel, um einen Schaden der Ueberlieferung zu verdecken. Es ist zu schreiben οἱ δὲ γάμους (oder γάμων, in *A* weist vielleicht das über γάμων stehende ων auf den ursprünglichen Plural) ἀγαπῶσι γαμοκλοπιῶν τ' ἀπέχονται (statt des handschriftlichen τ' hat Alexandre unberechtigt δ' geschrieben). Im nächsten Verse 53 aber ist in der Ueberlieferung ganz offenbar eine Versetzung der Anfangs- und Schlussworte erfolgt: ich lese

καὶ τοῖς πλούσια δῶρ', αἰώνιον ἐλπίδα δώσει.

II 71 sq. σπέρματα μὴ κλέπτειν· ἐπαράσιμος ὅς τις ἕληται
εἰς γενεὰς γενεῶν, διὰ σκορπισμὸν βιότοιο.

Bernays hat in seiner bekannten schönen Untersuchung über das pseudophokylideische Gedicht (p. XXIII) angenommen, es sei in dem unserer Sibyllenstelle entsprechenden Verse 18 der Pseudophokylidea ursprünglich τέρματα statt σπέρματα gelesen worden, was er mit dem Hinweise auf Deuteron. 27, 17 ἐπικατάρατος ὁ μετατιθεὶς ὅρια τοῦ πλησίον zu begründen suchte. Unser Sibyllist wenigstens las jedoch sicher σπέρματα. Es heisst nämlich II 100 sq.: ἀγροῦ γειτονέοντος (die sibyllinischen Handschriften Ψ γειτονεύοντος) ἀπόσχεο (so ist mit der Mehrheit der Handschriften der Pseudophokylidea zu schreiben, die sibyllinischen [d. h. hier nur Ψ] haben ἀπόσχου) μηδ' ἄρ' (die sibyll. Codd. falsch μὴ τὸν δ' ἄρ') ὑπερβῇς· | πᾶς ὅρος ἐστὶ δίκαιος, ὑπερβασίη δ' ἀλεγεινή.

Der erstgenannte Vers entspricht dem Verse 35 der Pseudophokylidea, der zweite stellt eine Umänderung von 36 dar, welcher

πάντων μέτρον ἄριστον, ὑπερβασίαι δ' ἀλεγειναί

lautet. Wenn nun der Sibyllist statt des erwähnten Einganges die Worte πᾶς ὅρος ἐστὶ δίκαιος setzte, so geht hieraus hervor, dass er diese Stelle für passend erachtete, um seine Warnung vor Schädigung des nachbarlichen Ackers durch Hinzufügung jener Worte zu begründen und auszuführen. Das wäre aber keineswegs nothwendig gewesen, wenn er auch schon τέρματα μή κλέπτειν gelesen hätte.

Im Verse 72 kennen die Handschriften διὰ nicht, es ist von Alexandre eingesetzt, der das metrische Bedenken nicht scheute, um die Lücke zu füllen. Ich vermuthe, dass ἐς zu ergänzen ist, „in alle Ewigkeit, bis zur Vernichtung alles Lebens".

II 74 sqq. μισθὸν μοχθήσαντι δίδου· μή θλῖβε πένητα.
γλώσσῃ νοῦν ἐχέμεν· κρυπτὸν λόγον ἐν φρεσὶν ἴσχειν.
ὀρφανικοῖς, χήραις, ἐπιδευομένοις δὲ παράσχου.

Der Vers 76, welcher einer geringfügigen Besserung bedarf, indem χήραις τ' ἐπιδευομένοις τε zu schreiben ist (an τε für δὲ dachte auch Alexandre), ist von dem Compositor der gnomischen Partie selbst gefertigt. Zweifellos ward er durch die Mahnung

μισθὸν μοχθήσαντι δίδου· μή θλῖβε πένητα

veranlasst. Deshalb wird es sich auch empfehlen, ihn unmittelbar hinter den ebenerwähnten Vers treten zu lassen, während er in der Ueberlieferung durch Vers 75, der ein ganz anderes Thema berührt, von jenem getrennt ist.

II 105 πάντες γὰρ ξενίης πειρήσονται πολυμόχθου.

So muss nach meiner Ueberzeugung der Vers lauten. Die Handschriften haben ξενίης περιήσονται πολυμόχθου. Mit vollem Rechte haben Nauck und Bergk nach dem pseudophokylideischen Verse 40

πάντες γὰρ πενίης πειρώμεθα τῆς πολυπλάγκτου

die Corruptel περιήσονται emendirt. Dagegen kann ich mich der Forderung der beiden Forscher in den Sibyllinen auch πενίης zu schreiben (ξενίης sei erst durch die Abschreiber an Stelle von πενίης eingedrungen) nicht anschliessen. Der Einleger der Pseudophokylidea las, wie die von ihm selbst hinzugefügten Verse

ὡς ξένοι ἀλλήλων· ξεῖνος δέ τοι' οὐ τις ἐν ὑμῖν
ἔσσετ'. ἐπεὶ πάντες βροτοὶ αἵματος ἐξ ἑνός ἐστε

deutlich zeigen, wohl zweifellos ξενίης. Und dieses hat Bernays unter dem Beifalle von Goram auch für die Pseudophokylidea gefordert (vgl. hiezu Exod. 22, 21, 23, 9, Levit. 19, 34; 24. 22 u. f.).

II 109 sq. μηδὲ θέλγῃς πλουτεῖν μηδ' εὔχου· ἀλλὰ τάδ' εὔχου
ζῆν ἀπὸ τῶν ὀλίγων μηδέν τε ἔχοντα ἄδικον.

Bei der Emendation dieser Verse ist zu beachten, dass sie von dem Compositor aus den Theognideen 1155 sq. B.¹ entnommen sind:

---

¹ So verbessere ich für das überlieferte τι.

οὐκ ἔραμαι πλουτεῖν οὐδ' εὔχομαι, ἀλλά μοι εἴη
ζῆν ἀπὸ τῶν ὀλίγων μηδὲν ἔχοντι κακόν.

Etwas näher noch steht unserem Sibyllisten die Fassung, in welcher sich die Verse als ein ἐπίγραμμα ἀδέσποτον in der Anthol. Palat. X 113 vorfinden:

οὐκ ἐθέλω πλουτεῖν, οὐκ εὔχομαι· ἀλλά μοι εἴη
ζῆν ἐκ τῶν ὀλίγων μηδὲν ἔχοντα (ἔχοντι Planud.) κακόν.

Zunächst ist der Optativ θέλοις herzustellen und mit dem Sibyllen-Codex F im ersten Verse μηδ' εὔχου zu schreiben, vgl. II 100, wo in den hier in Betracht kommenden sibyllinischen Handschriften Ψ ἀπόσχου, in den der Pseudophokylidea aber ἀπόσχου vorliegt. Im zweiten Verse ist das metrische Monstrum μηδὲν τε ἔχοντα ἄδικον auch unserem Compilator kaum zuzutrauen. Aber ebensowenig wird man sich der von Alexandre in den Text eingesetzten Umformung ἄδικον δέ τε μηδὲν ἔχοντα anschliessen können, da das Particip ἔχοντα an den Infinitiv ζῆν mit δέ τε nicht angefügt werden darf. Es ist Doppeltes möglich: zunächst konnte hier von dem Compiler der Pentameter einfach mit aus jenem Distichon herübergenommen werden, also in der Form:

ζῆν ἀπὸ τῶν ὀλίγων μηδὲν ἔχοντ' ἄδικον.

Dies hatte auch Alexandre einst vermuthungsweise ausgesprochen (Note in der ersten Ausgabe). Für die Möglichkeit der Reception des Pentameters mitten in den hexametrischen Fluss der Rede gibt es ein Beispiel in den Sibyllinen I 146, wo ein solcher (οὐκ ἀμύητος ἔτη τῆς παρ' ἐμοὶ σοφίης) die ainigmatisch gehaltene Schilderung von Gottes Macht und Herrlichkeit beschliesst. Durch letzteren Umstand erscheint diese starke Abweichung von der epischen Oekonomie gerechtfertigt. Das wäre aber an unserer Stelle nicht der Fall. Deshalb ist die Annahme einer vom Compilator dieser Partie vorgenommenen Umformung des Pentameters, um ihn seiner Umgebung anzupassen, nicht ausgeschlossen, und dies halte ich für das Wahrscheinlichere; und so mag die ursprüngliche Fassung gewesen sein:

ζῆν ἀπὸ τῶν ὀλίγων ἄδικόν περ μηδὲν ἔχοντα.

II 121 μηδ' ὡς πετροφυὴς πολύπους κατὰ χώραν ἀμείβειν.

Der offenbar verderbte Versschluss muss aus den Pseudophokylidea hergestellt werden, indem κατὰ χώραν ἀμείβου geschrieben wird (κατὰ χώραν vermuthete zweifelnd auch Alexandre); das Medium ἀμείβου verlangt der Sinn: übrigens ist die corrupte Leseart κατὰ χώραν auch in einem Theile der Handschriften des πόημα νουθετικόν überliefert. Noch andere Kleinigkeiten sind aus den Pseudophokylidea zu bessern, wie II 117 σαῦ für σοῦ der Sibyllencodices (Pseudophok. 46), ebenso II 85 ὁ γὰρ πλόος ἐστὶν ἄδηλος (statt πλοῦς), vgl. Pseudophok. 25 ἐπεὶ πλόος ἐστὶν ἄδηλος. Auch hätten die bisherigen Herausgeber unbedingt II 146 μὴ μιμοῦ aus Pseudophok. 77 in den Text einsetzen sollen, da μηδὲ μιμοῦ der Sibyllenhandschriften nur Corruptel ist, veranlasst durch den Anfang von II 144.

II 161   αἵματι καὶ κονίῃσι πεφυρμένοι.

Das Particip ist in correcter Form in der schlechteren Classe Ψ erhalten, während Φ verderbt πεφυραμέν' bietet. Aber der Plural αἵματι kann, obzwar von allen Handschriften überliefert, nicht richtig sein, vgl. die ständige homerische Phrase αἵματι καὶ κονίῃσιν Ο 118, Π 639, 796, χ 383 und daneben ι 397 πεφυρμένον αἵματι πολλῷ. Es ist demnach der Singular αἵματι herzustellen.

II 182 sq.   ἥξει γάρ τ' ἠὼς ἢ δείλης ἢ μέσον ἦμαρ·
              ἥξει δ' ἀτρεκέως καὶ ἔσσεται ὡς ἀγορεύω.

So ist noch in den letzten Ausgaben zu lesen. Die Handschriftenclasse Φ bietet ἠώς, die schlechtere Sippe ἠούς; nach Opsopoeus' Bemerkung soll in des Pithoeus' Handschrift ἠῶνος (wohl ἠώος) gestanden sein. Alexandre, dem sich Friedlieb ohne Weiteres anschloss, muthet uns in der obigen Fassung der Stelle zu, ἠώς ‚adverbii loco pro ἠῷόθεν seu ἔωθεν' (Note in der ersten Ausgabe) zu fassen mit Hinweis auf Sib. Or. III 252, eine Stelle, wo eine unzweifelhafte Textesverderbnis vorliegt. Er nahm als Subject zu ἥξει γάρ das in den Vers 180 vorangehende ὁ δεσπότων, das dann wieder Vers 183 bei ἥξει δ' ἀτρεκέως als Subject fortgeführt ist; demgemäss fasste er die in Vers 182 vorliegenden Zeitbestimmungen als Adverbia, wobei δείλης als Genetiv und ἠώς als eine Art erstarrten Nominativs in adverbialer Geltung angesehen werden müsste: demgemäss ist bei Alexandre auch übersetzt: ‚namque aderit (dominus) mane aut sero mediove diei'. Ich kann mir nur denken, dass sich Alexandre durch die handschriftlichen Corruptelen ἠώος und ἠούς zu diesem ganz verkehrten Vorgange verleiten liess. Der Sibyllist hat sich, um die Worte des Evang. Matth. 25, 42 γρηγορεῖτε οὖν, ὅτι οὐκ οἴδατε ποίᾳ ὥρᾳ ὁ κύριος ὑμῶν ἔρχεται (vgl. Luc. 12, 46 ἥξει γὰρ ὁ κύριος τοῦ δούλου ἐκείνου ἐν ἡμέρᾳ, ᾗ οὐ προσδοκᾷ καὶ ἐν ὥρᾳ ᾗ οὐ γινώσκει) auszudrücken, des homerischen Verses Φ 111 bedient:

   ἔσσεται ἢ ἠὼς ἢ δείλη ἢ μέσον ἦμαρ.

An dieser Stelle besteht die Variante δείλης im besten Cod. Ven. A, im syrischen Palimpsest, weiter im Lexikon des Apollonios Soph. 85, 23, im Etymolog. Mag. 261, 24 und im Schol. zu Κ 252, wozu noch Suidas I 2, 866, 3 und Eustathios p. 1226, 29 hinzukommen, während letzterer auch 1225, 35 von δείλης ‚κατά τινας' berichtet. Diese Leseart δείλης lag auch dem Sibyllisten in seinem Homertexte vor. Aristarchos schrieb nach Didymos δείλη: Ἀρίσταρχος χωρὶς τοῦ ς δείλη, vgl. Schol. des Nikanor: οὕτως δὲ χωρὶς τοῦ ς γραπτέον, ὡς καὶ Διδύμῳ δοκεῖ ἐν τῇ διορθώσει; hiezu Schol. V ἢ δείλης· εἰλαὶ αὐδεῖαι εἰσι· δίχα τοῦ ς δείλη. Auch an unserer Stelle müssen wir mit dem Homerscholion sagen ‚εἰλαὶ εὐδεῖαι εἰσιν'. Die Corruptel, die zur irrigen Auffassung des ganzen Verses Veranlassung gab, steckt nur im Eingange desselben, in ἥξει γάρ τ'. Der nächste Vers 183 hebt mit ἥξει δ' an, der zweitnächste mit ἔσσεται: wie leicht war es da möglich, im Eingange von Vers 182 ἥξει aus dem folgenden Verse fälschlich eintreten zu lassen, während entweder ἔσσεται ἢ aus Homer Φ 111 denselben einleitete, oder etwa mit geringer Veränderung von dem Sibyllisten ἔσται γάρ τ' geschrieben ward. Der ganze Vers ist blosse Zeitangabe und als solche eine Art Zwischensatz, sein Subject aber war niemals ὁ δεσπότων, sondern (wie bei Homer) die folgenden Nominative ἠώς, δείλης und μέσον ἦμαρ.

II 184 sqq. ἔσσεται εὐδομένοις, ὅτ᾽ ἀπ᾽ οὐρανοῦ ἀστερόεντος
ἄστρα τε πάντα μέσῳ ἐνὶ ἤματι πᾶσι φανεῖται
σὺν δυσὶ φωστῆρσιν.

Für das unzulässige ἄστρα τε πάντα muss ἄστρα πρόπαντα geschrieben werden; das den Begriff πᾶς verstärkende Compositum πρόπας gebrauchen die Sibyllisten öfter, z. B. II 206, III 80, herzustellen auch VIII 337, worüber zu II 206 zu vergleichen ist.

II 204 sqq. ψυχαὶ δ᾽ ἀνθρώπων πᾶσαι βρύξουσιν ὀδοῦσιν
καιόμεναι ποταμῷ καὶ θείῳ καὶ πυρὸς ὁρμῇ
ἐν δαπέδῳ μαλερῷ.

Nach VIII 350, III 558, 678 muss zunächst πᾶσαι δ᾽ ἀνθρώπων ψυχαί umgesetzt werden. Weiters ist die Verbindung ποταμῷ καὶ θείῳ καὶ πυρὸς ὁρμῇ, unter allen Umständen auffällig. Mag man sich auch erinnern, dass dieser ποταμός der Feuerstrom ist, so macht doch wieder die Gegenüberstellung mit πυρὸς ὁρμῇ grosse Schwierigkeiten. Deshalb ist vielleicht zu vermuthen, dass ursprünglich ποταμῷ τε θεσίου gelesen wurde. Die Form θέσιον kommt auch anderweitig in den Sibyllinen vor.

II 206 καὶ τότε χηρεύσει στοιχεῖα πρόπαντα τὰ κόσμου.

So haben die letzten Herausgeber nach den Handschriften im Texte belassen. Aber längst schon hatte Castalio κόσμου στοιχεῖα πρόπαντα emendirt, das, obgleich von Opsopoeus aufgenommen, später wieder unbeachtet blieb. Eine Stelle wie III 80 sq. τότε δή, στοιχεῖα πρόπαντα | χηρεύσει κόσμου lässt keinen Zweifel übrig, dass Castalio das Richtige getroffen hat. In VIII 337, wo der Vers wiederkehrt, ist er stärker verderbt. Die Handschriften bieten daselbst

χηρεύσει τότε πάντα χρόνῳ στοιχεῖα τὰ κόσμου

(τὰ τοῦ κόσμου Ψ), was mit Hilfe der beiden genannten Stellen zu verbessern ist in

καὶ τότε χηρεύσει κόσμου στοιχεῖα πρόπαντα.

Der interpolirte Ausdruck χρόνῳ neben τότε ist ganz unstatthaft, vgl. II 34 die Interpolation μετέπειτα (für μερόπεσσι) neben τότε δή.

II 213 εἰς ἓν χωνεύσει καὶ εἰς καθαρὸν διαλέξει.

Für διαλέξει wollte der Anonymus Londinensis entsprechend διαπλέξει (Struve auffallender Weise διαλήξει). Aber auch III 87 steht διαλέξει und VIII 412 bieten die besten der uns zu Gebote stehenden Handschriften Q M V II, welche die Classe Ω repräsentiren, χωνεύσω γὰρ ἅπαντα καὶ εἰς καθαρὸν διαλέξω, während in den beiden anderen Classen Φ und Ψ fälschlich διατάξει überliefert ist. Das Zeugnis von Ω ist besonders gewichtig, übrigens ist zu vergleichen Hesychius: διαλέγειν· ἀνακαθαίρειν.

II 229 κλεῖθρα πέλωρα πυλῶν τε ἀχαλκεύτου Ἀΐδαο.

Dies ist die Lesart von Φ, wogegen Ψ τε ἀχαλκεύτοο τ᾽ bietet. Meineke schlug (allerdings selbst zweifelnd) vor, εὐχαλκεύτου herzustellen: indess ist offenbar das Thor der Unterwelt ehern, das der Engel Uriel, wie es im nächsten Verse heisst, zertrümmert (vgl. das Evang. Nicodemi II [descensus Christi ad inferos] 6 = p. 307 Tischendorf: καὶ

εὐθέως ἅμα τῷ λόγῳ τούτῳ αἱ χαλκαῖ πύλαι συνετρίβησαν und die hesiodische Bezeichnung
πύλας — χαλκείας Theog. 732). Volkmann wollte daher ἀχαλκεύτων, allein da ἀχάλκευτος
mit α privans zusammengesetzt ist und immer die Bedeutung ‚nicht aus Erz geschmiedet'
besitzt, so ist es für unsere Stelle unbrauchbar. Ich vermuthe als ursprüngliche Lesung
παγχαλκεύτων, vgl. die Bildungen πάγχαλκος, παγχάλκεος.

II 230 sqq. καὶ πάσας μορφὰς πολυπενθέας εἰς κρίσιν ἄξει,
εἰδώλων τὰ μάλιστα παλαιγενέων Τιτήνων
ἠδὲ τε Γιγάντων.

In Vers 231 ist τά eine bisher stehen gebliebene Corruptel der Ueberlieferung. Es
muss hiefür ἐα geschrieben werden; auch könnte man, um den lästigen Genetiv εἰδώλων
zu beseitigen, etwa εἴδωλα ἐα μάλιστα vermuthen, wenn nicht das in Vers 232 folgende
ὅσας wieder den Begriff πάσας μορφὰς aufnähme.

II 234 sqq. καὶ ὅσας εἷλεν κατακλυσμός
καὶ τὰς ἐν πελάγεσσιν ἀπώλεσε κῦμα θαλάσσης
ἠδ' ὁπόσας θῆρες καὶ ἑρπετὰ καὶ πετεηνὰ
θοινήσαντο, ὅλας ταύτας ἐπὶ βῆμα καλέσσει.

Mit Rücksicht auf das in Vers 234 vorliegende καὶ ὅσας εἷλεν κατακλυσμός, wofür
übrigens vielleicht ὅσας δὲ θ' εἷλεν κατακλυσμός zu schreiben wäre, weiters in Erwägung
des Umstandes, dass auch ὁπόσας im Vers 236 folgt, lässt sich καὶ τὰς in Vers 235 nicht
rechtfertigen und wird in ὅσας δ' zu verändern sein. Im nächsten Verso 236 ist nach
θῆρες ein τε einzuschieben. Eine stärkere Verderbnis scheint mir in Vers 237 vorzuliegen,
da der Hiatus θοινήσαντο, ὅλας nach der ersten Kürze des zweiten Fusses keine Analogie
in den Sibyllinen findet. Ich denke, es sei θοινήσανθ', ἁλίας zu lesen.

II 240 sq. καὶ καθίσει Σαβαὼθ Ἀδωναῖος ὑπέρθυμος
εἰς θρόνον οὐράνιόν τε, μέγαν δέ τε κίονα πήξει.

Abermals haben wir in II 241 ein interpolirtes τε, wofür Ψ γε bietet, Wörtchen, die
eine Textesverderbnis zu verkleistern bestimmt sind. Es ist einfach zu emendiren

ἐς θρόνον οὐράνιον, μεγάλην δέ τε κίονα πήξει,

vgl. z. B. Hom. χ 466 κίονος ἐξάψας μεγάλης. In Vers 240 hat Alexandre mit der
schlechteren Classe Ἀδωναῖ geschrieben.

II 249 Ἀμβακοὺμ καὶ Ἰωνᾶς καὶ οὓς ἔκταν Ἑβραῖοι.

So Alexandre nach der Ueberlieferung von Φ; in Ψ liest man ἀβακοὺμ καὶ τε ιωνᾶς
καὶ θ' οὓς κτεῖναν Ἑβραῖοι (ἀβακοὺμ hat übrigens auch eine Handschrift der Sippe Φ,
nämlich A). Richtig hat Volkmann statt ἔκταν (respective κτεῖναν) geschrieben ἔκτανεν,
aber auch sonst bleibt der Vers noch zu verbessern; ich lese Ἀμβακοὺμ Ἰωνᾶς τε καὶ οὓς
ἔκτανεν Ἑβραῖοι.

II 253 καὶ τότε δή πάντες διὰ αἰθομένου ποταμοῖο.

P bietet αἰθομένου; mit diesem Verse verbinden wir gleich

II 316 ἄγγελοι αἱρόμενοι διὰ αἰθομένοιο ποταμοῖο.

wo derselbe Versschluss vorliegt. An letzterer Stelle bietet die Handschriftenfamilie Φ διαχθομένου. Ψ aber τὰ δι' ἀχθομένου; Castalio hat nach der ersten auch hier διὰ αἰθομένου geschrieben. Der arge Hiatus am Schlusse des dritten Fusses, also in der Mitte des Hexameters, ist jedoch unzulässig. Die Emendation liegt nahe: es ist beide Male διὰ δαιομένου (oder καιομένου?) ποταμοῖο herzustellen, vgl. Hom. Σ 227 sq. ἀκάματον πῦρ, δαιόμενον T 376 σέλας — καιομένοιο πυρός; hiezu kommt Orac. Sib. II 306 δαιόμενοι πυρὶ πολλῷ. Die Corruptel αἰθομένου ist wohl wegen II 196 πυρὸς αἰθομένοιο eingedrungen.

II 284 sq. φαρμακοὶ ἤ, καὶ φαρμακίδες· σὺν τοῖσι καὶ αὐτούς
ὀργῇ ἐπουρανίοιο καὶ ἀφθίτοιο θεοῖο
αἰὲν προσπελάσειεν.

Den Vers 284 formulirte so Alexandre auf Grund von *P*; *A* bietet φαρμακοὶ ἤ, φαρμακίδες. Ψ φαρμακίδες καὶ φαρμακοί. Zunächst muss bemerkt werden, dass die Interpunction vor σὺν τοῖσι zu streichen und in den vorausgehenden Substantiven, wie schon Volkmann sah, der Accusativ herzustellen ist, abhängig von προσπελάσειεν. Ausser den in der vorangehenden Partie aufgezählten Verbrechern sind es auch die Giftmischer, denen schwere Strafe angedroht wird. Der genannte Kritiker wollte φαρμακοὺς ἤ, φαρμακίδας σὺν τοῖσι κτλ. schreiben, unter Hinweis auf Hipponax Fr. 5, 2 B⁴. Aber der Gebrauch dieses Wortes mit ᾱ ist für das Epos nicht zu belegen. Viel näher liegt es, φαρμακίας δ' ἤ, (oder καὶ) φαρμακίδας zu schreiben; ähnlich hat III 225 Dausqueius, wie ich meine mit Recht, vorgeschlagen οὐ μάντεις, οὐ φαρμακίας (statt des überlieferten φαρμακούς), οὐ μὴν ἐπαοιδούς.

II 288 ἄγγελοι ἀθάνατοι θεοῦ αἰὲν ἐόντες.

Dies die Lesart von Φ, während in Ψ geschrieben steht

ἄγγελοι ἀθάνατοι θεοῖό τε αἰὲν ἐόντες.

Castalio vermuthete ἄγγελοι ἀθάνατοι θεοῦ τοῦ αἰὲν ἐόντος und dabei ist es geblieben. Allein wenn wir

II 214 ἡνίκα δ' ἀθανάτοιο θεοῦ ἄφθιτοι ἀγγελτῆρες

zu Rathe ziehen, so wird es sehr wahrscheinlich, dass in unserem Verse das Epitheton ἄφθιτοι ausgefallen ist, so dass zu schreiben wäre

ἄγγελοι ἀθάνατοι θεοῦ ἄφθιτοι, αἰὲν ἐόντες.

Auch αἰὲν ἐόντες, wie die Classe Φ (ἐόντες *P*) ausweist, aufzunehmen wird man sich nicht leicht entschliessen können. Wollte Jemand etwa die Fassung ἄγγελοι ἀθάνατοι ἁγίου θεοῦ αἰὲν ἐόντες vorschlagen (vgl. meine Lesung von XIII 2 ἀθάνατος ἅγιος θεὸς ἄφθιτος), so steht dem die Erwägung entgegen, dass dann ἄγγελοι ohne ein Epitheton dastünde, das wir doch erwarten müssen.

II 317 εἰς φῶς ἄξουσίν τε καὶ εἰς ζωὴν ἀμέριμνον.

Der schwerfällige Rhythmus im Eingange des Verses ist zu beseitigen durch die anderwärts in den Sibyllinen so geläufige offene Form ἐς φάος: das Wörtchen τε steht nur in Ψ und ist, da es eine ungewöhnliche Stelle inne hätte, zu streichen.

II 319   καὶ τρισσαὶ πηγαὶ οἴνου μέλιτός τε γάλακτος.

So Alexandre nach der Schreibung von Opsopoeus. Am Schlusse des Verses bietet aber *P* οἴνου τε · μέλιτος · γάλακτος, *A* οἴνου τε μέλιτος καὶ γάλακτος, während in *Ψ* τ᾽ οἴνου τε μέλιτος γάλακτος überliefert ist. Meineke versuchte unter Berufung auf Eustath. 1761, 38 und 1818, 24 die Conjectur οἴνου μέλιτος γάλατός τε: indess da die Form γλάγος in den Sibyllinen (V 282) vorkommt, liegt es viel näher, οἴνου μέλιτός τε γλάγους τε zu emendiren. Die Verderbnis μέλιτός τε γάλακτος ist wahrscheinlich veranlasst worden durch die Parallelstelle VIII 211

πηγὰς δὲ γλυκεροῦ οἴνου λευκοῦ τε γάλακτος
καὶ μέλιτος δώσει.

II 320 sq.   γαῖα δ᾽ ἴση πάντων, οὐ τείχεσιν, οὐ περιφραγμοῖς
οὐδὲ μεριζομένη καρποὺς τότε πλείονας οἴσει.

Der Ausdruck οὐδὲ μεριζομένη ist eine unrichtige Conjectur von Alexandre, die er eigentlich aus Castalio's Vorschlag zu VIII 210 entnahm, wo dieselben Verse so wiederkehren. Castalio selbst aber hat οὐδὲ μεριζομένη geschrieben nach II 30 sq., wo es ganz regelrecht heisst

καὶ γῆ καρποφόρος καρποὺς πάλι πλείονας οἴσει
οὐδὲ μεριζομένη οὐδ᾽ εἰσέτι λατρεύουσα.

Jener Ausdruck kann aber an unserer Stelle ebensowenig zugelassen werden wie an der parallelen VIII 210. Die Familie *Φ* bietet an der ersteren ἐκμεριζομένη (nur *A* hat ἐκμεριζομένου), *Ψ* dagegen διαμεριζομένη; VIII 210 steht in *Φ* ἐκ δὲ μεριζομένη, in *Ψ* ἐκδιαμεριζομένη; hiernach dürfte an beiden Stellen ἐκπρομεριζομένη zu verbessern sein, da πᾶσα μεριζομένη, wofür VIII 28 sq. zu sprechen scheint,

γαῖά θ᾽ ὅρους ἕξει καὶ φρουροὺς πᾶσα θάλασσα
πᾶσα μεριζομένη δολίως τοῖς χρυσὸν ἔχουσι

im Hinblicke auf das in Vers 320 vorausgehende ἴση πάντων nicht empfehlenswert ist; ebenso wenig möchte ich für ein etwaiges διαμεριζομένη (trotz Hom. *Γ* 357 διά) eintreten.

II 322   κοιναί τε βίοι καὶ πλοῦτος ἄμοιρος.

Vergleichen wir VIII 208 καὶ κοινὸς πάντεσσι βίος καὶ πλοῦτος ἔσειται, so ist die Herstellung des Singulars κοινός τε βίος mehr als wahrscheinlich.

II 343 sq.   ἀλλὰ καὶ ἐν μελάθροισιν ἐμαῖς πολυπάμονος ἀνδρὸς
δευομένους ἀπέλειπα.

Alexandre setzte in beiden Ausgaben πολυπάμονος in den Text; die Ueberlieferung ist getheilt, *Ψ* bietet πολυπάμμονος (von Friedlieb aufgenommen), die sonst bessere Gruppe *Φ* πολυμάμμονος, welches frühere Herausgeber ohne Weiteres recipirt hatten. Aber πολυπάμμονος ἀνήρ ist eine homerische Wendung, aus *Δ* 433 stammend; ausser anderen Kritikern hat Hinrichs den Aeolismus πολυπάμμονος für Homer mit vollstem Rechte gefordert (de Homer. elocut. vestigiis Aeol. p. 59 sq.), der ja auch in den Iliashandschriften Laur. *CD* vorliegt, während Venet. *A* πολυπάμονος bietet. Es ist nicht uninteressant, auch in unserer Sibyllenstelle die Schreibung mit doppeltem μ erhalten zu sehen; dass in einem Theile der Ueberlieferung durch eine naheliegende Verwechslung die Schreibung πολυμίμμονος eindrang, ist nicht zu verwundern. Kaum zu halten ist das vorausgehende ἐμοῖς. Ich kann mir nicht vorstellen, dass der Verfasser anders als ἐν μελάθροισιν ἐμοῦ πολυπάμμονος ἀνδρός sagen konnte. Wie sollte sich, da die Sibylle von sich spricht, der Genetiv syntaktisch erklären lassen? Da das Possessiv ja auch einen Genetiv vertritt, wäre kein Zusammenhang zwischen dem Possessivpronomen und dem Genetiv herzustellen, wogegen durch die Schreibung ἐμοῦ sich die Sache einfach gestaltet.

II 345 sq.   οὐ δέ, ὦπερ, ἐμῶν ἀπὸ μαστυκτήριων
                  ῥύσαι δή, με κυνῶπιν ἀναιδέα πρήξασάν τε.

Den Fehler κύνωπι der Familie Φ, wofür in Ψ κύνωπα zu lesen ist, hat schon Castalio beseitigt, indem er κυνῶπιν schrieb. Aber der Schluss des Hexameters bedarf noch der Heilung. Das in unseren Ausgaben geläufige πρήξασάν γε ist die corrupte Ueberlieferung von Ψ, Φ bietet πρήξασαν. Der Emendationsversuch von Volkmann und Meineke ἀναιδέα τε πρήξασαν hat die Sache nicht gefördert, da das eingeflickte τε unzulässig ist. Die Sibylle will gerettet werden, obgleich sie Schmachvolles begangen hat. Beachten wir das in V. 344 Gesagte: τὰ δ' ἔκνομα πρόσθεν ἐρεξα | εἰδυῖα, so liegt die Correctur ἀναιδέα περ ῥέξασαν sehr nahe; die beiden letzten Worte flossen zusammen und hieraus ward durch das Bestreben, den Vers metrisch vollständig zu gestalten, einerseits πρήξασαν, andererseits πρήξασαν γε. An ἀναιδέα περ πρήξασαν zu denken, dürfte im Hinblicke auf den angezogenen Vers 344 nicht gerathen sein. Wegen der Stellung des περ hinter dem Adjectiv vgl. die homerischen Beispiele ἐσθλά περ ἀγγείλας Κ 448 χεραίνι περ κατέπεφνεν Ρ 439 κακά περ πάσχοντας λ 104, 111 μ 138, 271, 340 κυανεόν περ ἀχεύων λ 88 u. a.

II 348   ἅγια μαννοδότα, βασιλεῦ μεγάλης βασιλείης.

Wir finden hier ἅγια mit auffallender Längung des anlautenden α. Dieselbe Erscheinung kehrt zwar nochmals wieder in der Ueberlieferung der Sibyllinen XIII 2 ἅγιος ἀθάνατος θεὸς ἄφθιτος; da jedoch daselbst wahrscheinlich einfach umzusetzen ist ἀθάνατος ἅγιος θεὸς ἄφθιτος, so lässt sich auch für unsere Stelle die Schreibung μαννοδότα ἅγιε, βασιλεῦ κτλ. vermuthen. Die Längung des auslautenden Vocals im Vocativ ἅγιε findet ihr genaues Analogon in XII 294

            βασιλεῦ (Handschr. βασιλεύς) πάσης βασιλείης·
            ἄψευστ' ἀθάνατε, σὺ γὰρ εἰς ἐμὸν ἦτορ ἔθηκας
            αὐτὴν ἀμβροσίην

Beide Male erfolgt die Längung in der dritten Hebung des Verses vor der Hauptcäsur, und zwar auch noch durch die Interpunction unterstützt. Andere Beispiele aus den Sibyllinen sind:

XI 305   Αἰγυπτῆ πολυόλβε

I 269   τοῖον ἔπος, Νῶε περυλαγμένα

vgl. I 201, wo ich lese κυφὸς ἔπεστ' ἤδη, Νῶε, τὰ ἕκαστ' ἀγορεύειν.

XI 33   αἶ αἶ σοι, Μέμφι, αἶ αἶ μεγάλη βασιλεία.

III 36 sq. αἱ γένος αἱμοχαρὲς δόλιον κακὸν ἀσεβέων τε
 ψευδῶν διγλώσσων ἀνθρώπων καὶ κακοηθῶν

Die bessere Handschriftenclasse Φ bietet den Vers 36 in der vorliegenden Fassung, wogegen in Ψ die Leseart κακῶν τ' ἀσεβέων τε steht. Ganz unmöglich erscheint ἀσεβέων τε (mit langem α). Ausserdem, glaube ich, verlangt es die Symmetrie, dass im ersten Verse lauter Epitheta zu γένος stehen, wornach im nächsten die von γένος abhängigen Genetive nachfolgen. Deshalb ist kaum anzunehmen, dass der Versschluss von 36 etwa durch δόλιόν τε κακόν τ' ἀσεβέων (mit Synizese) τε gebildet war. Ich vermuthe daher im V. 36

αἱ γένος αἱμοχαρὲς δόλιόν τε κακόν τ' ἀσεβές τε.

Aber auch der andere Vers bedarf der Emendation. Die Ueberlieferung lautet in Φ: ψευδῶν ἢ διγλώσσων καὶ κακοηθῶν ἀνθρώπων, in Ψ ψευδῶν ἢ διγλώσσων κακοηθῶν ἀνθρώπων; Castalio schrieb ψευδῶν διγλώσσων ἀνθρώπων καὶ κακοηθῶν, dem sich Alexandre anschloss, indem er zugleich (siehe die Curae poster.) hinter διγλώσσων ein τ' einschob, ohne jedoch dies in der zweiten Ausgabe auch in den Text zu setzen. Der zweite Verstheil ist unleugbar ein sehr schwerfälliger; beachten wir aber, dass öfter ἀνθρώπων und ἀνδρῶν verwechselt wird, so ist vielleicht ἀνδρῶν ἢ καὶ die ursprüngliche Fassung gewesen.

III 84 sqq. ῥεύσει δὲ πυρὸς μαλερού καταρράκτης
 ἀκάματος, φλέξει δὲ γαῖαν, φλέξει δὲ θάλασσαν
 καὶ πόλον οὐράνιον καὶ ἤματα καὶ κτίσιν αὐτὴν
 εἰς ἓν χωνεύσει καὶ εἰς καθαρὸν διαλέξει.

Auffallend ist hier der Umstand, dass nur von den ἤματα die Rede ist, während in solchen Zusammenstellungen bei den Sibyllisten neben dem ‚Tage' regelmässig die ‚Nacht' genannt zu werden pflegt. Ziehen wir Stellen in Betracht wie

VIII 339 sq. καὶ πόλος οὐράνιος καὶ νὺξ καὶ ἤματα πάντα
 εἰς ἓν συρρήξουσι καὶ ἐς μορφὴν πανέρημον,

die ebenso zu den obengenannten Versen in Beziehung steht wie

II 206 sq. καὶ τότε χηρεύσει κόσμου στοιχεῖα πρόπαντα
 ἀὴρ γαῖα θάλασσα φάος πόλος ἤματα νύκτες.

so dürfte es nicht zu gewagt sein, in καὶ ἤματα eine Verderbnis etwa aus νύκτ' ἤματα zu sehen.

III 106 αὐτὰρ ἐπεὶ πύργος τ' ἔπεσεν γλῶσσαί τ' ἀνθρώπων
 παντοδαπαῖς φωναῖσι διέστρεφον, αὐτὰρ ἅπασα
 γαῖα βροτῶν πληροῦτο μεριζομένων βασιλήων.

Dass hier αὐτάρ in V. 107 nach αὐτάρ im Verse zuvor nicht möglich ist, liegt auf der Hand. Alexandre meint merkwürdiger Weise „ceterum αὐτάρ passim redundat III

106, 181⁴, Excurs. ad Sibyll. 598. Es ist aber einfach αὐτῇ herzustellen; die beiden Wörtchen sind wiederholt verwechselt worden, der umgekehrte Fall liegt z. B. vor in Sibyll. XII 147, wo αὐτά ἔπειτα für αὐτάρ ἔπειτα überliefert ist. Das vorausgehende διάστρεφον der Handschriften ist sehr bedenklich: eine treffliche Emendation theilte mir brieflich Herr Hofrath von Hartel mit, welcher einfach διάστραφεν herstellt. Am Schlusse von Vers 108 ist βασιλειῶν zu schreiben, wie schon Alexandre (Cur. post.) meinte statt des überlieferten βασιλήων.

III 118   καὶ παῖδες ὑπερβασίην ὁρκοισι
δεινήν ποιήσαντες ἐπ᾽ ἀλλήλους ἔριν ὥρσαν.

Der Dativ ὅρκοισι (Ψ ὅρκοις) ist nicht leicht zu erklären. Vielleicht ist ἐπίορκοι zu lesen, denn der Vater Uranos hatte nach III 116 den Kronos, Titan und Iapetos durch Eid verpflichtet, und es herrschte früher nach Vers 115 jeder über das ihm zugewiesene Drittel der Erde, ohne dass sie miteinander in Streit geriethen. Nach des Vaters Tode aber erhoben sie sich sofort gegen einander, des Eidschwurs uneingedenk: so werden sie ἐπίορκοι. Dem Sibyllisten schwebte wol die homerische Stelle Γ 107 vor: μή τις ὑπερβασίη Διὸς ὅρκια δηλήσηται.

III 123   Δημήτηρ τε καὶ Ἑστίη εὐπλόκαμός τε Διώνη.

Die schlechtere Handschriftenclasse Ψ bietet δημήτηρ ἐστία τε καί. Volkmann vermuthete einst Δημήτηρ Ἑστίη εὐπλόκαμός τε Διώνη. Das erste Hemistichion ist wohl dem hesiodischen Halbverse Ἱστίην Δημήτρα Theog. 454 nachgebildet; liesse man nun den Nominativ bestehen, indem nur die Namen umgesetzt würden Ἑστίη Δημήτηρ, so würde der Vers ebenso wie in der überlieferten Fassung fehlerhafter Weise inmitten zerschnitten bleiben. Es muss also ein anderer Weg versucht werden. Man könnte

Δημήτηρ τε καὶ Ἑστίη εὐπλόκαμός τε Διώνη

vermuthen, wobei Ἑστίη bei gleichzeitiger Kürzung des η in der Thesis mit Synizese zu lesen wäre, wie Ἱστίαιαν bei Hom. B 537 oder Αἰγυπτίης Hom. δ 127. Wahrscheinlicher aber ist es, dass die ursprüngliche Fassung gelautet hat:

Δημήτηρ Ἑστίη τε εὐπλόκαμός τε Διώνη

mit der erwähnten Synizese bei Ἑστίη; der Hiatus nach τε ist hier entschuldigt.

III 129 sq.   ὅρκους δ᾽ αὖτε Κρόνῳ μεγάλους Τιτὰν ἐπέθηκε,
μὴ θρέψ᾽ ἄρσενα καὶ παίδων γένος, ὡς βασιλεύσῃ
αὐτός κτλ.

Merkwürdiger Weise hat noch Niemand die Verbindung μὴ θρέψ᾽ ἄρσενα καὶ παίδων γένος in Vers 130 beanstandet, obgleich sie sinnlos ist. Mit Berücksichtigung von Vers 133 καὶ τέκνα διόσκιον ἄρσενα πάντα und Vers 138 καὶ ἔπειτα Ῥέη τέκεν ἄρσενα παῖδα wird herzustellen sein μὴ θρέψαι ἄρσεν παίδων γένος; weniger empfiehlt sich eben wegen dieser Stellen μὴ θρέψ᾽ ἀρσενικὸν παίδων γένος, wenngleich diese Verbindung bei den Sibyllisten nicht unerhört ist, vgl. III 596 ἀρσενικοὺς παῖδας.

III 135   ἀλλ' ὅτε τῇ τριτάτῃ γενεῇ τέκε πότνια 'Ραίη,

Der Sibyllist hält sich hier an Hesiod. Theog. 468, wie denn in der ganzen Erzählung III 105—155 im Allgemeinen die hesiodische Theogonie 453 sqq. zum Muster diente. Nun heisst es in dem angegebenen hesiodischen Verse von Rhea:

ἀλλ' ὅτε δή, Δί' ἔμελλε θεῶν πατέρ' ἠδὲ καὶ ἀνδρῶν
τέξεσθαι κτλ.

Darnach ist wohl, da der Artikel τῇ in auffallender Weise gebraucht ist, auch bei dem Sibyllisten die ohnehin geläufige Formel ἀλλ' ὅτε δή, wahrscheinlich.

III 162 sq.   καὶ τότε μοι μεγάλοιο θεοῦ φάτις ἐν στήθεσσιν
ἴπτατο.

Das hier in eigenthümlicher Art verwendete ἴπτατο kann ich nicht für richtig halten. An zwei Stellen desselben Buches, III 298 und 491, wiederholen sich dieselben Verse, beide Male aber ist nicht ἴπτατο, sondern ἴστατο überliefert. Demgemäss wird auch in unserem Falle unbedingt ἴστατο, welches durchaus sinngemäss ist, für ἴπτατο zu schreiben sein.

III 165 sq.   καί μοι τοῦτο θεὸς πρῶτον μόνος ἐγγυάλιξεν,
ὅσσαι ἀνθρώπων βασιλήϊδες ἠγερέθονται.

Der metrische Fehler im Eingange des Verses 166 muss beseitigt werden. Alexandre wollte (in den Curae posterior. und in der zweiten Ausgabe) ὁππόσαι, aber die ursprüngliche Fassung lautete ὅσσαι γ' (oder ὅσσαι τ'); wenn wir nämlich die parallele Stelle III 300 sq. ins Auge fassen, nach welcher Opsopoeus richtig νόῳ für μόνος vermuthete,

καί μοι τοῦτο θεὸς πρῶτον νόῳ ἔνθετο λέξαι,
ὅσσα κε τῇ Βαβυλῶνι ἐμήσατο ἄλγεα λυγρά,

so deutet das überlieferte ὅσσα κε (Ψ ὅσσαι καί), da κε unmöglich ist, deutlich auf ὅσσα γε (oder τε), was auch Volkmann mit Recht verlangte; dies aber ist zugleich ein Beweis dafür, dass in unserem Verse ὅσσαι γ' (oder τ') und nicht ὁππόσαι gestanden ist.

III 167 sq.   οἶκος μὲν γὰρ πρώτιστος Σολομῶνος ἄρξει
Φοινίκης τ' Ἀσίης ἐπιζήτορας ἠδὲ καὶ ἄλλων
νήσων, Παμφύλων τε γένος Περσῶν τε Φρυγῶν τε
Καρῶν καὶ Μυσῶν, Λυδῶν τε γένος πολυχρύσων.

Mit ἄρξει in Vers 167 ist nichts anzufangen, die Construction mit dem Accusativ weist auf eine Corruptel hin. Es hat deshalb bereits Opsopoeus εἴρξει vermuthet, das nur zu ἔρξει zu verändern ist, im Sinne von 'umfassen'; die Corruptel ἄρξει drang aus Vers 172 ein. In Vers 168 ist ferner Φοινίκης τ' Ἀσίης ἐπιζήτορας unmöglich richtig überliefert; zunächst fehlt vor ἐπιζήτορας die Partikel τ', die auch Alexandre in der letzten Ausgabe nicht in den Text setzte, obzwar er in den Curae posterior. selbst daran gedacht hatte. Aber auch Ἀσίης ist bedenklich: wie kann der Sibyllist neben Phoenike, neben den Völkerschaften der Pamphyler, Perser, Phryger, Karer, Mysier und Lyder speciell noch von Ἀσίης ἐπιζήτορας sprechen? Kleinasiaten können dies nicht sein, weil eine

Anzahl kleinasiatischer Stämme namentlich aufgeführt wird, Asiaten überhaupt ebenfalls nicht, da Phoenike und Persien eben auch zu Asien gehört. Es liegt daher nahe, Φοινίκης Συρίης τ' ἐπιβήτορας zu vermuthen, aus CYPIHC konnte leicht TACIHC (= τ' Ἀσίης) werden.

III 175 sq. αὐτὰρ ἐπεί' ἄλλης βασιλῆιδος ἔσσεται ἀρχή
λευκή, καὶ πολύκρανος ἀφ' ἑσπερίου τε θαλάσσης

Die Handschriften *PB* bieten ἀφ' ἑσπερίου τε, *A* ἀφ' ἑσπέρου τε, wogegen in der schlechteren Classe Ψ ἀφ' ἑσπερίου ohne τε steht. Das τε ist ganz unstatthaft: es ist ἀφ' ἑσπερίου θαλάσσης in den Text zu setzen, umsomehr, als dasselbe Hemistichion später in XII 14 in dieser Fassung begegnet. Dass ἑσπέριος als Adjectiv zweier Endungen behandelt wird, ist nichts Auffälliges, die Sibyllisten haben dies nach bekanntem homerischem Muster öfter gethan, so z. B. im selben Buche III 634 ῥοδερὸν ἄκης. Uebrigens hatte bereits der Anonym. Paris. in seinen handschriftlichen Noten an ἑσπερίου gedacht und auch Alexandre selbst in der Anmerkung zur ersten Ausgabe, ohne sich jedoch veranlasst zu sehen, die Form in den Text einzusetzen.

III 224 οὐ πταρμῶν σημεῖ' οἰωνοπόλων τε κατεινά.

So Φ, während die schlechtere Classe Ψ οὐ παλμῶν σημεῖα, οὐκ οἰωνοπόλων πτηνῶν bietet. In den Versen 221—228 wird jede einzelne Thätigkeit, deren sich die Juden nach der Ansicht des Verfassers in löblichem Gegensatze zu anderen Völkern enthalten, in pathetischer Art mit starker Betonung der Negation hervorgehoben; an der Spitze jedes einzelnen Gliedes erscheint οὐ, οὔτε oder οὐδὲ als einleitende Partikel. Ein Negationswörtchen ist demnach auch zu Anfang des zweiten Hemistichions unseres Verses zu erwarten. Und dies steht wenigstens in der einen Handschriftenclasse Ψ, während die im Allgemeinen bessere Φ das beliebte Flickwort τε verwendet hat, um die offenkundige Corruptel zu verkleben. Auch in einer anderen Beziehung gibt diesmal die Classe Ψ einen Anhaltspunkt zur Emendation, indem am Schlusse des Verses die Form πτηνῶν erscheint: diese deutet auf πετεηνῶν. Bedenken wir nun, dass es bei der Vogelschau zunächst auf die durch die Vögel selbst bedingten σημεῖα ankam, nicht auf die οἰωνοπόλοι, und beachten wir ferner, dass in den einzelnen Versen stets Gleichartiges zusammengestellt wird (wie z. B. im folgenden verschiedene Personen: Zauberer, Giftmischer, Beschwörer, oder 221 die Bahn der Sonne und des Mondes), so werden wir uns veranlasst fühlen, auch in unserem Verse eine Fassung herzustellen, welche sämmtliche Bedenken beseitigt, nämlich οὐ πταρμῶν σημεῖ', οὐκ οἰωνῶν πετεηνῶν. Dass nach Ausfall des οὐκ, respective nach Zerstörung des ursprünglichen Verses leicht aus οἰωνῶν das geläufige οἰωνοπόλων werden konnte, zumal im folgenden Verse der Ausdruck οὐ μάντεις hiezu gewissermassen verlockte, ist leicht einzusehen. Die Ueberlieferung von Φ zeigt einen nur oberflächlich geglätteten Text.

III 226 οὐ μύθων μωρῶν ἀπάτας ἐγγαστριμύθων.

Die Form ἐγγαστριμύθων mit nothwendig langem ι ist an unserer Stelle unzulässig, zumal sie den Vers rhythmisch zu einem monströsen gestaltet. Dass diese in der Prosa vorkommende Form in den Text eindrang, erklärt sich, wenn wir bedenken, dass ähnliche

Bildungen, allerdings rhythmisch untadelig, im Hexameter gebraucht worden sind, z. B.
Hipponax Fr. 85, 2 B¹.

τὴν ἐγγαστριμάχαιραν, ἧς ἐσθίει οὐ κατὰ κόσμον.

Es hat nun seinerzeit Alexandre in den Excurs. ad Sibyll. 602 im Vorbeigehen die
Vermuthung ausgesprochen, es sei vielleicht ἐγγαστερομύθων zu schreiben, später jedoch
in den Curae posterior. zu d. St. gemeint „sed nihil mutandum". Allein die Nothwendigkeit
einer Aenderung ist einleuchtend und die von Alexandre vermuthete Form durchaus
nicht sprachwidrig, wenn wir an γαστερόχειρ oder γαστρομαντεύομαι denken. Es ist aber
auch die Bildung ἐγγαστερμύθων keineswegs unmöglich, da einerseits im epischen
Sprachgebrauche die Dativform γαστέρι neben γαστρί vorliegt (z. B. Hom. N 372, 398
μέσῃ δ' ἐν γαστέρι πῆξεν) und anderseits öfter mit der Präposition ἐν zusammengesetzte
Composita die Dativform als eines der Compositionsglieder aufweisen, wie ἐγγαστρίμαντις,
ἐγγαστριμάχαιρα u. a.

III 234 sqq. οἱ δὲ μεριμνῶσί τε δικαιοσύνην ἀρετήν τε·
καὶ φιλοφρημοσύνῃ, τίς γ' ἢ κακὰ μυρία τίκτει
θνητοῖς ἀνθρώποις, πόλεμον καὶ λιμὸν ἄπειρον.

So schrieb Friedlieb nach Φ (nur bietet diese Gruppe μεριμνῶσιν). Für den ersten
Vers ist zu bemerken, dass hier, wie ich anderwärts begründe, zu lesen ist οἱ δὲ μερι-
μνῶσι δικαιοσύνην τ' ἀρετήν τε. Die Verse 235 sq. fehlen in Ψ. Dass in 235 eine Corruptel vorliege, sah Alexandre, der für τίς γ' den Dativ τοῖς γ' vermuthete. Einfacher
suchte Meineke zu helfen, indem er ἢ τις herstellte. Dass diese Fassung dem ursprünglichen Wortlaute entspricht oder nahe kommt, beweist die Vorlage dieses Verses in den
Theognideen 389 B.¹:

χρησμοσύνῃ εἴκων, ἣ δὴ κακὰ πολλὰ διδάσκει

(vgl. Pseudophok. 37 B.⁴). Vielleicht ist auch hier δή nach Theognis zu schreiben. Indess
noch bleibt ein Anstoss übrig: wir vermissen den Zusammenhang mit dem Vorausge-
hendenden, denn an eine Ellipse von ἐστὶν αὐτοῖς ist umsoweniger zu denken, als im voranstehenden Verse (234) sowohl wie im folgenden (237) bestimmte Verba finita vorliegen.
Es liegt deshalb nahe, hinter ἀρετήν τε ein Komma zu setzen und dann καὶ φιλοφρημοσύνῃ
zu schreiben.

III 261 sq. πᾶσι γὰρ οὐράνιος κοινὴν ἐτελέσσατο γαῖαν
καὶ πᾶσιν καὶ ἄριστον ἐνὶ στήθεσσι νόημα.

Hier ist οὐράνιος von Castalio nach 247 hergestellt worden, während überliefert ist
οὐρανίοις; in Vers 262 hat Opsopoeus aus III 585 πίστιν für πᾶσι vermuthet. Beide Verse
aber machen an dieser Stelle einen befremdlichen Eindruck: sie sind offenbar interpolirt.
Man braucht nur die Stellen, denen sie entnommen sind, nachzulesen, um zu sehen, wie
vortrefflich sie dort in den Zusammenhang passen (261 = 247 und 262 = 585); hier
aber vermag man keine Beziehung der zwei Verse zu einander und zu den übrigen zu
entdecken. Wie geriethen sie nun hieher? Der Gang der Erzählung (Vers 248—260) zeigt
deutlich, dass hinter 260 eine Lücke anzunehmen ist. Es dürfte hier etwa vom gelobten
Lande gesprochen gewesen sein: denn die zwei nächsten Verse 263 sq. τοῖσι μόνοις

καρπὸν τέλεθεν (so nach dem Vorschlage Alexandre's in der ersten Ausgabe, τελέθει die Hdschr.) ζείδωρος ἄρουρα | ἐξ ἑνὸς εἰς ἑκατόν, τελέθοντό τε μέτρα βαιὰ weisen darauf hin, dass unmittelbar vorher etwa die Wolfahrt und der Segen erwähnt ward, welche das jüdische Volk in Kanaan genoss. Um jene Lücke nun in etwas zu verkleistern, suchte, so scheint es, der Interpolator in diesem Buche nach Versen, die hiezu geeignet wären; der eine 247, der in nächster Nähe zu finden war, erwies sich ihm als passend, weil Vers 263 von der ζείδωρος ἄρουρα die Rede ist; und um nun noch dem materiellen Segen auch einen geistigen Vorzug hinzuzufügen, wurde der weit entfernte Vers 585 herbeigeholt. Ich vermuthe, dass die hier überlieferte Leseart πᾶσι von dem Interpolator selbst herrührt, der mit πίστιν, das an der richtigen Stelle einen guten Sinn gibt, nichts anzufangen wusste. Alexandre hat in der Note zu 585 in der zweiten Ausgabe den Sachverhalt auf den Kopf gestellt, wenn er meint: „melius infra, 262, καὶ πᾶσι καὶ ἄριστον: nam πίστιν christiana videtur emendatio'.

III 295 ἡνίκα δή μου θυμὸς ἐπαύσατο ἔνθεον ὕμνον.

Die Parallelstelle III 489 lehrt, dass hier μου in μοι zu ändern ist; beide Male aber ist der Accusativ ἔνθεον ὕμνον durch den Genetiv ἐνθέου ὕμνου zu ersetzen, da die Sibyllisten von der regelmässigen Construction des Mediums παύεσθαι sonst nicht abweichen. Von Volkmann's Vorschlage, der an der erstangeführten Stelle ἔπαυσε τὸν ἔνθεον ὕμνον schreiben wollte, muss abgesehen werden.

III 299 καὶ βασιλεῦσι τὰ τ' ἐσσόμενα φρεσὶ θεῖναι.

Nach dem gleichlautenden Verse III 164 ist herzustellen

τά τ' ἐσσόμεν' ἐν φρεσὶ θεῖναι.

III 301 ὅσσα κε τῇ Βαβυλῶνι ἐμήσατο ἄλγεα λυγρά.

Die Partikel κε, welche Φ bietet, während in Ψ καὶ geschrieben steht, hat bereits Volkmann richtig durch γε ersetzt, vgl. das zu III 165 sq. Bemerkte. Aber auch das folgende Wörtchen τῇ ist hier als Artikel unstatthaft; wir werden, obgleich τῇ durch Φ überliefert ist, entweder δή einsetzen, oder der Leseart von Ψ τοι folgen, da der absolute Wert jener ersten Handschriftenclasse kein solcher ist, dass sie unter allen Umständen vor Ψ den Vorzug verdiente, zumal in solchen Quisquilien.

III 333 γαῖα ἔρημος ἅπασα σέθεν καὶ ἔρημα πόληος.

Dieser Vers steht, wenn er echt und ursprünglich ist, dem Verse III 273 parallel; nur der Versschluss erscheint dem Zusammenhange gemäss verändert: allein er ist corrupt überliefert. Die Herausgeber nahmen sich nicht die Mühe, eine Conjectur zu versuchen, ja Alexandre scheint ἔρημα gar für einen Aeolismus gehalten zu haben, wenn er Excurs. ad Sibyll. 584 sagt: „ex aeolismo unum fere notandum est, ἔρημα in feminino (pro ἐρήμη vel ἔρημος) III 333'. Es lässt sich kaum an etwas Anderes denken als an den aus Homer bekannten Ausdruck ἔρμα πόληος, vgl. Π 549 ἐπεὶ σφισιν ἕρμα πόληος ἔσκε, Ψ 121 ἡμεῖς δ' ἕρμα πόληος ἀπέκταμεν. Dem Sinne nach aber ist es bei unserem Sibyllisten nicht wie bei Homer von Personen gesagt, sondern Umschreibung für „Stadt'. Der

Sibyllist scheint übrigens diesen Ausdruck gewählt zu haben, um wie III 273, wo der Versschluss καὶ βωμὸς ἐρυμνός lautet, mit den Worten zu spielen (ἔρημος — ἔρμα), wie das in diesen Orakeln öfters der Brauch ist. Selbstverständlich ist aus dem Femininum ἔρημος derselbe Begriff der Oede auch für die πόλις herauszuheben: ‚verlassen und öde ist das Land, verlassen und öde des Landes schirmende Burg'. Noch ist hinzuzufügen, dass die bisherigen Herausgeber verabsäumt haben, um den argen Hiatus γαῖα ἔρημος zu beseitigen, einfach nach dem Muster von III 273 γαῖα δ' zu verbessern.

III 334 sqq.   ἐν δὲ βύσει ἀστὴρ λάμψει, ὃν ἐρέουσι κομήτην,
  ῥομφαίας λιμοῦ θανάτοιό τε σῆμα βροτοῖσιν
  ἡγεμόνων τε φθορὰς ἀνδρῶν μεγάλων τ' ἐπισήμων.

So liest man bei Alexandre, der φθορὰς nach Opsopoeus statt des handschriftlichen φθοράν in den Text aufnahm, ohne sich an die Messung von τε vor Doppelconsonanz zu stossen; Volkmann wollte deshalb einmal καὶ φθορὰν ἡγεμόνων mit kurzgebrauchtem Accusativausgang, was bei den Sibyllisten nicht ganz unerhört ist — aber er hat dabei die Construction des Satzes ganz unbeachtet gelassen. Es ist ἡγεμόνων τε φωνῆς herzustellen, ausserdem aber ἀνδρῶν μεγάλων umzusetzen zu μεγάλων ἀνδρῶν, so dass nunmehr das τ' vor ἐπισήμων statthaft wird: den ἡγεμόνες μεγάλοι werden ἄνδρες ἐπίσημοι beigefügt. Weit weniger würde es sich empfehlen, jenes τ' einfach wegzulassen, so dass dann die ἡγεμόνες selbst als ἄνδρες μεγάλοι ἐπίσημοι bezeichnet wären, zumal wiederholt in den Sibyllinen den Königen und Fürsten noch die ausgezeichneten Männer des Reiches an die Seite gestellt werden, z. B. V 108 πάντας ὁλεῖ βασιλεῖς μεγάλους καὶ φῶτας ἀρίστους, fast ebenso V 379.

III 371   ὦ μακαριστός, ἐκεῖνος ὅς ἐς χρόνον ἔσσεται ἀνήρ
  ἠὲ γυνή, μακάρων κενεήρατος ὅσον ἄγραυλος.

So die Handschriften, nur hat die Classe Ψ ἐκεῖνος. Die Redeweise ἐκεῖνος ὅς ἐς χρόνον ἔσσεται, die nur besagt, ‚wer da bis zu jener Zeit sein, d. i. leben wird', muss auffallen, da wir allenfalls erwarten: ‚wer da zu jener Zeit lebt'. Dieser Vers ist nun auch im vierten Buche (als letzter) zu finden, wohin er, wie sich später ergeben wird, von unserer Stelle versetzt ward. Dort aber steht uns auch noch die Handschriftenclasse Ω = QVII zu Gebote, und diese hat eine Fassung erhalten, die offenbar die richtige ist, nämlich ὦ μακαριστὸς ἐκεῖνος ἐπὶ χρόνος ἔσσεται ἀνήρ. Das stimmt an unserer Stelle trefflich zum Zusammenhange; schildert doch der Sibyllist ein Zeitalter der Glückseligkeit auf Erden. Wir werden demgemäss auch kein Bedenken tragen, statt des sinnlosen ἄγραυλος vielmehr ἔπαυλος (Wohnsitz der Seligen) in den Text aufzunehmen.

III 382   Εὐρώπης τε μέγιστον ἀναστοναχήσεται ἄλγος.

Der Vers kehrt wieder XI 200; da uns hier bessere Handschriften (die Familie Ω) zu Gebote stehen als im dritten Buche, so ist aus diesen sowohl δὲ für τε, als auch namentlich ἕλκος für ἄλγος herzustellen, beides Emendationen, die selber für sich sprechen. Den Dativ Εὐρώπῃ für Εὐρώπης, der gleichfalls in XI 200 erhalten ist, haben schon früher Struve und Volkmann mit Recht gefordert.

III 385 καὶ πάσης ὁπόσης ἐπιδέρκεται ἥλιος γαίης
δεσπότις αὐδηθεῖσα κακαῖς ἄτῃσιν ὀλεῖται.

So bieten die Handschriften; in *P* hat Betuleius, der seine Ausgabe nach dieser Handschrift veranstaltete, das γ von γαίης mit rothem Striche als zu tilgen bezeichnet, und so ward seither ἥλιος αἴης edirt. Indess hat sich anderwärts die richtige Fassung des Versschlusses erhalten, XI 202

καὶ πᾶσαν ὁπόσην ἐπιδέρκεται ἠέλιος γῆν.

und demgemäss ist auch an der in Rede stehenden Stelle sowohl ὁπόσην wie ἠέλιος γῆς zu schreiben; dem Verfasser schwebte die homerische Stelle λ 16 οὐδέ ποτ' αὐτοὺς ἠέλιος φαέθων ἐπιδέρκεται ἀκτίνεσσιν (καταδέρκεται Aristophanes und Aristarchos) vor (vgl. Hesiod. Theog. 759).

III 396 sq. ῥίζαν ἴαν τε θεοὺς, ἥν καὶ κόψει βροτολοιγὸς
ἐκ δέκα δὴ κεράτων, παρὰ δὲ φυτὸν ἄλλο φυτεύσει.

Das von Φ gebotene ἴαν τε θεοὺς ist offenkundig eine Fassung, um eine mangelnde Silbe zu ersetzen, die anderen Handschriften haben τε nicht; ich vermuthe, da mir auch ῥίζαν θεοὺς unmöglich erscheint, vielmehr ῥίζαν ἴαν ἀναλοῦς. Auch ἥν καὶ muss meines Erachtens in ἥν περ corrigirt werden. Im folgenden Verse steht παρὰ δὲ φυτόν in der Sippe Φ, während Ψ παρὰ δὴ φυτόν bietet. Welches die richtige Lesart ist, zeigt die Parallelstelle XI 251 πρὶν δὴ φυτὸν ἄλλο φυτεύσει, wo uns die verhältnissmässig beste Handschriftenfamilie Ω zu Gebote steht. Es hat also in unserem Verse die Sippe Ψ das ursprüngliche δὴ bewahrt; δὲ wäre auch in metrisch-prosodischer Beziehung höchst auffallend. Wird aber δὴ wiederhergestellt, so liest man in demselben Verse rasch hinter einander zwei δή, von denen das erste noch dazu eine merkwürdige Stellung inne hat. Dies nun scheint mir aus dem Eingange von Vers 395 ἐκ τῶν δὴ γενετῆς eingedrungen zu sein, ich vermuthe μέν, vielleicht aber wäre auch an ἐκ δεκάδος κεράτων zu denken; demnach würden die beiden Verse lauten:

ῥίζαν ἴαν ἀναλοῦς, ἥν περ κόψει βροτολοιγὸς
ἐκ δέκα μὲν κεράτων, παρὰ δὴ φυτὸν ἄλλο φυτεύσει.

III 398 sqq. κόψει πορφυρέης γενεῆς γενετῆρα μαχητὴν
αὐτὸς ἀφ᾽ υἱῶν, ὧν ἐς ἔμφρονα αἶσαν ἄρχης
φύσεται· καὶ τότε δὴ παρατρεχόμενον κέρας ἄρξει.

Die heillos verderbte Stelle ist bisher wenig gefördert worden. Die vorstehende Fassung steht in den Handschriften, nur bieten Λ und Ψ ἄρχης. Glücklicher Weise findet sich eine Nachbildung dieser Verse im Buche XI 250 sq., aber freilich nur in verkürzter Version. Immerhin ergibt sich, da die Ueberlieferung daselbst bei weitem besser ist, zunächst, dass für πορφυρέης γενεῆς zu lesen ist πορφύρεος γενέτης. Wichtiger noch ist der Umstand, dass wir XI 251 αὐτὸς ὑφ᾽ υἱῆς — ἐκλάψει vorfinden. Der Verfasser las demnach wahrscheinlich den Singular, der sich leicht aus dem überlieferten ἀφ᾽ υἱῶν ὧν ergibt, indem ὑφ᾽ υἱωνοῦ geschrieben wird (scil. φύσεται). Volkmann dachte an υἱωνῶν.

Für die folgenden Worte aber versagt uns die Stelle im XI. Buche ihre Unterstützung. Vielleicht lag sie dem Verfasser bereits verderbt vor. Alexandre dachte in der Note zur ersten Ausgabe an ἀφ' υἱῶν, ὧν ἐς ὁμόφρονα δέξεται ἀρχήν oder οἴην ὁμόφρονες αἶτιος ἀρχής; M. Schmidt suchte den Vers so herzustellen: καυτὸς ὑφ' υἱῶν, ὧν ἔυ' (wofür ein Anonymus in Hilgenfeld's Theol. Zeitschrift 1861, p. 438, τόθ' vorschlug) ὁμόφρων ἔσσεται Ἄρης (oder δῖος Ἄρης) unter Hinweis auf Herod. VIII 3. Bei der völligen Zerstörung der Worte wage auch ich nur neue Vermuthungen: entweder ist zu schreiben:

καυτὸς ὑφ' υἱωνοῦ ἐλεόφρονος, αἶτιος ἀρχής.

oder etwa

καυτὸς ὑφ' υἱωνοῦ, ἐλεόφρων δῖος Ἄρης, φθεῖται.

III 421 νοῦν δὲ πολύν, ἔπος θ' ἔξει ἔμμετρον διανοίας.

Dies ist die Lesart von Φ, wogegen in Ψ ἔπος θ' ἔξει ἄμετρον διανοίας steht, woran sich merkwürdiger Weise die beiden letzten Herausgeber gehalten haben. Schon Castalio versuchte die Stelle zu heilen, indem er καὶ ἔπος διανοίαις ἔμμετρον ἔξει vorschlug, eine Fassung, durch welche der Vers alle Modulation verlieren würde. Volkmann dachte zweifelnd an καὶ ἔπος διανοίαις εὔμετρον ἔξει. Ich nun bin der Meinung, es sei unter Beachtung der unserer Stelle im XI. Buche Vers 163 sqq. nachgebildeten Fassung, wo sich in Vers 166 der Ausdruck ἐπίνοια findet, etwa zu schreiben καὶ ἔπη θ' ἔξει ἐμμέτρ' ἐπινοίαις.

III 439 sq. καὶ κράτος ὑψηλὸν Λυκίης ὄρος ἐκ κορυφαίων
χάσματ' ἀνειγομένης πέτρης καλούεται ὕδωρ,
μέχρι τε καὶ Πατάρων μαντήϊα σήματα πᾶσης.

Dies schrieb Alexandre, der das handschriftliche κορυφαίων (Α κορυφαίων) richtig in κορυφίων veränderte und Πατάρων aus πατέρων herstellte. Die hauptsächlichste Verderbniss jedoch sah erst Meineke, der κράτος vortrefflich in Κράγος emendirte. Noch bleibt aber eine kleine Nachlese. Das den Vers 439 anhebende καὶ ist unstatthaft, es fehlt ein Ausdruck, von dem ἐκ κορυφίων abhängt, da Κράγος, ὑψηλὸν Λυκίης ὄρος nur Vocativ sein kann; es liegt nahe, für καὶ das Pronomen σοῦ zu setzen, wodurch Alles ins Geleise kommt. Dieses Wörtchen konnte um so leichter verdrängt werden, als die beiden unmittelbar vorausgehenden Verse 437 und 438 mit καὶ beginnen. Der Ausdruck χάσματ' kann nur Dativ sein, abhängig von ἀνειγομένης; da aber das ι des Dativ Singul. bei den Sibyllisten sonst keine Elision erfährt, so ist wohl χάσμασ' zu schreiben. Endlich muss μέχρι τε durch μέχρι κε (oder μέχρις?) ersetzt werden.

III 451 sq. Σιδονίων δ' ἐλεὸς βασιλεὺς καὶ φύλοπις ἄλλων
κοντοπόρων Σαμίοις ἐλεὸν δείξουσιν ὄλεθρον.

Die Herausgeber bemühten sich, in diese Worte einen Sinn hineinzubringen: Castalio übersetzte: „at rex Sidonius aliorumque agmina pugnae exitium Samiis conflabunt triste per aequor', Alexandro: ‚Sidonios variasque trahens in proelia gentes rex saevus Samiis feret aspera bella per undas'; und ähnlich Friedlieb: ‚Sidons verderblicher König und

Anderer reisige Kriegsschaar werden vernichtenden Tod übers Meer zu den Samiern bringen.' Wie soll aber καὶ φύλοπις ἄλλων ‚aliorum agmina' oder ‚Anderer reisige Kriegsschaar' bedeuten? Hier hat sich offenbar eine böse Corruptel eingeschlichen und die ursprüngliche Fassung lautete κατὰ φύλοπιν αἰνήν, vgl. den homerischen Versschluss καὶ φύλοπιν αἰνήν Δ 16. Im folgenden Verse aber ist zunächst das erste Adjectiv richtig zu stellen: die Sippe Φ hat ποντοφόρον, Ψ ποντοπόρον, was die Herausgeber recipirten; allein die Concinnität verlangt eine Beziehung zu Σαμίοις, und diese ist gegeben mit der Schreibung ποντοπόροις; aber auch ὀλοόν kann als Attribut zu ὄλεθρον unmöglich stehen bleiben; dies Adjectiv ist vielmehr offenbar aus dem vorangehenden Verse an Stelle eines der im epischen Sprachgebrauche geläufigen Epitheta von ὄλεθρος eingedrungen, etwa λυγρόν oder αἰπύν oder, was der Corruptel noch näher liegt, οἰκτρόν, vgl. V 380 οἰκτρὸς ὄλεθρος.

Das Prädicat des Satzes ist gleichfalls in den Handschriften verderbt, in Φ steht δ' ἔξουσιν (A δ' ἕξουσιν), in Ψ δ' ἥξουσιν: hieraus machte Castalio δείξουσιν, womit sich die bisherigen Herausgeber zufrieden stellten. Indess passt dies Verbum gar nicht in den Zusammenhang: den richtigen Fingerzeig gibt, wie ich glaube, eine homerische Stelle M 345: ἐπεὶ τάχα τῇδε τετεύξεται αἰπὺς ὄλεθρος. Ich vermuthe darnach τεύξειεν mit βασιλεύς als Subject und dem für den Sprachgebrauch der Sibyllinischen Orakel so charakteristischen Optativ (als Vertreter des Futurums). Demnach gestalten sich die beiden Verse nunmehr folgendermassen:

Σιδωνίων δ' ὀλοὸς βασιλεὺς κατὰ φύλοπιν αἰνήν
ποντοπόροις Σαμίοις οἰκτρὸν τεύξειεν ὄλεθρον.

III 453 sq. αἵματι μὲν δάπεδον κελαρύξεται εἰς ἅλα φωτῶν
ὀλλυμένων.

‚Und zum Meere hin wird vom Blute der gefallenen Männer rinnen das Land', übersetzt Friedlieb die Stelle; aber es rinnt das Blut, nicht das Land! Mit geringer Aenderung lässt sich der Stelle helfen, wenn man schreibt αἷμα μέλαν δαπέδῳ κελαρύξεται εἰς ἅλα; der Ausdruck αἷμα μέλαν begegnet mit demselben Verbum verbunden schon bei Homer, und unserem Sibyllisten schwebte, wie es scheint, die betreffende Stelle vor: Λ 813 ἀπὸ δ' ἕλκεος ἀργαλέοιο αἷμα μέλαν κελάρυζε.

III 454 sqq. ἄλοχοι δὲ σὺν ἀγλαοφάρεσι κούραις
ὕβριν ἀεικελίην ἰδίην ἀποθωρήξουσι,
ταὶ μὲν ὑπὲρ νεκύων, ταὶ δ' ὀλλυμένων ὑπὲρ υἱῶν.

Im Verse 455 ist das corrupte ἀποθωρήξουσι der Handschriften von Struve in ἀποθρηνήσουσι geändert worden; noch bleibt aber die offenkundige Verderbniss in Vers 456 zu heilen. Unmöglich kann man sich denken, dass hier νεκύων und ὀλλυμένων den Hauptgegensatz bilden sollten, so dass υἱῶν durch diese Begriffe disjungirt würde; es müsste dann unter ταὶ μέν und ταὶ δέ verstanden werden je ein Theil der ἄλοχοι und κοῦραι zusammen, und nicht unter ταὶ μέν die κοῦραι, unter ταὶ δέ die ἄλοχοι. Jeder Unbefangene muss zugeben, dass all dies überaus geschraubt und unnatürlich wäre:

das Einfachste ist, in νεκύων eine Corruptel zu vermuthen. Doch ist es nicht so leicht, mit Gewissheit die ursprüngliche Leseart festzustellen. Man kann zunächst an γονέων ‚Väter' denken (Alexandre beliess νεκύων ohne eine Bemerkung im Texte, übersetzte aber ‚flebunt hae fata parentum occisorum', d. h. er fasst νεκύων ohne Weiteres als ‚getödtete Väter'). Aber auch der Begriff ‚Bräutigam' konnte möglicherweise ursprünglich hier stehen, also νυμφίος, das freilich in dieser Form nicht in den Vers passt. Erinnern wir uns aber an die Thatsache, dass ein Vocal mit folgendem Nasal vor Explosiven in gewissen griechischen Dialekten als Nasalvocal gesprochen ward, so wäre immerhin auch dieser Begriff hier unterzubringen. Die berührte Erscheinung ist in grossem Masstabe im Kyprischen zu finden (vgl. jetzt Meister, die griech. Dial. II 262), weiters im Pamphylischen: aber auch andere Dialekte weisen sie aus, insoferne inschriftlich der betreffende Nasal gar nicht ausgedrückt erscheint. Auf der ionischen Inschrift von Siphnos I. G. A. ed. Roehl 399 steht νυφίων (= νυμφίων), das demselben Stamme angehört wie unser νυμφίων; smyrnäischen Ursprungs ist Νυφόδωρος C. I. G. 3155, 8; auch auf Vasen liest man z. B. νύφης, C. I. G. 7760, νύφαι C. I. G. 8185; mitunter scheint man νύμφη zwar geschrieben, aber iambisch, d. i. mit nasalirtem Vocal o gesprochen zu haben, wie Sophokl. Antig. 1115 πολυώνυμε Καδμείας νύμφας ἄγαλμα (wo von Nauck ἄγαλμα νύμφας umgesetzt ward); dass auch in der epischen Sprache die in Rede stehende Erscheinung zulässig war, scheint das homerische ἀνδροτῆτα Π 857, X 363, Ω 6 zu beweisen, vgl. meine Bemerkung zu Π 857 meiner Iliasausgabe, wo noch andere einschlägige Beispiele berührt sind. Darnach wäre es keineswegs unmöglich, dass der Vers 456 gelautet hätte:

καὶ μὲν ὑπὲρ νυμφίων, ταὶ δ' ἑλλομένων ὑπὲρ υἱῶν,

wobei dann die erste Silbe von νυμφίων oder νυφίων als Kürze gemessen, d. h. mit Nasalvocal gesprochen wäre. Endlich bleibt für νυμφίων auch noch der Ausweg der Lesung mit Synizese (also νυμφίων).

III 457   σημεῖον Κύπρου σεισμός· φθίσει δὲ φάλαγγας.

So schreibt man seit Opsopoeus: die Handschriften aber bieten σεισμός δὲ φθίσει. Da das Subject zu φθίσει deutlich hervortreten soll, hat Volkmann scharfsinnig (wie auch Alexandre in den Curae posterior.) die Interpunction nach Κύπρου gesetzt und σεισμός δὲ φθίσει geschrieben; indess dies genügt noch nicht. Meines Erachtens muss weiters das hier auffällige δὲ beseitigt werden durch die Schreibung φθίσειε für φθίσει δὲ: dieser bei den Sibyllisten so beliebte Optativ ist in der Ueberlieferung öfters hinter Futurformen versteckt. Auch Alexandre dachte an die Herstellung dieser Form in den Curae posteriores, ohne jedoch in der zweiten Ausgabe ihrer auch nur zu erwähnen.

III 500 sqq.
τοὔνεκ' ἄρ' αὐτοὺς
ἐκπάγλως πληγαῖσι δαμάσσειεν παρὰ πᾶσαν
γαῖαν.

Man erwartet eine Präposition, welche ‚darüber hin' bedeutet, also statt παρά vielmehr κατά, was ich ohne Bedenken in den Text setze.

III 512 sq.   αἴ αἴ Γώγ καὶ πᾶσιν ἐφεξῆς ἅμα Μαγώγ,
              Μαρσῶν ἠδὲ Δάων, ὅσα σοι κατὰ μοῖρα πελάζει.

Diese von Alexandre aufgenommene Fassung ist schwer zu billigen. Eine absolut sichere Entscheidung übrigens wird sich betreffs dieser schlimmen Stelle kaum fällen lassen. Die Handschriften bieten in Vers 512 αἴ αἴ σοι Γώγ καὶ πᾶσιν ἐφεξῆς ἅμα Μαγώγ. Volkmann dürfte der ursprünglichen Leseart bisher am nächsten gekommen sein, wenn er

   αἴ ἅμα σοι, Γώγ ἠδὲ Μαγώγ, καὶ πᾶσιν ἐφεξῆς

vorschlug. Unter genauerem Anschlusse an die Ueberlieferung empfiehlt es sich jedoch, mit Beibehaltung des so gewöhnlichen doppelten αἴ und Ersetzung von καὶ durch ἠδὲ zu schreiben:

   αἴ αἴ σοι Γώγ ἠδὲ Μαγώγ ἅμα πᾶσιν ἐφεξῆς.

Misslicher steht es mit den im folgenden Verse vorliegenden Völkernamen, welche in Φ als μαρσῶν ἠδ᾽ ἀγγών (in A stehen über ω zwei Accente, der Circumflex und der Gravis), in Ψ als μαρσῶν ἠδαγών überliefert sind. Es würden sich diese Formen, falls man in ihnen, wie von Seiten der Herausgeber geschehen ist, Genetive erblickt, nur als von πᾶσιν abhängig auffassen lassen, aber auch dann wäre die Ausdrucksweise eine eigenthümlich geschraubte: deshalb ist wohl, zumal in Anbetracht der so häufigen Verwechslung der Genetiv- und Dativausgänge in den Handschriften, an die Herstellung von Dativen zu denken. Was nun die Völkernamen selbst betrifft, so ist, da wir uns unter den aus der Bibel bekannten Γώγ und Μαγώγ wohl nördliche Völkerschaften vorzustellen haben, anzunehmen, dass auch hier irgendwelche abgelegene Barbarenstämme gemeint seien. Unter den Geschichtschreibern gibt Herodot I 125 vielleicht den richtigen Wink, indem er von verschiedenen Stämmen Persiens spricht: ἄλλοι δὲ Πέρσαι εἰσὶ οἵδε· Πανθιαλαῖοι, Δηρουσιαῖοι, Γερμάνιοι· οὗτοι μὲν πάντες ἀροτῆρές εἰσι, οἱ δὲ ἄλλοι νομάδες, Δάοι, Μάρδοι, Δροπικοί, Σαγάρτιοι. Die Zusammenstellung der in den Steppen der Ostküste des kaspischen Meeres sesshaften Δάοι und der im mittleren Iran nomadisirenden Μάρδοι lässt vermuthen, dass auch der Sibyllist diese Stämme vor Augen hatte. Deshalb ist es am wahrscheinlichsten, die Anführung der Μάρδοι und Δάοι, wie Alexandre in den Curae posteriores zur ersten Ausgabe gethan hat, an unserer Stelle zu vermuthen; leider hat dieser Gelehrte, wie erwähnt, in der zweiten Ausgabe (p. 358) wieder einer ganz anderen Ansicht Ausdruck gegeben, wenn er sagt: „Etiam Augusti tempore Marsorum in Italia vultus ferox ac terribilis ab Horatio diffingitur; Daci seu Daae inter Scythas maxime formidabiles semper habiti sunt, seroque, si unquam, penitus subacti." Ebensowenig ist an den germanischen Stamm der Μαρσοί, dessen Strabon VI 290, 3 (vgl. Tacit. Germ. 2, ab excess. div. Aug. I 50, II 25) Erwähnung thut, zu denken.

Meines Erachtens wären die Dative Μάρδοις ἦ (oder ἠδὲ) Δάοις in den Text zu setzen. An dem σοι des folgenden Satzes ist nicht Anstoss zu nehmen, da sich dies auf den Hauptbegriff Γώγ und Μαγώγ bezieht, wovor selbst σοι steht. Der Plural ἅμα πᾶσιν ἐφεξῆς | Μάρδοις ἠδὲ Δάοις steht in zweiter Linie und ist gewissermassen parenthetisch aufzufassen.

III 516 sq.   Μαύρων τ' Αἰθιόπων τε καὶ ἐθνῶν βαρβαροφώνων
               Καππαδοκῶν τ' Ἀράβων τε.

In den vorausgehenden Versen ist von kleinasiatischen Stämmen die Rede, von Lykiern, Mysern, Phrygern, Pamphylern, Lydern; es hat deshalb schon Opsopoeus in dem überlieferten Μαύρων die hier vermissten, anderwärts (III 170, V 287) sonst in dieser Gesellschaft von den Sibyllisten erwähnten Karer vermuthet. Allein auch die im Vers 517 folgende Anführung der Kappadokier neben den Arabern muss Bedenken erregen; viel natürlicher wäre es, wenn letztere mit den Aethiopen zusammen genannt wären. Daher vermuthe ich, es habe die Stelle eine Verschiebung der Namen erlitten und ursprünglich gelautet:

           Καρῶν Καππαδόκων τε καὶ ἐθνῶν βαρβαροφώνων
           Αἰθιόπων τ' Ἀράβων τε.

Hiedurch wird zugleich Alliteration, resp. Assonanz, in den Namen der Völkerschaften erzielt. Für ἐθνῶν dürfte, da der Ausdruck ἔθνος in Vers 515, 519 und 520 wiederum vorliegt, ἀνδρῶν zu schreiben sein; vielleicht ist auch 519 ἀνδράσι für ἔθνεσι herzustellen im Hinblicke auf ὅσοι χθόνα ναιετάουσιν, wenn man nicht mit Badt ἔσω (ἔθνεσι) vorzieht.

III 528 sq.   ἥσονται δεσμοῖσιν ὑπ' ἐχθρῶν βαρβαροφώνων
               πᾶσαν ὕβριν πάσχοντες δεινήν·

Der vorausgehende Vers 527 ist mit einer starken Interpunction abzuschliessen, wie Volkmann mit Recht verlangte. Das in Vers 528 vorliegende Subject ist ein anderes als vorher, nämlich „die Unterlegenen", während es früher „die Sieger" sind; allein gleich das erste Wort, das Prädicat, macht sehr grosse Schwierigkeiten, wenn man es als richtig überliefert ansehen wollte, wie die bisherigen Herausgeber gethan. Volkmann wollte ἑαυτούς ergänzen, was unmöglich ist. Es scheint vielmehr ἥσονται offenbar aus dem Eingange des gleich folgenden Verses 531 eingedrungen zu sein an Stelle von δήσονται (vielleicht hiess es ursprünglich ἥξονται, was die Corruptel noch einfacher erklären würde; vgl. Platon. Krat. 417 E: τὸ ἄπταιν καὶ τὸ δεῖν ταὐτόν ἐστι). In Verbindung mit δεσμοῖσι bildet δεῖν eine seit Homer gebräuchliche epische Wendung (vgl. z. B. K 443 δήσαντες—νηλεῖ δεσμῷ); wir haben hier ein Futurum Medii in passiver Bedeutung. Es empfiehlt sich zugleich ein δ' einzufügen und demnach δήσονται δεσμοῖσι δ' ὑπ' ἐχθρῶν βαρβαροφώνων zu schreiben; im nächsten Verse muss es dann heissen πᾶσαν ὕβριν δεινὴν πάσχοντες, während Φ πᾶσαν ὕβριν πάσχοντες δεινήν, Ψ aber πᾶσαν ὕβριν πάσχοντες χαλεπήν bieten.

III 529 sq.   κοὐκ ἔστ' αὐτοῖς
               μικρὸν ἐπαρκέσσων πολέμου ζωῆς τ' ἐπαρωγός.

Gegenüber den Handschriften ist diese von den Herausgebern gebotene Fassung nur insoferne verändert, als κοὐκ ἔσει' durch Opsopoeus hergestellt ward: Φ bietet κοὐκ ἔσι', Ψ aber κοὐκεί'; statt πολέμου steht in P πόλεμον. Was soll nun aber μικρὸν ἐπαρκέσσων, (für welch letztere Form Volkmann mit Recht ἐπαρκέσων vorschlug) πολέμου heissen? Castalio, welcher nach Betuleius die Leseart von P μικρὸν ἐπαρκέσσων πόλεμον in den

Text aufnahm, übersetzt ‚nec erit tamen ulla potestas saevum pellendi bellum vitamque tuendi', während bei Alexandre ebenfalls ungenau steht ‚nec grave quisquam avertet miseris bellum aut discrimina vitae'. Der Ausdruck μηρόν ist zweifellos corrupt: ich glaube nicht zu irren, wenn ich μόχθον oder μῶλον ἐπαρπαίων πολέμου für die ursprüngliche Fassung halte. ‚Sie werden Niemand haben, der ihnen abwehren wollte die Last, die der Krieg ihnen auferlegt, und im Leben beistehe.' Der Ausdruck ζωῆς ἐπαρωγός ist auch anderweitig nachweisbar, vgl. Antipatros in der Anthol. Palat. VI 219, 21 ὅπλον — τὸ ζωᾶς ἐπαρωγόν.

III 549 sq.   τίς τοι πλάνον ἐν φρεσὶ θῆκε
        ταῦτα τελεῖν προλιποῦσα θεοῦ μεγάλοιο πρόσωπον.

Die Sibyllenhandschriften Φ bieten προλιποῦσα, Ψ προλιποῦσι. Das Particip könnte sich nur auf das in den vorausgehenden Versen angesprochene Ἑλλάς (Vers 545) beziehen, aber der Nominativ ist unmöglich, daher liegt hier eine Corruptel vor. Eine sofortige Heilung derselben gibt uns auch Lactantius nicht, welcher Div. Inst. I 15 (vol. I, p. 57, 18—58, 2 Brandt) die Verse III 545, 547—549 anführt. Die auf einer verhältnissmässig guten Tradition der Sibyllinen beruhenden Citate bei diesem Kirchenvater sind überall willkommen. An unserer Stelle nun steht bei ihm προλιπόντα überliefert, das möglicherweise durch VIII 263

        ὥστε θεὸν προλιπόντα λατρεύειν ἤθεα θνητοῖς

veranlasst war; auf Grund dessen meinte Opsopoeus die Dativform des Masculins (auf τοι = Ἑλλάς bezüglich) herstellen zu können, προλιπόντι. Allein die genuine Lesart war offenbar προλιπεῖν τε, und auf diese weist wenigstens die bei Lactantius erhaltene Corruptel hin; die Sibyllenhandschriften enthalten in der Form προλιποῦσα nichts als eine vermeintliche Besserung des Masculins προλιπόντα. Es freut mich, constatiren zu können, dass auch der neue Herausgeber des Lactantius, Herr Professor Brandt in Heidelberg, laut brieflicher Mittheilung auf ganz dieselbe Vermuthung gekommen ist. Diese Uebereinstimmung ist mir eine Gewähr für die Richtigkeit der Conjectur.

III 564 sqq.   τοὺς Ἑλλάς τ' ἔρρεξε βοῶν ταύρων τ' ἐριμύκων
        πρὸς ναὸν μεγάλοιο θεοῦ ὁλοκαρπώσασα
        ἐκφεύξῃ πολέμοιο δυσηχέος ἠδὲ φόβοιο
        καὶ λοιμοῦ καὶ δοῦλον ὑπεκφεύξῃ ζυγὸν αὔθις.

Dieser Gestaltung der Verse bei Alexandre wird man nicht überall zustimmen können. Die Handschriftensippe Φ bietet zu Anfang von 564 καὶ τοὺς Ἑλλάς ἔρεξε, Ψ aber τοὺς Ἑλλάς τ' ἔρρεξε, was Alexandre aufnahm. Aber weder καὶ τοὺς noch τοὺς kann mit Rücksicht auf den Zusammenhang befriedigen. Ich möchte deshalb vermuthen ὅσσον θ' Ἑλλὰς ἔρεξε βοῶν ταύρων τ' ἐριμύκων, d. h. soviel als Hellas an Kühen und Stieren opferte am Altare des wahren Gottes, insoweit wird es dem Kriege entgehen und anderem Ungemach. Ohne Noth ist die handschriftliche Ueberlieferung ἐκφεύξῃ und ὑπεκφεύξῃ (P ὑπερφεύξῃ) in die Futurformen ἐκφεύξει und ὑπεκφεύξει von Alexandre verändert worden.

III 570 sqq. οὐ γάρ μὴ θώσητε θεῷ, μέχρι πάντα γένηται,
ὅσσα μόνος βουλεύεται οὐκ ἀτέλεστα θεός γε
πάντα τελεσθῆναι.

In der Familie Φ liest man

ὅσσα μόνος βουλεύσεται οὐκ ἀτέλεστα θεός γε.

nur hat A ἀτέλεστα im Texte, mit übergeschriebenem αυ: (d. i. die Variante ἀτέλευτα),
die zweite Handschriftenclasse Ψ bietet ὅσσα μόνος βουλεύεται θεὸς οὐκ ἀτέλεστα; nach
Φ hat Alexandre die oben erwähnte Fassung des Verses in den Text aufgenommen, aber
nicht ohne selbst zu bemerken ,praestaret

ὅσσα μόνος γε θεὸς βουλεύεται οὐκ ἀτέλευτα

vel ut alii codd. οὐκ ἀτέλεστα'. Volkmann entschied sich für

ὅσσα θεός γε μόνος βουλεύσεται οὐκ ἀτέλευτα.

Dieser Gestaltung wird man sich anzuschliessen haben, nur muss unter allen Umständen
οὐκ ἀτέλεστα geschrieben werden. Denn nicht blos hat, wie bemerkt, einer der Vortreter
der besseren Handschriftenclasse A ἀτέλεστα selbst im Texte (mit der Variante ἀτέλευτα),
auch in der schlechteren hat sich diese Leseart, und zwar als einzige, erhalten. Hiezu
kommt als schwerwiegendes Moment, dass οὐκ ἀτέλεστα eine homerische Formel ist, aus
Δ 168 entlehnt (vgl. σ 345; daneben οὔδ' ἀτέλεστος β 273 μηδ' ἀτέλεστον Hom. Hymn.
Dem. 323), während ἀτέλευτος in der homerischen Sprache gar nicht vorliegt; letzteres
ist durch ἀτελεύτητος, das auch die Sibyllisten verwenden, veranlasst worden. Auch
Huetius schon verlangte ἀτέλεστα.

III 612   ἐς πᾶσαν σκεπάσει γαῖαν πεζῶν τε καὶ ἱππέων.

Man erwartet statt des Genetivs πεζῶν τε καὶ ἱππέων (wahrscheinlich aus III 804
ἐν νεφέλῃ [νεφέλαις?] δ' ἔφεσθε μάχην πεζῶν τε καὶ ἱππέων eingedrungen) den Dativ. Unter
Beachtung homerischer Vorbilder, welche dem Verfasser offenbar vorschwebten, wie ξ 267
πλῆτο — τὰν πεδίον πεζῶν τε καὶ ἵππων (ebenfalls im Vorsschlusse), liegt es nahe zu
schreiben πεζοῖς τε καὶ ἵπποις.

III 677   πάντα δὲ θηρία τῆς ἠδ' ἄσπετα φῦλα πετεινῶν.

In dieser Weise hat Alexandre den Vers gestaltet; die Ueberlieferung von Φ ist

von Ψ
πάντα δὲ θηρία γαίης κάσκετα (κάσκετα A) φῦλα πετεινῶν,

πάντα δὲ θηρία γαίης ἠδ' ἄσπετα φῦλα πετεινῶν.

Ich vermuthe, es sei zu schreiben

πάντα δὲ θηρία γῆς κατεγνὼν τ' ἄσπετα φῦλα.

III 680   ἠλιβάτους κορυφὰς τ' ὀρέων βουνούς τε πελώρων
ῥήξει.

Der Genetiv πελώρων ist gänzlich unstatthaft, es ist statt dessen βουνούς τε πελώρους
zu lesen, parallel zu ἠλιβάτους κορυφάς, da ὀρέων offenbar nur zu beiden Begriffen
gehören kann.

III 699 sq.   τάδε δ' ἔσσεται οὐκ ἀτέλεστα
                     οὐδ' ἀτελεύτητα, ὅτε κεν μόνον ἐν φρεσὶ θείη.

Dass der Singular οὐδ' ἀτελεύτητον stehen müsse wie Hom. A 527, woher dieser Versanfang entnommen ist, habe ich schon früher einmal vermuthet unter dem Beifalle Nauck's, zumal das Relativ ὅτι — μόνον folgt; demgemäss aber auch τόδε δ' ἔσσεται οὐκ ἀτέλεστον. Der Plural scheint durch die homerische Stelle τὰ μὲν ἔσσεται οὐκ ἀτέλεστα Δ 168 veranlasst zu sein. Im zweiten Hemistichion schlug Nauck vor ὅτε κεν μόνον φρασὶ νεύσῃ wegen Hom. A 527 ὅτι κεν κεφαλῇ κατανεύσω. Indess die Tradition der Sibyllinen ist wohl nicht anzutasten, ausser dass aus der auch bei Homer mehrfach überlieferten, unrichtig geschriebenen Form θείη, welche hier zum Optativ ward, der Conjunctiv θήῃ werden muss (Meineke wollte θείῃ, dessen Existenzberechtigung nicht erweisbar ist). Denn auch dieser Versschluss ist von dem Sibyllisten aus Homer entlehnt worden, vgl. ἐν φρεσὶ θήῃ (θείω die Codd.) II 83, und durchaus dem Sinne angemessen.

III 704   εἷς θεὸς ἐστι κτίστης ὁ διαισκρίτης τε μόναρχος.

Es ist zu corrigiren κτιστής τε διαισκρίτης τε μόναρχος, da μόναρχος zu beiden Ausdrücken gehört und das handschriftlich erhaltene τε auf ein vorausgehendes τε hinweist.

III 761 sqq.   ἀλλὰ καταστρέψαντες ἐμὰς φρένας ἐν στήθεσσιν
                 φεύγετε λατρείας ἀδίκους· τῷ ζῶντι λάτρευε·
                 μοιχείαν πεφύλαξο καὶ ἄκριτον ἄρσενος εὐνήν.

Von diesen Versen hat Lactantius die zwei letzten (mit 764 und 765) in seiner Schrift de Ira Div. c. 22 citirt und zwar wie sich nach den besten zwei Handschriften ergibt, deren Collation mir mit Genehmigung der kais. Akademie der Wissenschaften in Wien durch gütige Vermittlung des Herrn Hofrathes von Hartel von dem neuen Herausgeber des Lactantius Prof. Brandt zur Einsicht vorlag, mit folgenden Varianten gegenüber der Ueberlieferung der Sibyllinen: φεῦγε δέ (Par. AE), ἀνόμους statt ἀδίκους, welch letzteres von Castalio aus dem ἀδίκων der Sibyllenhandschriften hergestellt ward, μοιχείας (MOΩΙAC Bon., MωXIAC Par.) δὲ φύλασσε (und zwar Cod. Par. ΘΕ ΦVΛΑΞΑΙ, Bon. ΘΕ ΦVΛΑΞΕ), endlich ἄρσενος ἄκριτον (APCENAC AKPIΘωN Par.) εὐνήν. Dagegen wird τῷ ζῶντι bestätigt durch die Ueberlieferung TOZONTI des Cod. Bon., während Cod. Par. ΘW ZωΦωNTI bietet (Fritzsche edirte θεῷ ζῶντι). Bemerkenswert ist in der Sibyllenüberlieferung der Wechsel des Numerus nach dem ersten Satze; zwar ist dem φεύγετε entsprechend in den sibyllinischen Handschriften auch λατρεύετε überliefert, aber dies verbietet schon das Metrum; beachtet man, dass auch in dem weiteren Verse 764 der Singular steht und bei Lactantius Vers 762 mit φεῦγε δέ beginnt, so wird es sehr wahrscheinlich, dass die ganze Stelle den Imperativ Singularis enthielt. Es ist deshalb zu vermuthen, dass erst als φεύγετε in den Text gekommen war, in den Vers 761 ein plurales Particip eindrang. Wir werden aber nicht blos den Singular herzustellen haben, sondern auch den Begriff des καταστρέψειν durch einen anderen ersetzen müssen, der in den Context passt; ich vermuthe ἀλλὰ κατάστρεψον μὲν ἑὰς φρένας ἐν στήθεσσι — „wende doch deinen Sinn in der Brust"; wogen ἑάς für die zweite Person vgl. I 128 Νῶε, δέμας θήρσυνον ἑόν. Das überlieferte ἐμὰς φρένας lässt keine befriedigende Erklärung zu. Wie Alexandre übersetzen konnte „sed mea vos animis assumite dicta', ist mir unverständlich. Die dem Lactantius vorgelegene Fassung des Verses lautete nach den Varianten wohl μοιχείας τε (oder δὲ) φύλαξαι ἰδ᾿ (so vermuthe ich für καὶ) ἄρσενος ἄκριτον εὐνήν.

III 765   τοῖσδε γὰρ ἀθάνατος κεχολώσεται, ὅς κεν ἁμάρτῃ.

Statt τοῖσδε bietet die Ueberlieferung bei Lactantius ταῦτα (ΘΑΥΘΑ Par.). Diese scheint mir die ursprüngliche zu sein. Indem man nämlich den Accusativ ταῦτα, welcher das Vorausgehende bündig zusammenfasst und zugleich den Bereich des ἁμαρτεῖν angibt, nicht richtig bezog, ward τοῖσδε geschrieben, das überflüssig wäre, weil ja ohnehin ὅς κεν ἁμάρτῃ genau angibt, wem der Zorn gilt.

III 787 sq.   ἐν δὲ λύκοι τε καὶ ἄρνες ἐν οὔρεσιν ἅμμιγ᾿ ἔδονται χόρτον.

Die Lesart ἐν δὲ bieten die Sibyllenhandschriften, allein sie lässt keinerlei Beziehung zu; auch Volkmann's ἔνθα macht die Sache nicht viel besser. Beachten wir die Quelle für die Verse 787—794, nämlich Jesaias 11, 6—9, die mit den Worten beginnt: καὶ συμβοσκηθήσεται λύκος μετὰ ἀρνός, so kann es keinem Zweifel unterliegen, dass nicht die Sibyllenhandschriften, sondern das bei Lactantius Divin. Inst. VII 24, 12 = vol. I p. 661, 20 Brandt vorliegende Citat die richtige Lesart enthält, nämlich ἠδὲ λύκοι; geht ja doch auch ἅμμιγ᾿ auf Lactantius zurück, während die Sibyllencodices ἅμμις (Φ) oder gar ἅμα (Ψ) bieten. Demgemäss entfällt auch die Nothwendigkeit, mit Meineke σὺν δὲ λύκοις zu lesen.

III 790 sqq.   σαρκοβόρος τε λέων ἄχυρον φάγεται ἐπὶ φάτνης
                    ὡς βοῦς· καὶ παῖδες μάλα νήπιοι ἐν δεσμοῖσιν
                    ἄξουσιν.

In Vers 790 hat Alexandre die Lesart der schlechteren Classe ἐπὶ φάτνης aufgenommen, während Φ ἐν φάτνῃ bietet. Das Richtige liegt in der Mitte, ich schreibe mit Homer λ 411 ὡς — βοῦν ἐπὶ φάτνῃ, auch hier ἐπὶ φάτνῃ; φάγεται hat Opsopoeus aus dem handschriftlichen φάγει᾿ hergestellt. Die Fassung des Vorschlusses bei Lactantius φάγεται ἄχυρον παρὰ φάτνῃ dürfte auf einer alten Variante von Vers 790 beruhen. Statt καὶ παῖδες wird vielleicht, da kein Object ausgedrückt ist, entsprechend den Worten des Jesaias 11, 6 καὶ παιδίον μικρὸν ἄξει αὐτούς zu schreiben sein τὸν oder ἐν παῖδες κτλ.

Uebrigens hat Lactantius a. a. O. nicht alle Verse dieser Stelle, es fehlen 791 sq., dann 794, die für seinen Zweck nicht absolut nöthig waren. An eine Interpolation in den Sibyllenhandschriften aber, denen gegenüber dann Lactantius eine zwar kürzere, aber scheinbar ursprünglichere Fassung böte, ist wegen der schon erwähnten Stelle beim Propheten Jesaias nicht zu denken, da deren Gedanken in der Sibyllenüberlieferung genau paraphrasirt sind.

III 803   αἵματι καὶ σταγόνεσσι πετρῶν δ᾿ ἀπὸ σῆμα γένηται.

So bietet Φ, während in der anderen Handschriftenclasse Ψ ganz verwahrlost αἵματι καὶ σταγόνες steht. Auch in Alexandre's zweiter Ausgabe ist jene Lesart von Φ nicht verändert worden, obgleich der Ausdruck αἵματι καὶ σταγόνεσσι sehr anstössig ist. Und doch hatte derselbe Kritiker gelegentlich bei einer anderen Stelle XII 75 (in der ersten Ausgabe) einen zutreffenden Vorschlag gemacht, den er späterhin selbst ganz unbeachtet liess, nämlich αἱματπαλὶς σταγόνεσσι; nur muss dann auch πετρῶν ἄπο geschrieben werden. Der ganze Vers ist zu vergleichen mit III 683 sq.

ῥεύσουσι δὲ πέτραι
αἵματι, καὶ πεδίον πληρώσει πᾶσα χαράδρα.

Vielleicht hat der ähnliche Versanfang αἵματι καὶ zur Entstehung der Corruptel an unserer Stelle beigetragen.

III 806   τοῦτο τέλος πολέμοιο τελεῖ θεὸς οὐρανὸν οἰκῶν.

Vergleicht man den Vers mit III 796

ἡνίκα δὴ πάντων τὸ τέλος γαίῃσι γένηται,

so liegt der Gedanke nahe, auch hier statt des auffälligen πολέμοιο τελεῖ vielmehr πάντων τελέει zu schreiben. Denn nicht um die Beendigung eines πόλεμος handelt es sich hier, sondern um die Zeichen, welche das Weltende bedeuten. Nachdem der Sibyllist sie angeführt hat, erwartet man in Vers 806 einen zusammenfassenden Hinweis, der mit der Schreibung πάντων auch in ganz entsprechender Weise gegeben wird: dadurch erst wird ein dem einleitenden Verse 796 correspondirender Abschluss der Partie gewonnen. Dieselbe Auffassung theilt laut freundlicher brieflicher Mittheilung Herr Professor Nauck, nur möchte er

τοῦτο τέλος πάντων θήσει θεὸς αἰθέρι ναίων

vorziehen.

III 808 sqq.   πᾶσά σοι, Ἀσσυρίης Βαβυλώνια τείχεα μακρά
οἰστρομανὴς προλιποῦσα, ἐς Ἑλλάδα πεμπόμενον πῦρ
πᾶσι προφητεύουσα θεοῦ μηνύματα θνητοῖς,
ὥστε προφητεῦσαί με βροτοῖς αἰνίγματα θεῖα.

In dieser von den Herausgebern gänzlich unbeanstandeten Fassung sieht man sich vergeblich nach einem Verbum finitum um. Zum Glücke braucht man nur den Schluss von Vers 810 mit dem von VIII 2 θεοῦ μηνύματα φαίνω zu vergleichen, um es zu gewinnen. Auch an unserer Stelle war dies die genuine Lesart, die nur durch eine Interpolation verderbt ward. Wir sind in der Lage aus den Handschriften selbst den Weg kennen zu lernen, welchen die Verderbnis nahm. Die Lesart θνητοῖς bietet nur die Classe Φ, in Ψ steht βροτοῖς. Von besonderer Wichtigkeit sind die in den einzelnen Handschriften der Familie Φ vorliegenden Spuren, welche auf eine Lücke an dieser Stelle weisen: in P steht am Rande mit rother Schrift λείπει (sic) δύο στίχοι, und in ähnlicher Weise war nach dem Berichte des Opsopoeus in dem derselben Classe zuzuzählenden Codex des Pithoeus eine solche Notiz vorhanden; ebenso enthält auch der dieser Sippe mit angehörige Scorialensis (S) diese Bemerkung; in A findet sich zwar keinerlei Hinweis dieser Art, dafür aber deutet ein freies Spatium für zwei Verse auf die Lücke hin. Auf Grund dieses Sachverhaltes wird es offenbar, dass im Archetyp der ersten Handschriftenclasse Φ das letzte Wort von Vers 810 unleserlich geworden war, sammt einem oder zwei unmittelbar folgenden Versen. Denn dass trotz Alexandre's Ansicht (in den Cur. poster.), es sei hinter Vers 810 keine Lücke anzunehmen („forte accidit ut pars aliqua paginae vacua remaneret in codice primario, ex quo omnes superstites orti sunt, inde communis omnibus lacunae nota'), etwas ausgefallen ist, dafür spricht der Wortlaut der Stelle; es wird der Sibyllist nicht unmittelbar hintereinander zwei so ähnlich klingende Verse gesetzt haben. Nachdem aber einmal das Schlusswort von 810 verloren war, ist aus dem nun folgenden Verse 811 das Wort βροτοῖς am Ende des ersteren eingedrungen, wie es noch die Sippe Ψ ausweist, in Φ aber ward dafür in einer dem Metrum entsprechenderen, äusserlich glatteren Fassung θνητοῖς eingesetzt. Auf diese Weise erklärt sich die Verderbnis einfach. Uebrigens ist zu bemerken, dass μηνύματα von Castalio für das verderbte μηνύματα von Ψ, resp. μιμήματα von Φ hergestellt ward; ausserdem aber ist, wie schon Opsopoeus vorgeschlagen hat, statt Ἀσσυρίης Βαβυλώνια nach III 160 Ἀσσυρίης Βαβυλῶνος zu emendiren, so dass jene Verse nunmehr folgende Gestaltung erfahren:

ταῦτά σοι Ἀσσυρίης Βαβυλῶνος τείχεα μακρά
οἰστρομανὴς προλιποῦσα ἐς Ἑλλάδα πεμπόμενον πῦρ
πᾶσι προφητεύουσα θεοῦ μηνύματα φαίνω,
* * *
ὥστε προφητεύσαί με βροτοῖς αἰνίγματα θεῖα.

IV 1 κλῦτε, λεὼς Ἀσίης μεγαλαύχεος Εὐρώπης τε

Die beste uns zu Gebote stehende Ueberlieferung des vierten Buches, die Handschriftengruppe Ω (= Q V H, in M liegt es nicht vor) enthält die Lesart κλῦτε (Q κλύτε) λεώς, während in den übrigen Codices die Corruptel κλαῖε steht, woraus Opsopoeus κλύε machte. Wenn auch die Verbindung des Singulars λεώς mit dem Plural κλῦτε durch den Collectivbegriff gut erklärlich wäre, so scheint doch der Umstand, dass am Schlusse des Prooimions dieses Buches (Vers 22) οὐ δὲ πάντα, λεώς, ὑπάκουε κτλ. zu lesen ist, auch zu Anfang den Singular κλῦθι zu verlangen. Unter allen Umständen ist Volkmann's Vorschlag κλῦτε λαῷ unzulässig, gegen welchen auch III 450 Εὐρώπης τ' Ἀσίης τε λεώς spricht.

IV 13 οὐ νύξ τε δνοφερή τε καὶ ἡμέρη ἠελίος τε.

So die Ausgaben von Alexandre und Friedlieb nach den Handschriftenclassen Φ und Ψ (P hat δυσφερή); Boissonade (zu Philostr. Epist. XII adn. 5) hat diese wegen des doppelten τε anstössige Lesung verbessert, indem er οὐ νύξ τε δνοφερή καὶ ἡμέρη vorschlug, was auch von Badt in seinem Texte des IV. Buches (Ueber das vierte Buch der sibyllin. Orakel, Breslau 1878) geschrieben ward. Die für dieses Buch sonst massgebende beste Sippe Ω bietet hier eine Corruptel οὐ νύξ δ' ὥρα τεθέαται καὶ ἡμέρη; indess es scheint fast, als ob hierin die ursprüngliche Lesart steckte, welche etwa οὐ νυκτὸς ὥρη τε καὶ ἡμέρη (ἤματος?) lauten mochte. Jenes τεθέαται dürfte nämlich eine aus τε θεᾶται entstandene, durch das am Schlusse des vorausgehenden Verses 12 vorliegende ὁρᾶται veranlasste Interpolation sein, die etwa ursprünglich am Rande zu Vers 13 beigesetzt war, und zwar von Jemandem, der in den Worten νύξ und ἡμέρη Zeitbestimmungen sah, die ihm zu Vers 12 zu gehören schienen (ὑπ' οὐδενὸς αὐτὸς ὁρᾶται. Gott ist unsichtbar für

Jedermann bei Nachtzeit und bei Tage). Als aus dem Genetiv νυκτός dann νύξ τε geworden war, könnte, wie es scheint, an Stelle von ὤρῃ in den zwei oben genannten Handschriftengruppen das seit Homer ν 259 a 50 geläufige Epitheton δυσφερή eingedrungen sein. Wegen der Längung der auslautenden Silbe in νυκτός vgl. meine Neuen Beiträge zur Technik des nachhom. Hexameters p. 100.

IV 44   καὶ τότ' ἐπιγνώσονται, ὅσην ἀσέβειαν ἔρεξαν.

Diesen Vers kennen nur die zwei schlechteren Handschriftenclassen; dagegen fehlt er in Ω. Offenbar hat ihn auch Lactantius nicht gelesen, der Divin. Inst. VII 23, 4 (vol. I, p. 657, 1—6 Brandt) die Verse IV 40—43 citirt und hierauf zwar nicht die in 45 und 46 vorliegende Fassung, aber doch IV 186 und 188 (Alexandre, = 186 und 187 Friedlieb), welche denselben Inhalt wie 45 sq. aufweisen, unmittelbar folgen lässt. In Anbetracht des Umstandes, dass die Uebereinstimmung der Lactantiuscitate mit der Ueberlieferung von Ω als die beste Gewähr für die ursprüngliche Gestalt einer Stelle der Sibyllinen gelten muss, wird es sehr wahrscheinlich, dass Vers 44 eine Interpolation darstellt. Thatsächlich unterbricht er auch in ziemlich nüchterner Weise den Gedankengang: wir erwarten, dass nach der Erwähnung des Schicksales der δυσσεβέες sofort, zumal ja durch μέν und δέ ein enger Contact zwischen Vers 43 und 45 hergestellt ist, auch das Geschick der εὐσεβέες mitgetheilt wird. Nicht angenehm berührt auch der gleichlautende Versbeginn καὶ τότε in Vers 43 und dem in Rede stehenden verdächtigen Verse 44.

IV 108   καὶ σύ, Κόρινθε τάλαινα, τεὴν ποτ' ἐπόψει ἅλωσιν.

Dieser bei Alexandre und Friedlieb als Vers 108 begegnende Satz steht in der besten Handschriftengruppe an einer anderen, offenbar an der einzig richtigen Stelle, vor dem bisherigen Verse 105 (Καρχηδὼν κτλ.), während er in Φ als Vers 108, in Ψ aber hinter 106 (πλήμων Λαοδίκεια) vorliegt. Badt hat denn auch in seiner Abhandlung über das vierte Buch der Sibyllen den Vers mit Recht auf den ihm zugehörigen Platz (hinter dem bisherigen Verse 104) im Texte verwiesen. Die Erwähnung der Einnahme Korinths gehört zu den welthistorischen Ereignissen, die in den Versen 102—105 berührt werden (Bezwingung Makedoniens und Karthagos von Seiten der Römer), daher darf sie nicht erst nach einem minder wichtigen Factum, wie die Heimsuchung von Laodikeia durch ein Erdbeben, angeführt werden. Der Wortlaut dieses Verses nun ist in Ω folgender:

καὶ σοὶ τάλαινα Κόρινθε, τεὴν πόλιν ὄψει ἁλῶσαι.

Im Eingange ist natürlich καὶ σύ, τάλαινα Κόρινθε (gegen καὶ σοί, Κόρινθε τάλαινα der übrigen Handschriften) in den Text zu setzen. Nicht so einfach jedoch ist die Entscheidung über das zweite Hemistichion, welches von Φ in der in den letzten Ausgaben üblichen, oben verzeichneten Fassung (P ἐπ' ὄψει) vorliegt, während die Classe Ψ τεὴν ὄψει ἅλωσιν bietet. Die etwas verderbte Ueberlieferung von Ω scheint auf die Lesart τεὴν πόλιν ὄψει ἁλῶσαν hinzudeuten. Für den ersten Blick müsste diese Redeweise Bedenken erregen, da die Sibyllist doch Korinthos anspricht: indess ist immerhin möglich, dass die Landschaft Korinthos angeredet wird; dann könnte der Sibyllist sagen, sie werde

den Fall ihrer Stadt schauen, ähnlich wie in dem benachbarten Verse bemerkt wird
Καρχηδών, καὶ σεῖο χαμαὶ γόνυ πύργος ἐρεῖσει.

Da aber anderseits die in Φ vorliegende Fassung dem Inhalt und der Form nach tadellos
erscheint, so liegt die Vermuthung nahe, dass in Ω und Φ zwei alte Varianten überliefert sind.

IV 114 Ἀρμενίη, καὶ σοὶ δὲ μένει δούλειος ἀνάγκη.

Diese Schreibung Alexandre's, der sich hiebei an die schlechteste Vorlage Ψ (δὲ
καὶ σοί μένει) gehalten hat, ist ganz unmöglich. Die beste Classe Ω bietet καὶ σε δὲ
μένει, Φ aber δέ τε καὶ σε μένει. Badt dachte an καὶ σή, δὲ μενεῖ, was meiner Ansicht
nach nicht statthaft ist. Die ursprüngliche Lesart dürfte allem Anscheine nach καὶ δή
σε μένει gewesen sein.

IV 166 sq. χεῖράς τ' ἐκτανύσαντες ἐς αἰθέρα τὸν πύρος ἔργων·
συγγνώμην αἰτεῖσθε.

Dieser Lesart von Φ und Ψ steht gegenüber die der besten Sippe Ω χεῖρας ἐπαείραντες
ἐν αἰθέρι (nur H hat durch Versehen ἐπαείραντες). Wenn man die Bedeutung der letztgenannten Handschriftenclasse erwägt, so wird man sich kaum zu der Annahme entschliessen
können, dass der Wortlaut derselben hier bloss eine Corruptel vorstelle, wogegen das
Richtige in ΦΨ gegeben sei. Allerdings bietet das Particip ἐπαείραντες eine metrische
Schwierigkeit, da es langes α dem sonstigen Gebrauche zuwider aufweist. Man könnte
nun daran denken, dass etwa χεῖρα δ' ἀείραντες εἰς αἰθέρα zu emendiren sei, allein sowohl
Ω wie ΦΨ deuten auf ein Verbum compositum. Hiezu kommt, dass jene Quantität in
den sibyllinischen Orakeln nicht singulär ist, sie liegt auch III 591 vor:

ἀλλὰ μὲν ἀείρουσα πρὸς οὐρανὸν ὠλένας ἁγνάς.

Wie aber die Sibyllisten dazu kamen diesen Vocal lang zu gebrauchen, ist wohl durch
die Macht der Analogie zu erklären. Vielleicht war das dem Verbum ἀείρω äusserlich
sehr ähnliche Wort ἀεῖδω massgebend: im älteren wie jüngeren Epos erscheint die
erste Silbe von ἀεῖδω (auf ἀϜείδω aus ἀϜείδω zurückgehende) in der Versehebung als Kürze
sowie als Länge gemessen, woneben in der Senkung die Kürze das Regelmässige ist;
vgl. Hom. ρ 519 ἀείδῃ; Hom. Hymn. XII 1, XVIII 1, XXVII 1 und Ilias mikra Fr. I 1
ἀείδω, ebenso Kallimach. Fr. 138, 2, ausserdem Fr. 42 ἀείδει, Hymn auf Delos 304 ὑπα-
είδουσιν, Apollon. Rhod. Argon. Δ 1399 ἀείδουσαι, Orph. Lithika 727 (Abel) ἀείδῃσιν
und 320 ἀείδων u. a. Nach diesem Muster scheinen sich die Verfasser der beiden Stellen
auch die Länge des α in ἀείρω gestattet zu haben. Da eine Verbindung zu Anfang des
Verses 166 nothwendig hergestellt werden muss, so ist wohl χεῖρα (oder χεῖρα) δ' ἐπαείραντες ἐν αἰθέρι die einstige Schreibung gewesen.

IV 168 sq. παῦσαι δὲ χόλον πάλιν, ἤν περ ἅπαντες
εὐσεβίην ἐρίτιμον ἐνὶ φρεσὶν ἀσκήσητε.

Der Ausdruck ἐρίτιμον ist von Alexandre und Friedlieb sowie auch von Badt in den
Text aufgenommen worden, obzwar er nur in der schlechtesten Handschriftenclasse steht.
Die Sippe Ω gibt περίτιμον, welches durch das bei Lactantius de Ira Div. c. 23 vorliegende

Citat eine willkommene Bestätigung erfährt. Die beiden ältesten Codices dieser Schrift bieten dies: Bon. ΠΕΡΙΤΜWΝ, Par. ΡΗΡΙΘΙΜΩ (das π von erster Hand übergeschrieben). Die Handschriftengruppe Φ der Sibyllinen zeugt gleichfalls für περίτμην, indem aus den etwas verderbten Lesearten von *PB* περίψμεν und *A* περίψημεν deutlich das ursprüngliche περίτμεν sich erkennen lässt. Das Schlusswort von Vers 169 ἀσκήσητε, welches ΦΨ bieten unter Bestätigung durch Lactantius (Par. ACKHCHΘH, Bon. ACXECAITδι̇), ist in Ω diesmal verderbt, indem offenbar durch den Ausgang des vorangehenden Verses (ἄπαντες) die Corruptel ἀσκήσαντες sich einschlich. Für ἤν περ, welches die Leseart von Ω ist, liest man in den übrigen Sibyllencodices εἴ περ, bei Lactantius ἤν ἄρα (πάντες).

IV 172 sq. πῦρ ἔσται κατὰ κόσμον ὅλον καὶ σῆμα μέγιστον
ῥομφαίαι σάλπιγγες ἅμ' ἠελίῳ ἀνιόντι.

So lautet der Text bei Friedlieb (und Badt), welcher für Vers 172 die einzig richtige Ueberlieferung von Ω berücksichtigte, während Alexandre in der ersten Ausgabe an der Leseart der Handschriftenclassen Φ und Ψ

πῦρ ἔσται κατὰ κόσμον, ἐν ᾧ τόδε σῆμα τέτυκται

festhielt, in der zweiten aber gar noch κατά κόσμον in κατά γαῖαν verwandelte. Was den zweiten Vers 173 aber betrifft, so hat weder Friedlieb noch Alexandre beachtet, dass auch hier die beste Classe Ω den richtigen Text bietet, nämlich den Dativ ῥομφαίᾳ (*VH* ῥομφαία) σάλπιγγι (nur möchte ich ῥομφαίη herstellen). „Flammenlohe wird erglühen im ganzen Weltall und ein gewaltiges Zeichen wird es geben durch ein feuriges Schwert und Trompetengetön bei Aufgang der Sonne". Da aber ῥομφαίᾳ σάλπιγγι ohne Verbindung nicht wohl neben einander stehen können, so ist hinter den zweiten Ausdruck ein θ' einzufügen. Durch den Verlust dieses Wörtchens erklärt sich auch die Corruptel σάλπιγγες leicht, ebenso konnte ΡΟΜΦΑΙΑΙ als Plural (statt als Dativ Singularis) aufgefasst werden. Nachdem die Verderbnis ῥομφαίαι σάλπιγγες sich einmal eingeschlichen hatte, fand sich Jemand veranlasst, in der Vorlage, auf welche Φ Ψ zurückgehen, auch den Schluss von Vers 172 entsprechender umzugestalten.

IV 183 sqq. ὅσσοι δ' ὑπὸ δυσσεβίησιν
ἥμαρτον, τοὺς δ' αὖτε χυτή, κατὰ γαῖα καλύψει
Τάρταρά τ' εὐρώεντα, μυχοί, στυγίη δέ τε γέννα.
ὅσσοι δ' εὐσεβέουσι, πάλιν ζήσουσ' ἐπὶ κόσμον
ἀθανάτου μεγάλοιο θεοῦ καὶ ἄφθιτον ὄλβον
πνεῦμα θεοῦ δόντος ζωήν θ' ἅμα καὶ χάριν αὐτοῖς
εὐσεβέεσιν· πάντες δὲ τότ' εἰσόψονται ἑαυτοὺς
ἡδύμον ἠελίου τερπνὸν φάος εἰσορόωντες.
ὦ μακαριστός, ἐκεῖνος ἐς εἰς χρόνον ἔσσεται ἀνήρ.

Dies die Fassung in der zweiten Ausgabe Alexandre's, nur habe ich gleich im Verse 184, wie Friedlieb und Badt, den von den Sibyllenhandschriften gebotenen Wortlaut aufgenommen, während Alexandre's Schreibung τοὺς δ' αὖτε χυτή πάλι γαῖα καλύψει eine Contamination aus der Ueberlieferung der Sibyllencodices und der zweifellos alten Variante in den Constitutiones Apostolorum V 7 (p. 133, 11 Lagarde) ist, wo die Verse 179—191 angeführt werden. Da heisst es Vers 185

ἥμαρτον θνητοί, τοὺς δ᾽ αὖ πάλι γαῖα καλύψει.

Mit den Constit. Apost. stimmt ein offenbar denselben entstammendes Excerpt im Cod. Paris. 1043 fol. 76 verso, das ausser der Sibyllenstelle V 92 b sqq. die Verse IV 178—189 umfasst. Hier lesen wir dieselbe Version, nur ist θνητοί ausgelassen. Der folgende Vers 185 steht nur in den Handschriften der Classe Ω, die übrigen Quellen (auch Constit. Apost.) kennen ihn nicht. Nebenbei bemerkt, rührt der Versschluss δέ τε γέννα von Volkmann (vgl. VII 93), in den Handschriften steht δέ τε γέεννα (Alexandre in den Curae posterior. dachte an δὲ γέννα). Der ganze Vers ist für eine Interpolation zu erklären, da wir an der correspondirenden Stelle IV 43, 45, 46, wo fast dieselben Worte vorliegen, in der gesammten Ueberlieferung keine Spur eines ähnlichen Verses (wie unser 185) vorfinden:

    43 καὶ τοὺς δυσσεβίας μὲν ὑπὸ ζόφον ἕρκεϊ πέμψει.
    45 εὐσεβίας δὲ μνεύοντες ἐπὶ ζείδωρον ἄρουραν
    46 πνεῦμα θεοῦ δόντος ζωήν θ᾽ ἅμα καὶ χάριν αὐτοῖς.

Auch Lactantius, der Divin. Inst. VII 23, 4 (= vol. I, p. 657, 1—6 Brandt) die Verse IV 40—43, dann 186 und 188 anführt, scheint den genannten Vers nicht vor sich gehabt zu haben. Schon an und für sich ist derselbe bedenklich. Denn was für ein Unterschied wäre zwischen dem Ausdrucke Τάρταρα und μυχοί zu constatiren? Es können eben nur die μυχοὶ ταρτάρειοι sein; zudem ist es sehr auffällig, dass μυχοί allein im Gegensatze zu den übrigen Begriffen kein Epitheton besitzt. Während Τάρταρα und μυχοί als identisch aufgefasst werden müssen, ist aber auch die Nebeneinanderstellung des Tartaros und der Gehenna nichts anderes als eine Häufung von synonymen Begriffen: alles, was Vers 185 besagt, ist eigentlich schon in dem Ausdrucke τοὺς δ᾽ αὖτε γαῖα καλύψει eingeschlossen, parallel mit Vers 187, wo von dem Loose der Gerechten die Rede ist. Wollte nun Jemand die Echtheit von 185 mit dem Hinweise darauf begründen, dass gerade die bessere Handschriftenclasse Ω diesen Vers überliefert, so ist, abgesehen davon, dass auch die dieser Sippe angehörigen Codices nur relativ gut sind, an und für sich aber gleichfalls viele Fehler enthalten, zu entgegnen, dass schon nach dem folgenden Verse 186 dieselbe Sippe Ω und zwar wiederum allein einen Vers ἀθανάτου μεγάλοιο θεοῦ καὶ ἄρρητον ἐλθών eingefügt enthält, der in diesem Zusammenhange ganz sinnlos ist und ohne weiters aus dem Texte entfernt werden muss (nur Alexandre hat ihn in unbegreiflicher Weise in der zweiten Ausgabe ohne jedes Bedenken aufgenommen). Badt bildete aus dem Verse 188 und den Worten καὶ ἄρρητον ἐλθών einen neuen Vers

πνεῦμα θεοῦ δόντες ζωήν θ᾽ ἅμα κἄρρητον ἐλθών.

indem er annahm, es sei die ursprüngliche Fassung durch den von einem Leser am Rande beigesetzten ähnlichen Vers 46 verdrängt worden, so zwar, dass nur die Clausula κἄρρητον ἐλθών übrig geblieben wäre. Hiezu sei das öfter in den Sibyllinen vorkommende ἀθανάτου μεγάλοιο θεοῦ vorgesetzt worden. Diese Annahme erscheint mir zu unwahrscheinlich und gekünstelt. Der ganze Vers 187 ist eine Interpolation, welche weder Lactantius noch die Constitut. Apost. kennen und ebensowenig die übrigen Sibyllenhandschriften. Die Verse 186 und 188 (= 187 bei Friedlieb) enthalten beachtenswerte Differenzen in den Lesearten. Ω bietet am Schlusse von 186 πάλιν ζήσουσ' ἐπὶ κόσμον, und dieses wird wenigstens hinsichtlich des Begriffs κόσμος bestätigt durch die Constitut. Apostol. (und das mit diesen übereinstimmende oben erwähnte Excerpt im Pariser Cod. 1043), insofern hier πάλιν ζήσουσ' (ζήσονται Excerpt Par.) ἐνὶ κόσμῳ gelesen wird. Die anderen Sibyllenhandschriften haben ἐπὶ γαῖαν, Lactantius ἐπὶ γαίης. Es ist demnach auch hier (wie in Vers 185) die Existenz von alten Varianten zu verzeichnen ἐπὶ κόσμον (ἐνὶ κόσμῳ) einerseits und ἐπὶ γαίης (ἐπὶ γαῖαν) anderseits. Beachten wir nun, dass in dem parallelen Verse IV 45 ἐπὶ ζείδωρον ἄρουραν gesagt wird, so wird man sich für die Leseart des Lactantius entscheiden. Auch im Verse 188 hat frühzeitig eine Variante bestanden. Denn am Schlusse desselben geht die Ueberlieferung auseinander, indem Ω ζωήν θ' ἅμα καὶ χάριν αὐτοῖς bietet, was auch (bis auf das richtigere θ' statt δ') in den Constit. Apost. und Excerpta Paris. zu finden ist, während Lactantius dieser Fassung selbständig gegenübersteht, da er τιμήν θ'ἅμα καὶ βίον αὐτοῖς citirt. Die beiden minderen Classen der Sibyllenhandschriften geben eine aus jenen Versionen gemischte Leseart ζωήν θ'ἅμα καὶ βίον αὐτοῖς, die den Stempel ihrer Verkehrtheit an der Stirne trägt.

Mit dem Verse 188 hat meines Erachtens ursprünglich das Buch IV geschlossen. Was noch folgt, ist später angefügt worden. Zunächst der Vers 189

εὐσεβέσιν· πάντες δὲ τότ' εἰσόψονται ἑαυτούς.

Diesen kennen zwar die Constit. Apost. und sonach auch das Pariser Excerpt, schon das erste Wort jedoch macht ihn sehr verdächtig. Wozu muss betont werden, dass von den εὐσεβέες die Rede ist, da es doch 186 ausdrücklich heisst ὄσσοι δ'εὐσεβέουσι? Warum war es denn nach dem mit 188 (187 Friedl.) gleichlautenden Verse IV 46 nicht nothwendig nochmals zu bemerken, dass die αὐτοί die εὐσεβέες sind? Uebrigens schwankt die Ueberlieferung in diesem Ausdrucke stark: Ω bietet εὐσεβέσι (H εὐσεβέσαι), in den Constit. Apost. haben die Codd. y w εὐσεβάσι, aber z εὐσεβεύσαι, w οἱ εὐσεβεῖς, das Pariser Excerpt εὐσεβοῦσι; die übrigen Sibyllenhandschriften theils εὐσεβείη (Φ, unter dieser Familie bietet Α εὐσεβῇ), theils εὐσεβίη (Ψ). Der Interpolator hat offenbar den Dativ εὐσεβέσιν gewählt, um einen gewissen Anschluss an den vorausgehenden Vers zu gewinnen. Der weitere Wortlaut ist kritisch höchst unsicher: Ω gibt unmetrisch πάντες δὲ τότε κόψονται ἑαυτούς (in Q ist übrigens durch die Buchstaben ες über der Endsilbe von κόψονται die Variante κέψοντες angedeutet); in Φ dagegen lautet die Leseart πάντες δὲ τότ' εἴσονται χάριν αὐτοῖς (αὐτοῖς A), was dem Schlusse des vorangehenden Verses entnommen zu sein scheint. Als einzig annehmbare Ueberlieferung ist die von den Constit. Apost. (und dem darauf basirenden Excerpt) gebotene πάντες δὲ τότ' εἰσόψονται ἑαυτούς (cod. x εἰς ὄψονται und so auch das Pariser Excerpt, wo καὶ τότε δὴ τὰν für πάντες δὲ τότ' steht); auf dieselbe Version scheint die Corruptel in Ψ πάντες δὲ τότ' εἴσονται ἑαυτούς zurückzugehen und auch die von Ω dürfte mit ihr zusammenhängen. Ist nun aber die Ueberlieferung in den Constit. Apost. überhaupt richtig, so muss gleichwohl der Vers als ein sehr unglücklicher bezeichnet werden: er ist ebenso nichtssagend in Bezug auf den Inhalt wie unbeholfen im Ausdrucke. Wie soll man sich darnach das selige Leben der Gerechten vorstellen? Und nur einem Versuch des Interpolators, diesem augenfälligen Gebrechen abzuhelfen, scheint der nächste Vers 190 νήδυμον ἠελίου τερπνὸν φάος εἰσορόωντες seine Existenz zu verdanken, den einzig die Handschriftenclasse Ω enthält. Weder die anderen

Sibyllenhandschriften noch die Constit. Apost. (respective das Pariser Excerpt) haben eine Spur davon. Er besteht fast ganz aus homerischen Wendungen: νήδυμον aus Hom. *B* 2, wegen ήελίου τερπνόν φάος vgl. Hom. *Δ* 605 λαμπρόν φάος ήελίοιο, εισορόωντες aus Hom. *I* 229. Unangenehm berührt ausserdem die Wiederholung desselben Verbalausdruckes εισόψονται und εισορόωντες.

Was endlich den letzten Vers 191 anbelangt

ώ μακαριστός, εκείνον ός ες χρόνον έσσεται άνήρ,

wie die letzten Herausgeber nach Φ und Ψ geschrieben haben (nur hat letztere Classe έκείνος), so ist zunächst zu bemerken, dass die Sippe Ω die bisher unbeachtet gebliebene richtigere Version

ώ μακαριστός εκείνος επί χθονός έσσεται άνήρ

bewahrt hat. Allein ursprünglich ist der Vers an dieser Stelle keineswegs (die Constit. Apost. kennen ihn nicht), sondern er ist aus III 371, wie schon Opsopoeus vermuthete, hierher versetzt worden, wahrscheinlich, um einen emphatischeren Abschluss des Buches zu erzielen. Während er aber an seiner eigentlichen Stelle III 371 vortrefflich in den Zusammenhang passt, wird es jeder Leser fühlen, wie wenig er hier angemessen ist. In geschraubter Weise muss, wenn man eine nur einigermassen angehende Relation gewinnen will, der Ausdruck εκείνος ανήρ auf die in Vers 186 (resp. 189) genannten εύσεβέες bezogen werden. Demnach wird auch dieser Vers als eingeschoben in Klammern zu setzen sein. Und so gestaltet sich der Schluss des vierten Buches, wenn Vers 187 (der zweiten Ausgabe Alexandre's) ganz aus dem Texte gestrichen wird, folgendermassen:

όσσοι δ' υπό δυσσεβίησιν
ήμαρτον, τους δ' αύτε χυτή κατά γαία καλύψει
[Τάρταρά τ' εύρώεντα μυχοί στυγίη τε γέεννα.]
όσσοι δ' εύσεβέουσι, πάλιν ζήσοντ' επί γαίης
πνεύμα θεού δόντος ζωήν θ' άμα και χάριν αύτοίς
[εύσεβέεσιν· πάντες δέ τότ' εισόψονται εαυτούς
νήδυμον ήελίου τερπνόν φάος εισορόωντες.]
[ώ μακαριστός εκείνος επί χθονός έσσεται άνήρ.]

Hiebei ist zu beachten, dass in den ersten Versen alte Varianten bestanden, und zwar ήμαρτον θνητοί, τους δ' αύ πάλι γαία καλύψει nach den Constit. Apost., ζήσοντ' επί κόσμον nach Ω, ζωήν θ' άμα και βίον αύτοίς nach Lactantius.

V 1 sqq.   άλλ' άγε μοι στονόεντα χρόνον κλεινών τε Λατίνων.
ή, τοι μέν πρώτιστα μετ' εσσομένους βασιλήας
Αιγύπτου, τους πάντας ίσοι κατά γαία φέρουσα
και μετά τον Πέλλης πολυήρορα, τώ ύπο πάσα
αντολίη δεδάμαστο και εσπερίη πολύολβος,
όν Βαβυλών ήλεγξε, νέκυν δ' ώρεξε Φιλίππω
ού Διός, ούκ Άμμωνος άληθέα φημιχθέντα,
έσσονται γενεής τε και αίματος Άσσαράκοιο
ούς τέξει, Τροίης ός τις πυρός έσχισεν όρμήν.

πολλοὺς δ' αὖ μετ' ἄνακτας, ἀρηιφίλους μετὰ φῶτας,
καὶ μετὰ θηρὸς τέκνα τὰ δίκλοα μηλοφάγοιο
ἔσται ἄναξ πρώτιστος, ὅτις δέκα δὶς κορυφώσει
γράμματος ἀρχομένου.

Die Verse habe ich in der Fassung der zweiten Ausgabe Alexandre's hergesetzt. Zum Glück ist der Anfang des zwölften Buches der Sibyllinen vollständig diesem Prooimion des fünften entnommen. Da wir nun jenes durch die Handschriften *Q V H* überliefert besitzen, deren Werth gegenüber den beiden anderen Classen schon öfter betont ward, so wird es mit Hilfe derselben möglich, die im Eingange des fünften Buches begegnenden Corruptelen, welche in der minderwertigen Ueberlieferung der Familien Φ und Ψ vorliegen, zu beseitigen.

In Vers 1 fehlt in der Fassung dieser letzteren das Verbum, resp. der Imperativ, den wir nach ἄγε erwarten, und ausserdem ist τε nach κλεινῶν durchaus unstatthaft. Alexandre beliess aber, wie die übrigen Herausgeber, diesen Wortlaut, ja er sucht ihn in der zweiten Ausgabe zu vertheidigen durch die Bemerkung: vacare potest ista vocula (τε) Sibyllino more vel copulae vicem gerit ‚etiam, praeterea'. Die Wendung κλεινῶν τε Λατίνων kommt allerdings in den Sibyllinen vor XII 34 (XIV 31 ist es falsche Conjectur von Alexandre), aber an unserer Stelle hat sie nicht die mindeste Existenzberechtigung. Es ist vielmehr nach der Leseart von *QVH* in XII 1 (κλυαλαπιναιδάων) zu corrigiren κλύε Λατινιδάων, wie in dem letztgenannten Buche von Alexandre selbst im Texte geschrieben ward.

Nicht minder ist μετ' ἐσσομένους βασιλῆας zu beanstanden, wie die Sippe Φ bietet (*P* μετεσσομένους), während die Classe Ψ gar die ganz verderbte Leseart μετωνομασμένους überliefert. Der ganze Tenor der Stelle spricht gegen ein Participium Futuri: die Ereignisse, welche der Weltherrschaft der Römer vorausgehen, werden als bereits geschehen erzählt, wie die Praeterita in den Verbalausdrücken anzeigen. Wiederum bietet der Eingang des zwölften Buches eine befriedigendere Fassung, indem dort in *QVH* μετ' ἐλλυμένους βασιλῆας zu lesen ist.

In Vers 4 dürfte für τῷ ὕπο die im zwölften Buche vorliegende Leseart ᾧ ὕπο vorzuziehen sein; es ist wohl τῷ ὕπο durch den scheinbaren an dieser Versstelle ganz legitimen Hiatus veranlasst worden.

Die Differenz in der Ueberlieferung des Verses 5, wo an unserer Stelle δεδάμαστο, im zwölften Buche aber βεβόλητο gelesen wird, ist dadurch zu erklären, dass βεβόλητο als der ungewöhnlichere Ausdruck (der aber gerade bei den Sibyllisten beliebt ist) durch δεδάμαστο glossirt und dann in den Familien Φ und Ψ im fünften Buche durch dieses verdrängt worden ist. Im folgenden Vers 6 hat schon Alexandre das corrupte νέγην von Φ (resp. ναίειν von Ψ) durch νέκυν aus Ω im selben Verse des zwölften Buches ersetzt, ebenso in Vers 7 ἀληθέα, während die Codices an unserer Stelle ἀληθῇ bieten (vgl. auch XI 197).

Noch mehr in die Augen fällt die Wichtigkeit der Familie Ω = *QVH* in den Versen 8 sqq., die in den Codices, welche den Anfang von Buch V enthalten, stark verderbt vorliegen. Zunächst ist zu bemerken, dass der Name Ἀσσαράκοιο, welchen Φ als ἐκ σαρακοιο, Ψ gar in ὡς σαρκός τε verderbt bieten, in Ω nur wenig entstellt bewahrt ist in der Form ἀσάρκοιο; das Richtige hat schon Castalio restituirt. Am Eingange des Verses 8 lautet die Ueberlieferung im fünften Buche ἔσονται, so dass also hier bereits das Verbum finitum des Hauptsatzes in der mit Vers 2 beginnenden Periode vorläge. Und von diesem Gesichtspunkte aus haben sich denn auch die Kritiker bemüht, einen leidlichen Sinn in die verderbte Stelle hineinzubringen; es heisst nämlich im folgenden Verse 9 in Φ ἃς ἕξει Τροίην, in Ψ aber ἔσθ' ἕξει Τροίην; hiefür vermuthete Castalio οὓς τέξει oder τεύξει und später veränderte Huetius den Accusativ Τροίην in den Genetiv Τροίης, der dann von πυρὸς ὁρμήν abhängig wäre. Darnach hiesse es: „nach der Herrschaft der ägyptischen Könige und der Makedonier werden des Assarakos Nachkommen erstehen, die da erzeugen wird der, welcher Trojas Flammengluthon durcheilte". Man sollte meinen, dass, da nach einer längeren, vorbereitenden Auseinandersetzung das Hauptverbum einsetzt, nunmehr eine wichtige Thatsache ausführlicher berührt, also etwa eine Weissagung über das römische Königthum und die Republik angeführt werde. Allein hierüber wird mit zwei kurzen Versen hinweggegangen und erst mit Vers 12 gelangt der Sibyllist zu seinem Gegenstande, den Prophezeiungen über die römische Kaiserzeit. Diesem Vorgange gemäss wäre zu erwarten, dass dann auch die Verse 8 und 9 zu der einleitenden Partie gehören, d. h. dass das erste Hauptverbum erst im Vers 12 vorliege, wo vom Begründer der Kaiserepoche, Julius Cäsar, die Rede ist. Diese Vermuthung wird zur Gewissheit, wenn man die entsprechende Stelle im zwölften Buche ins Auge fasst, wo thatsächlich jenes auch an und für sich schwächliche ἔσονται durch καὶ μετὰ τὸν ersetzt ist; statt der Corruptel im folgenden Verse 9 aber lesen wir da ὃς μέλεν ἐκ Τροίης, ὅς τις πυρὸς ἔσχισεν ὁρμήν mit Bezug auf τὸν γενετῆς τε καὶ αἵματος Ἀσσαράκοιο. Damit erscheinen auch die Verse 8 und 9 in die Einleitung eingefügt, und es werden als Vorläufer der römischen Kaiser, wie früher die Könige Aegyptens und Makedoniens, auch Aeneas und die Könige von Latium (Vers 10) und dann die eigentlichen Stifter des römischen Reiches, die von der Wölfin gesäugten Kinder, angeführt. Wir werden uns also auch hier an die bessere Tradition der Codd. Ω = QVH in Buch XII halten und aus diesen den Wortlaut von Vers 9 emendiren müssen. Für καὶ μετὰ θηρὸς τέκνα τὰ διπλόα μηλοφάγοιο, wie unsere Handschriften in Buch V überliefern, ist demnach aus Ω (in Buch XII) zu schreiben

καὶ μετὰ νηπιάχους θηρὸς τέκνα μηλοφάγοιο.

Im letzteren Buche folgen nun noch zwei Verse, welche die republikanische Epoche Roms erwähnen, und dann erst wird zum römischen Kaiserreiche übergegangen. Dass diese ursprünglich auch im fünften Buche, dessen Prooimion vom Verfasser des zwölften herübergenommen ward, gestanden haben, ist wohl zu vermuthen, zumal der Anfang des Verses 12 im fünften und des Verses 14 im zwölften Buche wieder zusammen stimmen; im Buche V ist aus XII ἔσσετ' zu schreiben, während die Handschriften des erstgenannten das minderwertige ἔσται bieten.

V 51 τρεῖς ἄρξουσιν· ὁ δὲ τρίτατος σφῶν ὀψὲ κρατήσει.

So liest man in den letzten Ausgaben auf Grund der von Alexandre herrührenden Fassung des Verses. Die handschriftliche Ueberlieferung ist corrupt: die Classe Φ bietet

τρεῖς ἄρξουσιν· ὁ δὲ τρίτος ὀψὲ κρατήσει πάντων,

woraus Opsopoeus seinerzeit ἁπάντων machte, um einen möglichen Vers zu erhalten; in der anderen Handschriftenclasse Ψ hingegen steht

τρεῖς ἄρξουσιν· ὁ δὲ τρίτατος σφῶν ἰψέ τε κρατήσει,

was Alexandre zur Grundlage seiner Version nahm, obgleich es die Leseart der schlechteren Codices ist. Von vornherein muss jedem Leser die abrupte Ausdrucksweise τρεῖς ἄρξουσιν, die mit dem Vorausgehenden in gar keinem Contacte steht, besonders auffallen. Aus diesem Bedenken ergibt sich aber sofort auch der richtige Fingerzeig zur Heilung des Verses: er ist am Anfange verderbt und am Ende interpolirt. Merkwürdiger Weise verfiel noch kein Kritiker darauf, diesen Vers mit der wiederum im zwölften Buche begegnenden Nachbildung zusammenzustellen. Dort lesen wir Vers 176:

τὸν μέτα τρεῖς ἄρξουσιν· ὁ δὲ τρίτος ὀψέ κρατήσει.

Die Handschriften des zwölften Buches Ω = QVII haben also die richtigere Version bewahrt. Nach dem Verluste des die Verbindung mit dem Vorausgehenden vermittelnden τὸν μέτα ist, wie Φ ausweist, ein allerdings etwas kläglicher Versuch gemacht worden, den vollständigen Hexameter durch Anfügung des unstatthaften πάντων herzustellen, während in der Vorlage von Ψ die Interpolation in der Mitte des Verses angebracht ward (und zwar noch mit überflüssiger Einschiebung des Wörtchens τε). Sollte es noch nothwendig sein, die Richtigkeit unserer Auseinandersetzung durch ein weiteres Argument zu stützen, so ist nur darauf zu verweisen, dass die Eingangsworte, resp. das erste Hemistichion bei den Sibyllisten in der auch hier nothwendigen Fassung wiederholt verwendet wird; ausser XII 176 verzeichne ich

VIII 65   τὸν μέτα τρεῖς ἄρξουσι κανύστατον ἦμαρ ἔχοντες

XII 95   τὸν μέτα τρεῖς ἄρξουσιν ἐκονομήσσι λαχόντες

XIV 58   τὸν μέτα τρεῖς ἄρξουσιν ὑπέρβιον ἦτορ ἔχοντες.

V 55 sqq.   καὶ ἐν παλάμαισι κακαῖσιν
ἔσσεται ἤματι τῷδε, ὅταν ποτὲ Νεῖλος ὁδεύσῃ
γαῖαν ὅλην Αἴγυπτον ἕως πηχῶν δέκα καὶ ἕξ,
ὃς κλύσει γῆν πᾶσαν, ἐπαρδεύσει δὲ βροτοῖσι.

Unmöglich kann gesagt werden Νεῖλος ὁδεύσῃ γαῖαν ὅλην, da eine solche Verbindung dieses Verbums mit dem Accusativ unerhört wäre, vgl. V 465

εὐθὺς βάρβαρος ὄχλος ἐς Ἀσίδα γαῖαν ὁδεύσει·

es hat daher Ludwich mit Recht die verderbte Stelle III 367

εἰρήνη δὲ γαληνὸς ἐν Ἀσίδι γαῖαν ὁδεύσει

durch die Schreibung ἐς oder ἐπ' Ἀσίδα γαῖαν verbessert. Man könnte nun auch hier daran denken, etwa ὁδεύσῃ γῆν ἐφ' ὅλην zu schreiben: indess mahnt der Umstand, dass von der Ueberschwemmung des Nils die Rede ist und ἕως πηχῶν δέκα καὶ ἑξ hinzugefügt wird, was zu ὁδεύσῃ nicht wohl passen könnte, eine andere Emendation zu versuchen. Ich vermuthe, es habe die genuine Leseart gelautet: ὅταν Νεῖλός ποτε δεύσῃ γαῖαν ὅλην Αἴγυπτον, zumal der Sibyllist an der homerischen Wendung δεῦε δὲ γαῖαν N 655; Φ 119,

Ψ 220, ε 290 eine directe Vorlage haben mochte. Dass es dann in Vers 57 heisst ἐπαρδεύσει δὲ βροτοῖσι, kann für diese Conjectur kein Hinderniss sein, da der ganze Vers die Wirkung der Nilschwelle, die Ueberfluthung des Landes und die Bewässerung desselben im Interesse der Bewohner auszudrücken hat, während in Vers 55 einfach der Eintritt der Ueberschwemmung erwähnt wird.

In Vers 58 ist die von den Herausgebern recipirte Conjectur von Opsopoeus κλύσει für das handschriftliche κλαύσεν (Φ), resp. κλύσε (Ψ), zu κλύσσει zu verbessern. Die Corruptel κλαύσεν drang aus Vers 60 (κλαύσῃ) ein. Derselbe Kritiker hat auch schon ἐπαρδεύσει aus dem in Φ überlieferten ἐπαρδεῦσαι, wofür Ψ ἐπάρδευσε bietet, hergestellt.

V 60 Μέμφι, σὺ μὲν κλαύσῃ ὑπὲρ Αἰγύπτου τὰ μέγιστα.

Da wir V 64 in der Clausula lesen αὐχοῦσα μέγιστα, scheint es nicht unmöglich, dass in unserem Verse ursprünglich ὑπὲρ Αἰγύπτῳ μάλιστα gestanden hat, welch letzteres durch μέγιστα verdrängt worden wäre.

V 68 sqq. ἀνθ᾽ ὧν ἐξεμάνης ἐς ἐμοὺς παῖδας θεοχρίστους
καί τε κακὴν ὤτρυνας ἐν ἀνδράσι τοῖς ἀγαθοῖσιν,
ἕξεις ἀντὶ τόσων τοίαν τροφὴν εἴνεκα ποινῆς.

Statt κακήν haben einzelne Handschriften κίκην, worauf Alexandre in der Note zur ersten Ausgabe aufmerksam machte, ohne sich indess veranlasst zu sehen, diesen Accent zu recipiren; vielmehr bezieht er κακήν in der zweiten Ausgabe seltsamer Weise auf Rom: ‚Romam enim intelligit Noster ab Aegyptiis contra Judaeos exasperatam' (er möchte deshalb auch ἐπ᾽ ἀνδράσι geschrieben wissen), indem er unter τοίαν τροφήν (soviel als θρέμμα, ‚raro sensu') wieder Rom versteht, die ‚alumna Aegypti dura et ingrata'. Kein Unbefangener dürfte dieser Ansicht beipflichten. Es ist vielmehr entweder καί τε κάκην oder besser, wie früher schon Badt vermuthet hat, καὶ κακίην zu schreiben und statt τοίαν τροφήν etwa τοίον τρύος (solche Drangsal) oder τοῖον τρόπον, wie mir Hofrath von Hartel vorschlug. Möglicherweise hiess es ursprünglich auch ἐν ἀνθρώποις ἀγαθοῖσιν statt des überlieferten ἐν ἀνδράσι τοῖς ἀγαθοῖσιν.

V 85 ποιήσαντο, μάτην γε πεποιθότες ἐν τοιούτοις.

Diese Schreibweise der schlechteren Classe Ψ haben die letzten Herausgeber ohne Bedenken in den Text gesetzt; aber eine Construction πεποιθότες ἐν τοιούτοις ist etwas Unerhörtes. Wir werden auch hier zunächst von der Ueberlieferung der besseren Sippe Φ auszugehen haben; diese enthält nur die Worte ποιήσαντο μάτην τούτοις, die Lücke ist in P eigens mit rother Schrift vermerkt: λείπει τὸ πλέον τοῦ στίχου. An dem erhaltenen Versreste ποιήσαντο μάτην τούτοις darf nichts geändert werden; dagegen scheint sich in Ψ aus der ursprünglichen Fassung noch der Ausdruck πεπαθότες (nebst γε) gerettet zu haben, so dass wohl die Worte ποιήσαντο μάτην τούτοις γε oder τούτοισι πεπαθότες als echt anzusehen sind; oder sollte der Vers ποιήσαντο μάτην γε πεπαθότες εἰδώλοισι gelautet haben? Im Archetyp sind dieser und die folgenden Verse (vgl. V 87—92) durch Zerstörung des Handschriftenrandes am Schlusse verstümmelt worden.

V 92 b sqq. ἥξει δ' ἠέριος ἐπὶ σὸν δάπος, ὥστε χάλαζα
καὶ σὴν πᾶσαν ὀλεῖ γαῖαν ἄνθρωπος κακότεχνος
αἵματι καὶ νεκύεσσι παρ' ἐκπάγλοισί τε βωμοῖς
βαρβαρόφρων σθεναρὸς πολυδείματος ἄφρονα λυσσῶν
παμπληθεῖ ψαμαθηδὸν ἀπαίξων σὸν ὄλεθρον.

Dies ist die Fassung der Stelle in Alexandre's zweiter Ausgabe. Den Vers 92 b hat er hier zum ersten Male aus einem im Cod. Paris. 1043 enthaltenen Excerpt aufgenommen. Durch die Güte des Herrn Professors Wessely, welcher während seines Pariser Aufenthaltes im Sommer 1888 die Handschrift für mich einsah, bin ich im Stande, verschiedene Verbesserungen des Textes beizubringen, die sich aus der neuen Collation ergaben. Die Handschrift, über welche Alexandre nur ganz oberflächlich und ungenau in der Note zu dem Verse in der zweiten Ausgabe eine Bemerkung macht, ist eine dem 15. Jahrhunderte angehörige Miscellanhandschrift in 12°, Papier, mit den alten Nummern 2215 und 3533, jetzt mit der oben erwähnten Signatur 1043 (= Catalogus codicum ms. bibl. regiae tom. secund., pag. 207 a, ms. Graec. MXLIII). Sie enthält meist theologische und patristische Schriften und Excerpte, mystische Excurse, Astrologisches und Astronomisches, auch ein metrologisches Excerpt. Auf p. 76 (nicht 96, wie Alexandre angibt) verso stehen zwei Stellen aus den Sibyllinen mit der Randbemerkung σιβύλλης ἐκ τοῦ β' λόγου (σιβυλ ἐκ τ β' λότ) in rother Schrift, und zwar V 92 b — 96, dann nach einem besonderen Verse, den ich unten anführe, V 100—110 inclusive, und zwar ohne Versabgrenzung; darnach die Worte τῆς αὐτῆς σιβύλλης ἐκ τῆς δευτέρας παρουσίας τοῦ χριστοῦ mit der dem Citate in den Constitutiones Apostol. V 7 (p. 113, 11 Lagarde) entsprechenden Stelle der Sibyllinen IV 178—189 (siehe zu IV 183). Hieran schliesst sich dann eine ἑρμηνεία, d. i. eine Paraphrase der Partie V 92 b sqq., zu deren Besprechung wir zurückkehren.

Der durch das Pariser Excerpt neu gewonnene Vers 92 b, welcher in den Sibyllenhandschriften in die grössere Lücke nach 92 fällt, ist von Alexandre schlecht gelesen worden, denn in der Handschrift steht klar ἥξει γὰρ Πέρσης und nicht ἥξει δ' ἠέριος. Entsprechend heisst es in der ἑρμηνεία: ἰδοὺ εἰς αὐτὴν τὸν Πέρσην λέγει ἔρχεσθαι σὺν τῷ ἀντιχρίστῳ ἕως δυσμῶν κτλ. Damit gewinnen wir sofort das vermisste Subject. Die folgenden Worte lauten ἐπὶ σὸν δάξ, d. i. δάπος, was Alexandre durch V 342, wo ὀλοὸν δάπος überliefert ist, zu stützen suchte. Da aber der Ausdruck δάπος, welchen der genannte Kritiker für eine abgekürzte Form von δάπεδον hält, sonst nicht belegt ist, so bleibt es sehr fraglich, ob nicht νάπος (oder πέδον?) herzustellen ist.

Im nächsten Verse 93 ist es mit der Ueberlieferung nicht besonders gut bestellt, in Φ steht

καὶ σὴν πᾶσαν ὀλεῖ γαῖαν ἀνθρώπους κακοτέχνους.

in Ψ

καὶ σὴν πᾶσαν ὀλεῖ γαῖαν καὶ ἀνθρώπους κακοτέχνους.

im Pariser Excerpt

καὶ γῆν ὀλέσει πᾶσαν ἄμ' ἀνδρῶν κακοτέχνω;

Castalio versuchte die Schreibung καὶ σὴν πᾶσαν ὀλεῖ γαῖαν ἄνθρωπος κακότεχνος, Volkmann wollte κἄνθρωπος σὴν πᾶσαν ὀλεῖ γαῖαν κακότεχνος. Beachten wir die Version im Pariser Excerpt und den oben erwähnten Anfang der ἑρμηνεία, worin σὺν τῷ ἀντιχρίστῳ nur auf das etwas verderbte ἄμ' ἀνδρῶν κακοτάγνω gehen kann, so ist vielleicht zu schreiben καὶ γῆν πᾶσαν ὑλεῖ ἅμα τ' ἀνθρώπους κακοτέγνους.

Sehr schlimm steht es mit dem Verse 94. Die Ueberlieferung der Sibyllenhandschriften

αἵματι καὶ νεκύεσσι παρ' ἐκπάγλοισί τε βωμοῖς

(wofür LR παρ' ἐκπάγλοις τε, F παρεκπάγλοις τε bieten), ist sinnlos; leider bringt uns hier das Excerpt keine Heilung, auch in diesem ist der Vers verderbt in der Form:

αἵματι καὶ νεκύεσσι περὶ ἔρει καὶ παρὰ βωμοῖς.

Das eine aber geht aus dieser Leseart hervor, dass παρ' ἐκπάγλοισί τε βωμοῖς offenbar auf Interpolation beruht und der Versschluss wahrscheinlich so gelautet hat, wie ihn die Vorlage des Excerptes bot; das vorangehende Epitheton scheint mir, soweit die Corruptel ἔρει καὶ einen Fingerzeig gibt, ἱεροῖς gelautet zu haben. Was endlich in παρὶ steckt, wage ich nicht zu entscheiden. Demnach wäre wenigstens ein Theil des Verses herzustellen:

αἵματι καὶ νεκύεσσι . . . . ἱεροῖς παρὰ βωμοῖς.

Im folgenden Verse 95 gibt das Excerpt statt πολυλαίματος der Sibyllencodices den Ausdruck πολυαίματος, der viel besser in den Sinn passt; letzterer begegnet in diesem Buche auch Vers 461.

Der Eingang des Verses 96 wird so festzuhalten sein, wie ihn im Allgemeinen die Sibyllenhandschriften bieten: παμπληθεῖ (P παμπληθί) ψαμαθηδόν (so A, die übrigen Codd. ψαμμαθηδόν), während das Excerpt συνκλήψει ψαμμαθηδὸν enthält. Im zweiten Hemistichion liest man nach der Ueberlieferung der Sibyllenhandschriften ἀπαίξων σὺν ὀλέθρον, im Excerpte aber ἐμπαίζων σὺν ὄλεθρον; Volkmann hat ἐπαίξων vorgeschlagen, während Alexandre zweifelnd an ἀπαίξων ἐς σὸν ὄλεθρον dachte. Die von Volkmann vorgebrachte Conjectur hat jedoch das Missliche, dass der Accusativ σὸν ὄλεθρον davon nicht abhängen kann: man sagt zwar ταίχος ἐπαίξαι Hom. M 308 im Sinne von „angreifen" oder ἐπαίξαι μόθον ἵππων Η 240 „heranstürmen in das Getümmel", aber hier bezeichnet ὄλεθρον den Zweck; mit Rücksicht nun auf die Leseart des Excerptes ἐμπαίζων möchte ich an ἐπαιγίζων ἐς ὄλεθρον denken (das Particip schon homerisch B 148), da das Wörtchen σὸν im Zusammenhange wohl entbehrt werden kann.

V 98 κλαύσεται Ἀσὶς ὅλη

Das Excerpt kennt den Vers 97 nicht, aber auch für die beiden folgenden 98 und 99 finden wir nur die Worte πᾶσα χθὼν θρηνήσει βασιλείαν πολύκλυστον. Vermuthlich war die Vorlage an dieser Stelle irgendwie unvollständig oder verderbt, so dass sich der Schreiber mit den Worten πᾶσα χθὼν θρηνήσει begnügte. Die ἑρμηνεία sagt uns nichts Neues: καὶ λέγει πᾶσαν τὴν γῆν θρηνεῖν τὴν βασιλείαν τῶν ῥωμαίων. In Bezug auf die beiden letzten Worte ist zu beachten, dass sie umgestellt einen Hexameterschluss ergeben πολύκλυστον (πολύκλαυστον?) βασιλείαν. Immerhin konnte daher noch eine andere Version an dieser Stelle existiren.

V 100 sqq. αὐτὸς δ' ἐς Περσῶν λάχεν. Αἴγυπτον πτολεμίξει,
κτείνας ἄνδρα ἕκαστον ὅλον βίον ἐξαλαπάξει,
ὥστε μένειν μοῖραν τριτάτην δαλοῖσι βροτοῖσιν.

Auch für diese Stelle bietet das Pariser Excerpt, welches Alexandre zum Schaden des Textes nur für den Vers 92 b beachtete, einige willkommene Verbesserungen. Jetzt erst wird der bisher sinnlose Vers 100 richtiggestellt. Hier wird zunächst das von *P* allein gebotene αὐτὸς δ' (die anderen Sibyllenhandschriften αὐτὸς θ') durch das Excerpt bestätigt, sonst aber der Vers wesentlich emendirt durch die Fassung αὐτὸς δ', ὡς Περσῶν ἔλαχεν γαῖαν (γαῖαν Exc.) πολεμίζει. Nunmehr wird Περσῶν verständlich, das von γαῖαν abhängig ist, während in der bisher bekannten Fassung Περσῶν λάχεν zusammengestellt werden musste, was keinen Sinn ergab. Αἴγυπτον im bisherigen Texte ist nur eine Glosse zu dem missverstandenen γαῖαν, das man von πολεμίζει abhängig machte, was nicht zulässig ist: das letztere Verbum ist vielmehr absolut gebraucht. Das Missliche unserer Stelle fühlte übrigens auch Alexandre, wenn er in den Excurs. ad Sibyll. p. 594 unter der Rubrik „Accusativi usus haud ita rectus" auch diesen Vers (Αἴγυπτον πτολεμίζει) anführt. Zu bemerken ist noch, dass durch die Lesart πολεμίζει nunmehr auch die Conjectur des Opsopoeus, welcher aus dem πτολεμίζαι der Sibyllenhandschriften πτολεμίζει machte, eine Bestätigung erfährt.

Im nächsten Verse lesen wir im Excerpt κτείνας τ' ἄνδρα ἕκαστον, während in den Handschriften das τ' fehlt, obzwar es wegen der Verbindung der zwei Sätze durchaus nothwendig ist. Deshalb hat auch Alexandre an die Einfügung dieser Partikel gedacht, ohne sie indess wirklich in den Text zu setzen. Am Schlusse des Verses ist im Excerpte irrthümlich ἐξαπαλλάξει statt ἐξαλαπάξει geschrieben, im Verse 102 in byzantinischer Schreibweise μόραν für μοῖραν.

V 104 σύμπασαν γαῖαν πολιορκῶν, πᾶσαν ἐρημῶν.

In diesem Verse liefert das Excerpt abermals eine beachtenswerte Lesart im Versschlusse: καὶ κατεργμῶν. Diese ist der in den Sibyllenhandschriften vorliegenden πᾶσαν ἐρημῶν entschieden vorzuziehen, da ja πᾶσαν zu σύμπασαν keine Anaphora vorstellt und eine Verbindung sehr erwünscht erscheint.

V 105 sqq. ἀλλ' ὅταν ὕψος ἔχῃ κρατερὸν καὶ τάρβος ἀηδές,
ἥξει δ' αὖ μακάρων ἐθέλων πόλιν ἐξαλαπάξαι
κἀκεῖ τις θεόθεν σθεναρὸς βασιλεὺς ἐκπεμφθεὶς
πάντας ὀλεῖ βασιλεῖς μεγάλους καὶ ἄνδρας ἀρίστους·
εἶθ' οὕτω κρίσις ἔσται ὑπ' ἀφθίτου ἀνθρώποισιν.

Von besonderem Werte für diese Stelle ist der Umstand, dass sie nicht bloss in dem Pariser Excerpt, sondern mit Ausnahme von Vers 105 auch bei Lactantius Divin. Inst. VII 18, 6 (p. 643, 1—4 Brandt) vorliegt. Mehrere vortreffliche Lesearten, die wir in den Sibyllenhandschriften nicht vorfinden, gewinnen dadurch, dass sie in den beiden genannten Quellen geboten werden, gegenseitige Bestätigung. Zunächst lesen wir bei Lactantius sowohl wie im Excerpte

ἥξει καὶ μακάρων ἐθέλων πόλιν ἐξαλαπάξαι.

Dies verlangt auch der Sinn, das steigernde καὶ lässt das frevelhafte Beginnen ganz anders hervortreten als das schwächliche δ' αὖ.

Weit wichtiger ist die Uebereinstimmung des Excerptes und des Citates bei Lactantius für die richtige Gestaltung des Verses 107. Im letzteren heisst es:

καὶ κἄν τις θεόθεν βασιλεὺς πεμφθεὶς ἐπὶ τοῦτον,

im ersteren
κἄκεῖ τις θεόθεν βασιλεὺς πεμφθεὶς ἐπὶ τοῦτον,

und in wesentlich derselben Form (nur am Anfange erscheint die Corruptel καὶ κισσίς, was auf καί κέν τις deutet) findet sich der Vers auch in den Sibyllenhandschriften an einer unrichtigen Stelle, nämlich hinter Vers 101, eingesetzt, während er als Vers 107 die oben angeführte Fassung bietet. Diese enthält eine offenbare Interpolation, die durch Corruptel des Versschlusses hervorgerufen ward; hier ging nämlich in der Vorlage das ἐπὶ τοῦτον verloren, wornach, um den Vers zu vervollständigen, σὐεναρός aus Vers 95 eingesetzt und ἐκπεμφθεὶς für πεμφθεὶς geschrieben ward. Im Eingange des Verses werden wir der Leseart des Lactantius καὶ κέν τις (vgl. jenes καὶ κισσίς) zu folgen haben.

Im Verse 108 wird ferner die in unseren Sibyllenhandschriften begegnende Verbindung καὶ ἄνδρας ἀρίστους zu verändern sein. Vergleichen wir damit die bei Lactantius bewahrte Leseart καὶ φῶτας ἀρίστους, so werden wir ohne Zögern letztere in den Text setzen, zumal sowohl das Excerpt, welches καὶ πάντας ἀρίστους bietet, gegen ἄνδρας spricht, als auch die Parallelstelle V 379, woselbst sogar die Sibyllencodices nicht καὶ ἄνδρας ἀρίστους, sondern καὶ τοὺς τότ' (A nur τότ') ἀρίστους bieten; in der Verderbniss τοὺς τότ' ist die Losung φῶτας versteckt.

Auch im Verse 109 endlich begegnen sich Lactantius und das Excerpt in der Erhaltung der richtigen Leseart, die in den Text der Sibyllen aufgenommen werden muss. Bei Lactantius liest man:
εἶθ' οὕτως κρίσις ἔσται ὑπ' ἀφθίτου ἀνθρώποισιν,

während im Excerpte eben dasselbe, nur mit der Corruptel ἀπαμφοίτου für ὑπ' ἀφθίτου, begegnet. Die Sibyllenhandschriften geben das ganz unbrauchbare εἶθ' οὕτως τέλος ἔσται ἀφθιτον ἀνθρώποισιν.

V 133 sq. Θεσσαλίην χώρην ἀπολεῖ ποταμὸς βαθυδίνης.
Ἠγναῖος βαθύροος, μορφὰς θηρῶν ἀπὸ γαίης.

Die verderbten Worte μορφὰς θηρῶν zu heilen ist bisher nicht gelungen. Für μορφὰς schlug Castalio μέροπας vor, während Alexandre an Stelle von θηρῶν das Particip σύρων schrieb. Wäre etwa an μάρψας θνητούς zu denken?

V 143 ἐν πάντες στυγέουσι βροτοὶ καὶ πάντες ἄριστοι.

Mit Rücksicht auf V 108
πάντας ὀλεῖ βασιλεῖς μεγάλους καὶ φῶτας ἀρίστους,
was V 379 wiederkehrt in der Form
πάντας ὁμοῦ τ' ὀλέσει βασιλεῖς καὶ φῶτας ἀρίστους,

dürfte auch hier φῶτες ἄριστοι zu schreiben sein, ein Hexameterschluss, der bereits bei Homer Σ 230 vorliegt. Zugleich sei zur Bestätigung dieser Ansicht auf das zu V 108 oben Bemerkte hingewiesen.

V 158 καὶ φλέξει πόντον βαθὺν αὐτήν τε Βαβυλῶνα.

Die letzten Herausgeber haben sich begnügt, die vorstehende Leseart der einen Handschriftenclasse Φ in den Text aufzunehmen; die zweite Ψ bietet

καὶ φλέξει πόντον βαθὺν καὶ αὐτὴν Βαβυλῶνα.

Der Vers weist schon durch seinen sehr schlechten Bau auf eine Corruptel, er zerfiele in der Mitte durch eine Diairesis zertheilt in zwei Hälften; hiezu kommt die in der einen Handschriftengruppe vorliegende ungewöhnliche Längung τε Βαβυλῶνα, wenngleich diese in der späteren hexametrischen Poesie einzelne Analoga findet. Deshalb meine ich, sei die ursprüngliche Schreibweise gewesen

καὶ φλέξει πόντον τε βαθὺν καὐτὴν Βαβυλῶνα.

V 159 sq. ἧς εἵνεκα πολλοὶ ὄλοντο
Ἑβραίων ἅγιοι πιστοὶ καὶ ναὸς ἀληθής.

Am Schlusse des Verses 160 muss für ναός wohl λαός geschrieben werden, denn so dürfte Lactantius, dessen vortreffliche Lesearten in den Sibyllencitaten wir wiederholt gegenüber denen der Handschriften selbst zu rühmen Gelegenheit hatten, in seinem Sibyllenexemplar vorgefunden haben, vgl. Divin. Inst. VII 15, 18 (vol. I p. 634, 12 sqq. Brandt): „Sibyllae tamen aperte interituram esse Romam locuntur et quidem iudicio dei, quod nomen eius habuerit invisum et inimica iustitiae alumnum veritatis populum trucidarit."

V 177 ταρτάρεον οἴκησον ἐς Ἅιδου χῶρον ἄθεσμον.

An eine besonders geartete Gebrauchsweise von ἐς ist hier nicht zu denken, es ist einfach ἐν zu corrigiren.

V 179 sq. Μέμφι, πόνων ἀρχηγὸς ἔσῃ, πληθεῖσα θανόντων·
ἐν σοὶ πυραμίδες φωνὴν φθέγξονται ἀναιδῆ.

Mit der Fassung des ersten Hemistichions von V 179 durch Alexandre wird man sich nicht ganz einverstanden erklären können. Die handschriftliche Ueberlieferung lautet in Φ: Μέμφι, πόνων ἀρχηγέ, σέ τε, in der anderen Classe Μέμφι, ἀρχηγέ, σύ; das darf nicht in ἀρχηγὲς ἔσῃ verändert werden, da hier offenbare Nachahmung vorliegt nach Pseudophokyl. 44 χρυσέ, κακῶν ἀρχηγέ (vgl. Sib. Orak. II 115), und ähnlich finden wir in unserem Buche V 241 κακῶν ἀρχηγέ μεγίστων und nach der überzeugenden Conjectur Nauck's auch V 230 ὄβρι, κακῶν ἀρχηγέ. Der Vocativ ist demnach unter allen Umständen festzuhalten; πόνων ἀρχηγέ stellt hier ebenso eine Apposition vor wie in den angeführten Beispielen. Dagegen hat Alexandre's Conjectur ἔσῃ sehr viel für sich: das Prädicat des Satzes bildet dann die Umschreibung ἔσῃ πλησθεῖσα, die echt sibyllinisch ist. Die einzige Verbesserung, die hier an der Ueberlieferung vorzunehmen ist, darf sich also nur auf σέ τε, beziehungsweise σύ erstrecken. Der Schluss des Verses muss dann, indem für das corrupte τένοντος der Handschriften mit Alexandre θανόντων aufgenommen wird, ἔσῃ πλησθεῖσα θανόντων lauten. (Gegen ein allfälliges σύ γε statt σέ τε spricht der im folgenden Verse stehende Dativ ἐν σοί; zugleich müssten die beiden Verse 179 sq. als ein Satz gefasst werden.)

V 186 sq.   ἀλλ' ὅταν ἡ Βάρκη τὸ κυπάσσιον ἀμφιβάληται
            λευκὸν ἐπὶ ῥυπαρῷ, μή· εἴην μή·τε γενοίμαν.

Der Artikel vor Βάρκη ist sehr auffällig, es ist ὁπότ᾽ ἂν Βάρκη zu schreiben; im folgenden Verse aber ist die Form γενοίμαν ganz unberechtigt und gewiss ebenso nur zufällig eingedrungen, wie III 323 θάλασσά τε καὶ γᾶ.

V 193 sqq. Συήνην δ᾽ ἐλάσεις μέγας φώς, Αἰθιόπων τε
            Τένυριν οἰκήσουσι βίᾳ μελανόχροες Ἰνδοί.
            Πεντάπολι, κλαύσαί γε ποτὶ μεγαλόσθενος ἀνήρ.

Diese bei Alexandre vorliegende Fassung der Stelle bedarf in mehrfacher Beziehung einer Richtigstellung. Zunächst ist am Schlusse von 193 Αἰθιόπων τε, das nach dieser Interpunction nur zum folgenden Verse gehören könnte, zu emendiren. Wir brauchen diesmal nicht weit zu gehen: das Richtige hat uns die sonst schlechtere Handschriften-classe Ψ bewahrt, wie sich hin und wieder, namentlich in Eigennamen, die ursprüngliche Form oder wenigstens eine Andeutung derselben darin erhalten hat: es ist mit ihr Αἰθιοπήων zu schreiben, wodurch jener μέγας φώς genauer als ein Aethiopenfürst charakterisirt wird, der die Grenzstadt Aegyptens gegen Aethiopien, Syene überfällt. So bildet auch der Vers 193 einen Gedanken für sich. Die Form Αἰθιοπήων muss bald nach diesem Verse auch V 212 (in demselben Versfusse) aus dem wiederum in Φ überlieferten Αἰθιόπων τε (Ψ Αἰθιόπων) hergestellt werden, wie das durch Alexandre geschah, der an unserer Stelle an der Corruptel festhielt, ja dieselbe gar nicht wahrnahm.

Im folgenden Verse ist Τένυριν Conjectur von Alexandre für das handschriftliche Τεύχαριν. Aus zwei Gründen wird man sich mit dieser Aenderung nicht befreunden können: wegen der diplomatischen Tradition und wegen der gleich darnach folgenden Erwähnung der ägyptischen Pentapolis. Beide Umstände weisen vielmehr auf eine andere ägyptische Stadt, die der Pentapolis angehörte und von Kyrene, das selbst kurz darauf vom Sibyllisten genannt wird (Vers 197), gegründet ward, nämlich Teucheir, bei den griechischen Schriftstellern entweder als Femininum Singulare ἡ Τεύχειρ oder als Neutrum Plurale τὰ Τεύχειρα genannt. Es ist demnach Τεύχειρ᾽ οἰκήσουσι κτλ. zu schreiben; aus jener Form konnte leicht die corrupte Τεύχαριν hervorgehen.

Den dritten Vers 195 liest man in PB (in A ist hier eine Lücke) in der Form

               πεντάπολι κλαύσει δὲ σέθε μεγαλόσθενος ἀνήρ.

in Ψ (= FL) aber: πεντάπολει κλαύσει γάρ σέη κτλ., woraus Alexandre die oben angeführte Fassung herstellte. Allein diese erscheint mir höchst bedenklich. Da von einem μεγαλόσθενος ἀνήρ die Rede ist, erwarten wir die Erwähnung einer That desselben. Und da liegt es am nächsten, die Verderbnis zunächst in κλαύσει zu suchen, das so häufig mit καύσει verwechselt wird. Es wirkte offenbar das im nächsten Verse stehende Λιβύη, τέτρακυσσα störend ein. Das Verbum καίω gibt einen hier ganz passenden Begriff; und so möchte ich vorschlagen Πεντάπολι, καύσει σε δ᾽ ὅλην oder Πεντάπολιν καύσειν ὅλην (καύσεις δ᾽ ὅλην) μεγαλόσθενος ἀνήρ. Die im ersten Falle nothwendige Längung in Πεντάπολι ist ebenso zulässig wie z. B. bei V 167

               αἳ αἱ πάντ᾽ ἀκάθαρτε πόλι Λατινίδος αἴης.

vgl. Epigramm. gr. ed. Kaibel 1074, 2

χαίροις χρυσόπολι Ἱεράπολι πότνια νυμφῶν.

V 198 οὐ παύσῃ θρήνου στυγεροῦ πρὸς καιρὸν ἔλεθρον.

Als wenn ἔλεθρον förmlich adjectivisches Attribut zu πρὸς καιρόν wäre, haben die Herausgeber sich mit der handschriftlichen Ueberlieferung (L ἔλεθρον πρὸς καιρόν) begnügt. Es muss hier der Genetiv ὀλέθρου hergestellt werden. Uebrigens finden wir ganz dieselbe Corruptel späterhin nochmals im Versschluss von XI 35 πέδον πολύκαρπον ἔλεθρον, wo gleichfalls ὀλέθρου zu schreiben ist.

V 205 Ἰνδοί, μὴ ταρβεῖτε, καὶ Αἰθίοπες μεγάθυμοι.

Während in den folgenden Versen (vgl. 211 sq.) böses Verderben von der Sibylle geweissagt wird, ist hier in den Handschriften μὴ ταρβεῖτε überliefert, wo man gerade das Gegentheil erwartet. Deshalb schlug schon Castalio δὴ vor und Alexandre schrieb in der ersten Ausgabe μὲν ταρβεῖτε, in den Curae posteriores aber und in der zweiten Ausgabe entschied er sich für μὴ θαρσεῖτε. Aber an ταρβεῖτε, das durchaus sinngemäss ist, darf nicht gerüttelt werden. Es ist vielmehr zu schreiben:

Ἰνδοὶ ὁμοῦ ταρβεῖτε καὶ Αἰθίοπες μεγάθυμοι.

V 221 sqq. πρῶτα μὲν ἐκ τρισσῶν κεφαλῶν σὺν πληγάλι ῥίζας
σπασσάμενος μεγάλως ἑτέροις δώσει πάσασθαι,
ὥστε φαγεῖν σάρκας γονέων βασιλῆας ἀνάγνους.

Die Stelle ist nach der zweiten Ausgabe Alexandre's angeführt; ῥίζας hat aus dem handschriftlichen ῥίζης schon Ewald emendirt, während Alexandre σπασσάμενος schrieb für überliefertes στησάμενος, nachdem vorher derselbe Ewald σπασσάμενα conjicirt hatte. Am Schlusse des Verses 222 bietet die Classe Φ δώσει σπάσασθαι, die andere aber δώσεις πάσασθαι; den letzteren Infinitiv verlangte bereits Struve mit Recht, worauf Alexandre δώσει nach Analogie von σχίσει edirte; auch βασιλῆας ἀνάγνους ist von diesem Herausgeber aus dem von Φ gebotenen βασιλῆες ἀνάγνου (die schlechtere Classe βασιλῆες ἁγνοῦ) verbessert worden. Indess scheint mir zunächst σπασσάμενος nicht das richtige Verbum zu sein, ich vermuthe als ursprüngliche Schreibweise σχισσάμενος. Zugleich dürfte die Präposition σὺν vor πληγάλι in ἀπὸ zu verändern sein, vgl. die homerische Wendung ἀπὸ δ' ἔσχισεν αὐτήν δ 507. Endlich ist vielleicht einfacher δώσει ἑτέροισι πάσασθαι umzusetzen, so dass jenes δώσεις ganz entbehrlich wird.

V 246 sq. ἀλλ' ὁπόταν Περσὶς γαῖ' ἀπόσχηται πτολέμοιο
λοιμοῦ τε στοναχῆς τε, τότ' ἔσσεται ἤματι κείνῳ
Ἰουδαίων μακάρων θεῖον γένος οὐρανιώνων,
οἳ περιναιετάουσι θεοῦ πόλιν ἐν μεσογαίοις.

Im ersten Verse, der in den Ausgaben nach der Ueberlieferung von Φ gelesen wird (nur A hat πολέμου), muss mit Nauck γῆ Περσὶς ἀπόσχηται πολέμοιο geändert werden (Ψ bietet περσῆς [d. i. περσὶς γῆ] ἀπόσχοιτο πολέμοιο). Aber auch das nichtssagende ἔσσεται bedarf einer Verbesserung. Wir erwarten namentlich im Hinblicke auf die Verse 250 sq. einen Begriff, der das Gedeihen und Wachsthum des jüdischen Volkes ausdrückt; denn etwa im Sinne von ‚wird leben' lässt sich ἔσσεται nicht nehmen, da dies ein zu schwacher Ausdruck wäre. Auch Alexandre muss Aehnliches empfunden haben, denn er übersetzt ‚hoc demum tempore crescet stirps Iudaeorum felix et caelitus orta'. Es dürfte deshalb an τ', αὐξήσεται oder τ', ἀρθήσεται zu denken sein.

V 272   αὐτοὺς δὲ κρύψουσιν, ἕως κόσμος ἀλλαγῇ.

Der ganz unrhythmische und wegen der unmöglichen Länge des zweiten α in ἀλλαγῇ sogar unmetrische Versschluss bedarf der Emendation. Dass mindestens ἀλλαχθῇ gelesen werden muss, ergibt sich aus V 290 εἰς κόνιν ἀλλαχθεῖσαι und ist schon früher von Boissonade und mir bemerkt worden. Aber dies genügt nicht, um den Vers rhythmisch geniessbar zu machen; es ist noch eine Umsetzung vorzunehmen: ἕως ἀλλαχθῇ ὁ κόσμος. Boissonade's Conjectur ἕως κτίσις ἀλλαχθείη halte ich für zu weitgehend.

V 311 sqq.   καὶ τότ' ἀναιάξουσιν ὁμοῦ κακότητα μένοντες.
         εἰδήσει σημεῖον ἔχων, ἀνθ' ὧν ἐμόγησε,
         Κυμαίων δῆμος χαλεπὸς καὶ φῦλον ἀηδές.

So Alexandre mit richtiger Correctur ἀναιάξουσιν für das handschriftliche ἂν ἔξουσιν nach V 136 (und 314). Statt μένοντες wird vielleicht φέροντες herzustellen sein, cf. III 62

δόσαις ἐν πόλεσιν μέροπες κακότητα φέρουσιν.

Aber in Vers 313 ist Κυμαίων der schlechteren Familie entnommen, während die bessere Κύμων γὰρ bietet, wofür Κυμῶν γὰρ Opsopoeus conjicirte. Die Lesart Κύμων γὰρ der besseren Sippe kann nicht gut durch Interpolation aus Κυμαίων entstanden sein, da sie die auffälligere, schwieriger zu erklärende ist. Gehört aber γὰρ zur genuinen Schreibung, dann lässt sich die Vermuthung aussprechen, dass dieser Vers vor den vorausgehenden (εἰδήσει κτλ.) zu setzen wäre, so dass sich ein besserer Anschluss an Vers 311 ergäbe. Für Κύμων der Handschriften aber wäre dann, da Κυμῶν nicht statthaft ist, weil Κύμαι = Κύμη (wie Θήβαι und Θήβη) sich sonst nicht nachweisen lässt, entweder Κύμης oder besser Κυμέων mit Synizese zu lesen, welch' letzteres auch die Schreibung Κυμαίων in der schlechteren Sippe erklärte. Ueber die Form Κυμαῖος vergleiche Stephanus Byz. s. h. v. Statt φῦλον ἀηδές am Schlusse von Vers 313 ist φῦλον ἀναιδές zu schreiben, wie V 357 bei Lactantius erhalten ist, vgl. zu d. St. Die beiden letzten Verse hätten dann also zu lauten:

Κυμέων γὰρ δῆμος χαλεπὸς καὶ φῦλον ἀναιδές·
εἰδήσει σημεῖον ἔχων, ἀνθ' ὧν ἐμόγησεν.

V 316   αἳ αἳ σοι Κέρκυρα, καλή, πόλι, παῦσο κώμον.

Die Form Κέρκυρα ist unrechtmässig in den Text zugelassen, denn sie findet sich nur in der schlechteren Classe der Handschriften vor. Dagegen bietet Φ κόρκυρα, wozu in P von derselben Hand am Rande notirt ist ἴσως κόρκυρα, während in A über dem χ ein κ steht. Dies beweist, dass im Texte ursprünglich die epichorische Form Κόρκυρα stand, die natürlich auch wieder herzustellen ist, wie dies seinerzeit schon durch Opsopoeus geschehen war. Am Schlusse des Verses hatte Alexandre in der ersten Ausgabe richtig κώμου geschrieben, während er seltsamer Weise in der zweiten auf das zuerst von Huetius vorgeschlagene κώμον zurückgriff; handschriftlich ist in der besseren Classe κώμην, in der schlechteren κώμη, überliefert. Ob auch καλή πόλι, wie Opsopoeus meinte, in κακή πόλι zu ändern sei. bleibt zu bedenken (vgl. V 393).

V 352 sqq. αὐτὸς δυσμενέας δ' ἄνδρας τότε οὐκ ἐλεήσει
ἀρνῶν ἠδ' οἴων μόσχων τ' ἀγέλας ἐριμύκων
ἐκθυσιάζοντας μόσχων μεγάλων κερογρύσων
ἀψύχοις θ' Ἑρμαῖς καὶ τοῖς λιθίνοισι θεοῖσιν.

Da in Vers 352 der Hiatus τότε οὐκ ganz unstatthaft ist, in der zweiten Handschriftenclasse aber δυσμενέας ἄνδρας τότε δ' vorliegt, so dürfte δυσμενέας δ' ἄνδρας τότε δὴ οὐκ (mit Synizese) ursprünglich geschrieben gewesen sein. In den beiden folgenden Versen sind, wie jeder Leser sofort sieht, Interpolationen eingedrungen. Zunächst ist in Vers 354 μόσχων deutlich aus dem vorangehenden wiederholt und in Vers 353 offenbar ἀγέλας nicht am Platze, da dieser Ausdruck in der epischen Sprache nur von Rinderheerden gebraucht ward. Ferner muss es als sehr bedenklich bezeichnet werden, wenn in Vers 354 hinter dem Participe ἐκθυσιάζοντας noch weitere Opferthiere ohne jede Anknüpfung mittelst einer Conjunction genannt werden; denn die Wiederholung des μόσχων ist schon durch die Epitheta μεγάλων und κερογρύσων als Interpolation gekennzeichnet. Diesen verschiedenen Schwierigkeiten abzuhelfen werden wir uns entschliessen müssen, etwa zu schreiben: μόσχων τ' αἰγῶν τ' ἐριμύκων (vgl. homer. μηκάδας αἴγας) und im nächsten Verse mit Struve ταύρων τ' ἀγέλας κερογρύσων. Dass ἀγέλας an Stelle von αἰγῶν eindringen und andererseits τ' ἀγέλας durch μεγάλων ersetzt werden konnte. ist bei der äussern Aehnlichkeit der Worte durchaus nicht unwahrscheinlich. Dass das Object ἀγέλας erst in Vers 354 steht, ist zwar etwas hart, aber erträglich.

Im Verse 355 endlich lautet die Ueberlieferung ἀψύχοις θ' ὁρμαῖς καὶ τοῖς λιθίνοισι θεοῖσι; in ὁρμαῖς hat bereits Opsopoeus das Richtige gesehen, indem er Ἑρμαῖς emendirte. Indess ist wohl noch eine weitere kleine Verbesserung anzubringen: warum soll nur vor λιθίνοισι der Artikel stehen, das doch dem voranstehenden Ausdrucke durchaus concinn ist? Ich vermuthe deshalb:

ἀψύχοις θ' Ἑρμῇσιν ἰδὲ λιθίνοισι θεοῖσιν.

Die Längung des Auslautes von ἰδὲ vor λιθίνοισι ist durchaus legitim, vgl. Hom. πέσε δὲ λίθος εἴσω Μ 459 βηλῷ ἔπι λιθέῳ Ψ 202.

V 356 sqq. ἡγείσθω δὲ θέμις σοφίης καὶ δόξα δικαίων.
μήκοτε θυμωθεὶς θεὸς ἄφθιτος ἐξαπολέσσῃ,
δεῖ στέργειν γενετῆρα θεὸν σοφὸν αἰὲν ἐόντα,
μὴ γένος ἀνθρώπων βιότου καὶ πάντας ὀλέσσῃ.

Die von den Herausgebern nach den Handschriften der Sibyllinen recipirte Fassung dieser Verse enthält so bedeutende Mängel, dass man sich nur wundern muss, wie sie sich mit derselben zufrieden geben konnten. Zum Glücke finden sich die Verse 357—359 als Citat wiederum bei Lactantius vor, in der Schrift de Ira Div. c. 23: obgleich dieser

Umstand den Corruptelen in ganz zufriedenstellender Weise aufhilft, ward merkwürdiger Weise bisher von Seiten der Editoren dieser vorzüglichen Ueberlieferung bei dem Kirchenvater gar keine Beachtung zugewendet. Lactantius, bezüglich dessen ich wiederum die Collationen der ältesten Handschriften einsehen konnte, sagt a. a. O.: 'deinde Sibylla caelestium terrenorumque genitorem diligi oportere denuntiat, ne ad perdendos homines indignatio eius insurgat:

μήποτε θυμωθεὶς θεὸς ἄφθιτος ἐξαπολέσσῃ
πᾶν γένος ἀνθρώπων βίοτον καὶ φῦλον ἀναιδές,
καὶ στέργειν γενετῆρα θεόν, σοφὸν αἰὲν ἐόντα.'

Hiernach sind die Verse in den Sibyllinen richtigzustellen und zu ordnen, also in dieser Reihenfolge: 357, 359, 358; jetzt haben wir das vermisste Object zu ἐξαπολέσσῃ. Nachdem die Verse 358 und 359 ihren Platz gewechselt hatten, ist das einleitende Wort πᾶν unter dem Einflusse von μήποτε zu μή geworden, und die Schlussworte φῦλον ἀναιδές wurden durch die nach ἐξαπολέσσῃ gebildete Interpolation πάντας ὀλέσσῃ verdrängt. Noch aber ist ein Wort in der Textesüberlieferung richtigzustellen, der Accusativ βίοτον (cod. Par. BIωTωN). Wenn nicht eine tiefer gehende Verderbnis hier vorliegt, haben wir den auch von Alexandre vermutheten Genetiv βιότου in den Text zu setzen, welcher dann von ἐξαπολέσσῃ abhängig ist ('aus dem Leben austilgen'), vgl. Hom. Ω 725 ἄνερ, ἀπ' αἰῶνος νέος ὤλεο (vgl. auch Hom. Σ 290 ἐξαπόλωλε δόμων κειμήλια, υ 357 ἠέλιος οὐρανοῦ ἐξαπόλωλε). Sonst liesse sich eventuell an πᾶν γένος ἀνθρώπων βλαβερόν denken.

V 394 sqq. οὐκέτι γὰρ παρὰ σεῖο τὸ τῆς φιλοθρέμμονος ὕλης
παρθενικαὶ κοῦραι πῦρ ἔνθεον εὑρήσουσιν.

So liest man bei Alexandre, die Classe Φ ausser A bietet παρὰ σεῖο τὴν τῆς, A παρὰ σοῦ τὴν τῆς, Ψ παρὰ σεῖο τῆς. Verschiedene Kritiker haben hier eine Emendation versucht: Struve schrieb τῆς, Castalio hatte τὸ τῆς vorgeschlagen (indem sie beide παρὰ σεῖο beliessen), Alexandre παρὰ σοῦ ἐκ τῆς oder ἀπὸ τῆς. Unbedingt corrupt ist παρὰ σεῖο ebenso wie im gleich folgenden Verse 396. Der Dativ ist durchaus nothwendig, er ist auch deutlich aus der in P enthaltenen Corruptel παρά σεῖο herauszulesen. Ob nun τῆς nach Struve zu schreiben ist, wobei natürlich παρὰ σοί γε herzustellen wäre, oder ob etwa παρὰ σοῦ γ' ἱερῆς zu verbessern ist, hierüber wage ich noch keine Entscheidung. Wohl aber muss im nächsten Verse 395 an Stelle des überlieferten εὑρήσουσιν das bereits von Opsopoeus gefundene treffliche ὀρήσουσιν in den Text gesetzt werden.

V 396 ἐσβεσται παρὰ σεῖο πάλαι πεποθημένος οἶκος.

Für das verderbte παρὰ σεῖο πάλαι ist hier einfach παρὰ σοὶ τὸ πάλαι zu verbessern; τὸ πάλαι lesen wir kurz vorher in Vers 386.

V 405 sq. ἀλλὰ μέγαν γενετῆρα θεὸν πάντων θεοπνεύστων
ἐν θυσίαις ἐγέραιρον καὶ ἁγίαις ἑκατόμβαις.

Der zweite Vers ist fehlerhaft, er besitzt keine Hauptcäsur und ausserdem ist die Senkung des Spondeus im dritten Fusse durch Positionslänge einer Endsilbe bewirkt.

Ich schlage vor, unter Festhaltung des im Vorangehenden vorliegenden singularen Subjectes zu schreiben:

ἐν θυσίαις ἐγέραιρ' ἁγίαις καλαῖς θ' ἑκατόμβαις.

V 421 sq. καὶ κόσμον κατέθηκ' ἁγιόν τε ναόν ἐποίησεν
ἔνσαρκον καλὸν περικαλλέα.

Ueberliefert ist im ersten Verse ἁγιόν τε ἐποίησεν (ἁγιόν τ' ἐποίησε A) in Φ; ἅγιον κατ' ἐποίησεν in Ψ; das ausgefallene Wort ergänzte Castalio, indem er ἁγιόν τε ναόν schrieb, was von Alexandre in ἁγιόν τε ναόν umgeändert ward; aber es lässt sich mit ναός auskommen, wenn gesagt wird ἅγιον ναόν τ'; oder sollte an ἁγιόν τ' οἶκον zu denken sein?
Einen offenkundigen Fehler enthält der folgende Vers, denn καλόν kann nicht wohl neben περικαλλέα stehen. Ich vermuthe, dass ursprünglich καθαρὸν περικαλλέα geschrieben war.

V 426 δόξαν ἀιδίοιο θεοῦ, πεποιημένον εἶδος.

Bisher ist der schlimme metrische Verstoss am Eingange des Verses ganz unangetastet geblieben; die Verwendung des ᾰν als auslautende Länge in der Senkung ist ganz unerhört; die Heilung geschieht auf einfache Weise durch Umsetzung ἀιδίοιο θεοῦ δόξαν.

V 428 οὐκέτι γὰρ τέλεται δειλοῖσι βροτοῖσι δεινά.

Den verderbten Versschluss (wo A βροτοῖσιν bietet) versuchte Castalio durch die Schreibung βροτοῖσι τὰ δεινὰ zu bessern. Meiner Ansicht nach ist vielmehr βροτοῖς τότε δεινά herzustellen.

V 437 στρωθήσῃ σεισμοῖς χρόνῳ.

Mit geringer Aenderung ist hier nach IV 58 γῆ δὲ κλόνῳ σεισμοῖς τινασσομένη μεγάλοις offenbar κλόνῳ für χρόνῳ einzusetzen.

V 448 Ἀσὶς δ' ἥ μεγάλη, τότε πάμφορος ἔσσεται ὕδωρ.

Hier ist τότε πάμφορος verdächtig. Nach dem Beispiele der beiden vorangehenden Verse wäre, wie Alexandre schon vermuthete, ποτέ zu schreiben: das Epitheton πάμφορος aber ist, da schon μεγάλη vorausgeht, kaum als ursprünglich anzusehen: vielleicht ist deshalb an τότε πάμμορος zu denken.

V 486 sq. καὶ σύ, Σέραπι λίθοις ἐπικείμενε, πολλὰ μογήσεις·
κείσῃ πτῶμα μέγιστον ἐν Αἰγύπτῳ τρικαλαίνῃ.

Diese Fassung haben die Ausgaben nach der Ueberlieferung der Sibyllenhandschriften in den Text aufgenommen. Indess stehen die Verse 486 sq. auch als Citat bei Clemens Alexandr. Protr. IV 50 (vol. I. p. 55, 16 Dind.), und zwar mit Varianten, die zweifelsohne auf besserer Tradition beruhen. Zunächst hat Clemens die Form Σάραπι bewahrt, weiter aber heisst es λίθους ἀργοὺς ἐπικείμενα πολλούς; beachten wir, dass im folgenden Verse das Verbum κείσῃ ohne irgend directe Verbindung an das frühere angeschlossen erscheint, so wird jeder unbefangene Leser zugeben, dass hier wie an so manchen anderen Stellen in den Sibyllenhandschriften eine interpolirte Fassung vorliegt: wie nüchtern und sogar unverständlich ist hier der Umstand berührt, dass der Tempel des Sarapis zu Alexandria auf vielen Stufen ruhte, wie Rufinus Hist. Eccl. XI 23 berichtet. Nach Verlust des genuinen ἀργοὺς ist offenbar zunächst πολλούς zu πολλά umgewandelt und hernach der Vers durch μογήσεις ergänzt worden, da dieser Schluss πολλὰ μογήσεις anderweitig vorlag. Der Interpolator führte sich nicht im Geringsten zu Gemüthe, dass dieser Ausdruck hier nicht am Platze sei. Eine Veränderung des Accusativs λίθους ἀργοὺς — πολλούς in den Dativ ist keineswegs nothwendig, da diese Construction namentlich bei Späteren in Verbindung mit dem Participe ἐπικείμενος, das dann in passivischem Sinne (auf sich liegen habend) so viel ist als ‚angethan' oder ‚versehen mit etwas', keine ungewöhnliche ist. Auch dies ist bei der Interpolation abgestreift worden. Hingegen wird man im Verse 487 bei der von den Sibyllenhandschriften gebotenen Futurform κείσῃ beharren müssen, κεῖσαι in den Codices des Clemens ist nur Schreibfehler; vgl. die benachbarten Futura V 483 μενεῖς, 485 μενεῖ, 489 κλαύσονται. Darnach werden die beiden Verse folgendermassen zu fassen sein:

καὶ σύ, Σάραπι, λίθους ἀργοὺς ἐπικείμενα πολλούς,
κείσῃ πτῶμα μέγιστον ἐν Αἰγύπτῳ τριταλαίνῃ.

V 491 καί τις ἐρεῖ τῶν ἱερέων λινόστολος ἀνήρ.

Der Ausdruck λινόστολος ist von mehreren Kritikern, Dausqueius, Huetius und zuletzt von Struve, aus der handschriftlichen Corruptel λινοσσοος, wie Φ, oder λινοσσσιος, wie die übrigen Handschriften bieten, emendirt worden. Vorher schon hatte dasselbe wohl Castalio im Sinne, wenn er übersetzte ‚amictus lino'. Aber der Anfang des Verses bedarf gleichfalls einer Besserung: dem Sibyllisten schwebte ganz offenbar eine bekannte homerische Formel vor, es wird zu schreiben sein: καί ποτέ τις ἐρέει ἱερεύς. Damit schwindet auch der arge metrische Verstoss, den die Verwendung des ι von ἱερέων (ἱερῶν FL) im überlieferten Texte enthält.

V 502 κείνοισι δώσει θεὸς ἀφθίτως βιοτεύειν.

Da man gewohnt war, den Sibyllisten die ärgsten metrischen Fehler zu unterschieben, hat bisher Niemand diesen Vers beanstandet. Und doch bedarf es nur der Veränderung eines einzigen Buchstaben, um die richtige Lesart zu gewinnen: es ist einfach ἀφθάρτως aus ἀφθίτως herzustellen, oder vielleicht ἄφθαρτος (auf θεός bezogen); auch lässt sich die Provenienz der Corruptel nachweisen, sie stammt aus dem vorausgehenden Verse 496 θεὸν ἄφθιτον. Im Eingange des Verses muss natürlich mit P κείνοισιν geschrieben werden. Alexandre hielt sich wie die anderen Herausgeber hinsichtlich des ν ἐφελκυστικόν immer an die schlechtere Ueberlieferung (die hier auch von A repräsentirt wird).

V 508 ὥστ᾽ ὀλέσαι πάντας τε κακοὺς πάντας τ᾽ ἀνόμους τε.

Die Herausgeber folgen hier den Handschriften, die am Schlusse das ganz unstatthafte τε offenbar nur aus dem Grunde angefügt haben, weil dieser Vers durch Corruptel verstümmelt ward. Opsopoeus wollte das eine τε dadurch beseitigen, dass er (in den Noten) πάντας γ᾽ ἀνόμους τε (falsch gedruckt steht am Schlusse τ᾽) ‚ad explendum versum' vorschlug; später notirte der schon erwähnte Anonymus Londinensis die Vermuthung πάντας τ᾽ ἀνομούντας; das Wahrscheinlichste scheint mir aber πάντας τ᾽ ἀνοήτους zu sein.

V 525 ἡ δὲ Κύων ὠλίσθεν ἀπὸ φλογὸς Ἠελίοιο.

Der Umstand, dass in dieser astronomisch-astrologischen Schlusspartie des fünften Buches bei Anführung der Sternbilder nirgends ein Artikel erscheint, hätte die Herausgeber sowohl hier wie am Eingange des Verses 516 stutzig machen sollen. Nun aber kann ich nach meinen Neucollationen constatiren, dass in den zunächst in Betracht kommenden Handschriften der Classe Φ auch in diesen beiden Fällen nicht ἡ δέ, sondern das offenbar richtige ἠδέ überliefert ist, und zwar in A an beiden Stellen, in P wenigstens Vers 516.

VI 5 Ἰορδάνου, ὃς φέρεται γλαυκῷ ποδὶ κύματα σύρων.

So liest man bei Alexandre. Das eigenthümliche γλαυκῷ ποδὶ κύματα σύρων steht in der Classe Φ, noch verderbter lautet die Ueberlieferung in Ψ: γλαυκῷ ποδὶ κύμα σύρων. Den richtigen Fingerzeig, wie hier die ursprüngliche Fassung lautete, gibt die Leseart der besten Handschriftenclasse Ω (hier = QMVII), in welcher dies kurze Buch mit überliefert ist: da es hier γλαυκώπιδι κύματι (Cod. V κύματι) heisst, so wird γλαυκώπιδα κύματα σύρων herzustellen sein.

VI 11 ἥξει δ᾽ εἰς τε δίκην καὶ παίσει λαὸν ἀπειθῆ.

Auch hier müssen wir von der maasgebendsten Handschriftenfamilie Ω ausgehen. In dem angeführten Verse steht das von den Herausgebern in den Text recipirte ἥξει in den beiden minderwertigen Classen (ὥξει A), wogegen gerade die in Ω gebotene Leseart ἥξει als die einzig berechtigte gelten kann. ‚Kommen wird Christus zur Uebung der Gerechtigkeit.' Es ist also nicht zu verstehen ἥξει—λαόν. Dagegen empfiehlt es sich nicht, an Stelle des bisher geduldeten καὶ παίσει auf Grund der Leseart von Ω καὶ πταίσει etwa πταίσει δέ τα in den Text zu setzen. Am Schlusse ist das von sämmtlichen Codices überlieferte ἀπειθῆ nach Alexandre's Vorschlage (vgl. III 668, I 204) in ἀπευθῆ zu ändern.

VI 13 κύματα παζεύσει, νούσους δ᾽ ἀνδρῶν ἀπολύσει,
στήσει τεθνηῶτας, ἀπώσεται ἄλγεα λυγρά·
ἐκ δὲ μιῆς ῥίζης ἄρτου κόρος ἔσσεται ἀνδρῶν.

Diese Stelle ist insoferne kritisch von grosser Wichtigkeit, als sie uns nicht blos von allen drei Classen der Sibyllenhandschriften, sondern auch von Lactantius Divin. Inst. IV 15, 25 (vol. I, p. 335, 3 sqq. Brandt) bewahrt ist. Hier tritt wiederum so recht hervor, wie sehr die Sippe Ω der anerkannt vortrefflichen Ueberlieferung bei Lactantius nahesteht, wenn auch durch leichte Verderbnisse etwas getrübt. Selbstverständlich wird diese Fassung denn auch einzig zu berücksichtigen sein.

Im Verse 13 ist für die Textgestaltung, da κύματα παζεύσει auch I 356 vorliegt, vornehmlich das zweite Hemistichion von Bedeutung: Lactantius gibt νόσον ἀνθρώπων ἀπολύσει, die Sibyllenhandschriften sondern sich in zwei Gruppen, Ω bietet νόμοις (νόμους mit übergeschriebenem οις M) τ' ἀνθρώπους ἀπολύει, während in Φ einerseits νόσους δ' ἀνδρῶν ἀπολύσει, in Ψ (= FL) aber νόμους δ' ἀνδρῶν ἀπολύσει zu lesen ist. Für die Richtigkeit von νόσον ἀνθρώπων spricht der Umstand, dass, falls man (παζεύσει,) νόσους δ' ἀνδρῶν lesen wollte, wegen des gleich wieder (Vers 15) folgenden ἀνδρῶν eine unschöne Kakophonie entstünde. Die Variante der ersten Classe weist trotz der Corruptel deutlich auf dieselbe Lesart wie Lactantius. Dass nach der Verderbnis παζεύσει, das in Φ (P παζεύσεις) überliefert ist, auch in die Sippe Ω eindrang, ist begreiflich (Ψ = FL bietet παζεύσει).

Dieselbe Beobachtung wie bei Vers 13 lässt sich bei dem folgenden machen. Der Lesart des Lactantius τεθνηῶτας und ἀπώσεται entspricht in Ω τεθνηῶτας (H τεθνεῶτας) und ἀπώσεται, während P τεθνεότας κἀπώσεται, A τεθνεῶτας κἀπώσεται bieten, Ψ = FL aber τεθνεῶτας κἀπώσεται. Ebenso stimmt am Schlusse desselben Verses die Familie Ω mit Lactantius, indem diese beiden Quellen ἄλγεα πολλά, die übrigen Sibyllenhandschriften aber ἄλγεα λυγρά überliefern.

Von besonderem Interesse aber ist der Vers 15. Lactantius' Lesart ἐκ δὲ μιῆς πήρης wird von ihm selbst p. 385, 16 illustrirt, indem er sagt ‚vocavit discipulos quaerens, quantos secum cibos gestarent; at illi quinque panes et duos pisces in pera se habere dixerunt'; die Sippe Ω der Sibyllenhandschriften hat nun ἐκ δὲ μιῆς σπείρης, was durch Wiederholung des auslautenden ς von μιῆς und durch Verwechselung von η und ει entstand, also dieselbe Variante repräsentirt wie Lactantius; die übrigen Handschriften enthalten hier eine ganz verdorbte Lesart, ῥίζης, die sich nur durch den folgenden Vers οἶκος ὅταν Δαυιδ φύη φυτόν einigermassen erklären lässt, indem der Interpolator vielleicht an den Stamm Davids dachte.

Die erwähnten drei Verse müssen demnach in derselben Fassung, wie sie jetzt bei Brandt in dem Lactantiuscitat stehen, auch im Sibyllentexte formulirt werden:

κύματα παζεύσει, νόσον ἀνθρώπων ἀπολύσει,
στήσει τεθνηῶτας, ἀπώσεται ἄλγεα πολλά.
ἐκ δὲ μιῆς πήρης ἄρτου κόρος ἔσσεται ἀνδρῶν.

VI 24 sq.   φοβερὴν δὲ χολὴν ἐκέρασσας
εἰς ὕβριν καὶ πῶμα· τὸ σοι κακὰ πήματα τεύξει.

So schrieb Alexandre. Die Lesart von Ω lautet πνεύματος οἱ, während Φ πνεῦμα (πνεῦμα A) τί σοι, Ψ aber πνεύματός σοι bieten. Die Aenderung Alexandre's πῶμα, τό σοι halte ich für nicht möglich. Er übersetzt ‚et lita felle dedisti pocula'. Nun bleibt vor Allem zu bedenken, dass die Galle, χολή, Christo nicht zum Trinken gereicht ward, wie auch ausdrücklich die ähnliche Stelle VIII 300 εἰς δὲ τὸ βρῶμα χολὴν καὶ πίμεν (so lese ich für πιείν) ἔξες ἔδωκαν besagt (vgl. I 367 εἰς δὲ τὸ βρῶμα χολὴν καὶ εἰς ποτὸν ὄξος ἄκρατον | δυσσεβέως δώσουσι). Es wäre daher βρῶμα und nicht πῶμα zu sagen (allenfalls könnte man sich mit εἰς βρῶσιν καὶ πῶμα befreunden). Aber auch die Verbindung εἰς ὕβριν καὶ βρῶμα wird uns kaum behagen. Es dürfte vielmehr πνεῦμα etwa im Sinne von ‚aufgeblasener Uebermuth' zu nehmen sein, so dass dann der Sibyllist absichtlich in seiner Drohung τὸ σοι κακὰ πήματα τεύξει einen äusserlich anklingenden Ausdruck gewählt hätte: wie die Σοδομῖτις γαίη (Vers 21) Christo frevelhaft ein Leid bereitete, indem ihm die Galle zum Genusse geboten ward, so werden ihr hieraus ebenfalls κακὰ πήματα erwachsen.

VI 26 ὦ ξύλον ὦ μακαριστόν, ἐφ' ᾧ θεὸς ἐξετανύσθη.

So die Ausgaben. Allein Ω bietet ἐφ' οὖ und so steht auch in dem Citate bei Sozomenos Hist. Eccl. II 1, ausserdem gibt Cramer Anekd. Par. I 334 ὑφ' οὖ, das ebenfalls für ἐφ' οὖ spricht. Natürlich wird ἐφ' οὖ in den Text aufzunehmen sein, ἐφ' ᾧ beruht nur auf Φ, in Ψ (hier = FL) steht gar nur ᾧ allein.

VII 7 οὐδ' ἀλέγειν τὸ θεοῦ φοβερὸν καὶ ἐπήρατον ὕδωρ.

Der bisher von allen Herausgebern beibehaltene Ausdruck ἐπήρατον, wie ihn die Handschriften an dieser Stelle überliefern, ist widersinnig. Da aber im ersten Buche der Sibyllinen eine Nachahmung, resp. Parallele zu dieser Partie, vorliegt (I 183 τοῦτο, λέγω, τὸ θεοῦ φοβερὸν καὶ ἐπήλυτον ὕδωρ), so werden wir das durchaus annehmbare ἐπήλυτον auch in unseren Vers einzusetzen haben. Auch sonst sind im ersten Buche in der Nachbildung des im siebenten Buche zerstörten Einganges etliche bessere Lesearten enthalten.

VII 12 sq. ὦ Φρυγίη, πρώτη δ' ἀναλάμψεις ὕδατος ἄκρου,
πρώτη δ' εἰς ἀσέβειαν ἀπαρνήσῃ θεὸν αὐτή
ἄλλοις εἰδώλοις κεχαρισμένη.

Warum hier besonders betont sein soll, dass Phrygien selbst Gott zuerst verleugnen werde, ist unverständlich. Dagegen verlangt der Context einen starken Gegensatz zwischen dem wahren Gotte und den falschen Götzen; dieser wird erzielt, wenn θεὸν αὐτόν geschrieben wird. Meineke wollte nach IV 7 εἰδώλοις ἀλάλοις in den Text setzen, indess vgl. III 31 εἰδώλοις τ' ἄλλοις.

VII 32 τῷ γάρ τ' αὐτὸς ἔδωκε θεὸς θρόνον ἐγγυαλίξας.

Handschriftlich lautet der Versschluss in P χρόνος ἐγγυαλίξας, in den übrigen Codices χρόνον ἐγγυαλίξας; θρόνον ist von Castalio vorgeschlagen worden. Allein dies passt keineswegs zu dem unmittelbar vorausgehenden Satze Δαυὶδ δὲ δι' οἴκου πάντα τελεῖται. Ich vermuthe κράτος ἐγγυαλίξας, zumal diese Wendung vom Sibyllisten aus Homer entnommen werden konnte, Δ 192 κράτος ἐγγυαλίξω (ebenfalls am Schlusse des Verses). Auch das erste Hemistichion ist Homer nachgebildet, vgl. H 288 τοι ἔδωκε θεός an derselben Versstelle. Der Ausdruck κράτος gibt den entsprechenden Sinn, und dass es leicht zu χρόνος verderbt werden konnte, ist um so begreiflicher, als zwei Verse vorher (Vers 29) an der nämlichen Stelle derselbe Begriff zu finden ist.

VII 34 sq. οἵ τε πυρὰς φαίνουσι καὶ οἱ ποταμοὺς φαίνουσιν,
οἵ τ' ἄστη σῴζουσι καὶ οἱ πέμπουσιν ἀήτας.

Es ist die Rede von Engeln, welche als Repräsentanten der vier Elemente gedacht sind. Dass im Verse 34 nicht zweimal dasselbe Prädicat stehen kann, ist klar. Die Corruptel entstand offenbar dadurch, dass das eine Verbum ausfiel und durch Wiederholung des im selben Verse vorliegenden ersetzt ward. Mit Rücksicht auf VIII 387 καὶ λύγνους ἅπτουσι möchte ich auch hier οἵ τε πυράς (oder οἱ πυρσούς?) ἅπτουσι geschrieben wissen; denn ποταμοὺς φαίνουσιν kann ganz wohl verstanden werden: sie bringen die Flüsse ans Licht, d. h. sie lassen sie entspringen und wachsen.

VII 48 sqq. Ἰταλίης δὲ πρόμος τότε φεύξεται ἐκ δορὸς ἀλκῆς,
λαίφεσσι δ' ἐπὶ γῆς χρυσῷ κεχαραγμένον ἔγχος,
ἐν προμάχοις τὸ φέρουσ' αἰεὶ σημεῖον ἀνάγκης.

Dies ist die Fassung der Stelle bei Alexandre, die nicht ganz befriedigend genannt werden kann: ἔγχος ist Conjectur von Castalio für überliefertes ἄνθος, während Meincke ἔντος vorschlug. Im folgenden Verse 50 nun ist die Lesart von Φ ἐκπρομολόντα φέρουσ' αἰεὶ σημεῖον ἀνάγκης ebenso corrupt wie die von Ψ ἐκπρομολόντα φέρον τε ἀεὶ σημεῖον ἀνάγκης. Ausser dem oben verzeichneten Versuche Alexandre's, die Stelle zu heilen, scheinen mir auch der von Volkmann, welcher ἐκπρομολὸν τὸ φέρουσ' αἰεί, wie der von Meincke, welcher ἐκπρομολὸν τὸ φέρῃ ἀεὶ σημείων ἄρης conjicirte, wenig annehmbar. Vielleicht liegt ἐ πρόμαχοι φορέουσ' αἰεί der Wahrheit näher. Am Schlusse des Verses ist nach Alexandre's früherer Conjectur σημήιον ἀρχῆς in den Text aufzunehmen, dem auch Volkmann beipflichtete.

VII 51 sq. ἔσται μήν, ὅτε πᾶσα κακὴ καὶ δύσμορος οἰκτρῶς
Ἰλιὰς εἰσίεται τάφον, οὐ γάμον, ἔνθα βαθεῖα
κλαύσουσι νύμφαι.

Diese Fassung Alexandre's muss in mehr als einem Punkte verbessert werden. Zunächst ist aus PB μέν (statt μήν in Vers 51) herzustellen, eine dem alten epischen Sprachgebrauche entnommene Form; Λ hat μέν, die Handschriften der schlechteren Classe μήν. An Stelle des überlieferten ἐπτίεται schlug Alexandre, nachdem früher Castalio ἐκπέσεται vermuthet hatte, das in seinem Texte stehende εἰσίεται vor mit der Bemerkung: „est vero nobis εἰσίεται pro εἴσεται futuri sensu". Die Heilung der Stelle dürfte in anderer Weise zu versuchen sein. Bei Homer lesen wir einerseits τελέσαι τάφον Ω 660, andererseits τοῖσιν δὲ θεοὶ γάμον ἐξετέλειον δ 7. Demgemäss, glaube ich, ist an unserer Stelle ἐκτελέσει zu schreiben, ein Verbum, das ebenso τάφον wie γάμον zum Objecte haben kann. Uebrigens dürfte dem Verfasser auch der homerische Gedanke vorgeschwebt haben υ 307

καί κέ τοι ἀντὶ γάμοιο πατὴρ τάφον ἀμφεπονεῖτο
ἐνθάδε.

Keine geringen Schwierigkeiten macht auch der Ausdruck βαθεῖα κλαύσουσι νύμφαι; βαθεῖα steht in Φ, wogegen βαθεῖαι die schlechtere Classe Ψ (hier durch FL vertreten) bietet. Mit diesem Ausdrucke aber kommen wir nicht aus; nur wenn etwa ein Begriff wie κατὰ φρένα vorhanden wäre, könnte man unbedenklich an dem Adjectivum festhalten, vgl. Hom. T 125

τὸν δ' ἄχος ὀξὺ κατὰ φρένα τύψε βαθεῖαν.

Vergil. Aen. I 26 „manet alta mente repostum". Die Variante βαθεῖαι auf den Wohnsitz der Nymphen in der Tiefe der Gewässer zu beziehen, ist ebenfalls ganz unstatthaft. Es bleibt deshalb nur übrig, an βαρύς (wie Meineke gethan) zu denken und βαρεῖα mit κλαύσουσιν zu verbinden, wie in βαρέα στενάχοντα Θ 334, δ 516 u. s. Die auffallige Form des Neutrum Plur. aber darf uns zumal in den Sibyllinen nicht allzu sehr beirren, denn schon in unserem Texte von Hesiod's Aspis 348 steht ὀξεῖα χρέμισαν und bei Aratos 1068 θήλεα δὲ μήλα, ja diese aus dem Femininstamme durch Analogie gebildete Form θήλεια kehrt auch auf einer Inschrift von Thera C. J. G. 2448 III 29 wieder. Als neues Beispiel wäre dies βαρεῖα den genannten anzuschliessen, und wir sind nicht genöthigt, mit Meineke an βαρεῖαι ‚gravi dolore oppressae' zu denken.

VII 58 sq. οὕτως, ὦ τλῆμον, συμβαλών πολέμου λυγρὸν ἔσση
ὦ κυσὶ καὶ ποταμοῖς καὶ ῥομφαίησι πεσοῦσα.

Schon Castalio hat das Widersinnige des überlieferten ὦ κυσὶ καὶ ποταμοῖς gefühlt und die falsche Form ὠκύσι conjicirt (die Friedlieb unbedenklich aufnahm). Um so unbegreiflicher ist es, dass die oben stehende Corruptel auch noch in der zweiten Ausgabe Alexandre's ohne jegliche Bemerkung Platz gefunden hat, obzwar er selbst wenigstens in den Curae posteriores jenes ὠκύσι zu ὠκέσι verbesserte. Indess ὠκέσι καὶ ποταμοῖς καὶ ῥομφαίησι könnte nur dann allenfalls gesagt werden, wenn das Adjectiv auch zu ῥομφαίησι gehörte, was, abgesehen von der Verschiedenheit des Geschlechtes, der Bedeutung wegen nicht der Fall sein kann. Dann aber ist das καὶ vor ποταμοῖς unstatthaft und es wird offenkundig, dass sich die Verderbnis auch auf dies Wörtchen erstreckt. Es ist wohl zweifellos ὠκυρόοις ποταμοῖς herzustellen, wofür ein Muster bei Homer vorliegt. E 598 ὠκυρόῳ ποταμῷ. In Vers 58 hat Alexandre οὕτως aus αὐτοῖς verbessert.

VII 76 θύσεις δ' ἀθανάτῳ μεγάλῳ θεῷ ἠδ' ἀγεράοχῳ.

Diese Form hat Castalio dem Verse gegeben, und die folgenden Herausgeber haben an ihr festgehalten. Die bessere Handschriftenclasse Φ bietet θύσεις δ' ἀθανάτῳ θεῷ μεγάλῳ ἀγεράοχῳ, während die schlechtere Ψ die interpolirte Variante θύσεις δ' ἀθανάτῳ τε θεῷ πατρὶ μεγάλῳ ἀγεράοχῳ enthält. Demgemäss halte ich die Einschiebung jenes ἠδ' für unzulässig und möchte meinerseits vorschlagen: θύσεις δ' ἀθανάτῳ μεγάλῳ τε θεῷ ἀγεράοχῳ.

VII 79 sq. λαβὼν ἀτρηγνὰ πατανὰ
εὐξάμενος πέμψεις εἰς οὐρανὸν ὄμματα τείνας.

Vergleichen wir mit dem zweiten Halbverse die Stelle VII 162 καὶ ἐς οὐρανὸν ὄμματα πήξω, so drängt sich sofort die Frage auf, ob nicht auch im Verse 80 für den auffälligen Ausdruck τείνας vielmehr πήξας einzusetzen ist. Der epische Sprachgebrauch kennt nur das letztere Verbum in dieser Verbindung, vgl. z. B. Hom. Γ 217 κατὰ χθονὸς ὄμματα πήξας Apollon. Rhod. Argon. Γ 422 πέδῳ πήρξε ὄμματα πήξας Nonnos Metab. T 43 ἐπὶ γαίῃ | κόρανες ὄμματα πῆξε Kolluth. Harp. Helen. 305 (Abel) ἐπὶ χθονὶ πῆξεν ὑπωπήν Musaios 160 ἐπὶ χθόνα πῆξεν ὑπωπήν. Darnach ist auch an unserer Sibyllenstelle τείνας zu beseitigen, zumal es sofort klar ist, wie es in den Text dringen konnte: unmittelbar darüber steht am Schlusse des vorausgehenden Verses πατανά — wie leicht irrte das Auge eines Abschreibers, so dass er darunter auch τείνας schrieb statt πήξας!

VII 119   βρωθήσῃ πυρί πᾶσα καὶ ἐξολέσεις λαὸν ἅλμῃ.

Der Umstand, dass in dem gleich folgenden Verse 121 das zweite Hemistichion ähnlich lautet wie an unserer Stelle „καὶ ἐξολέσει χθόνα πᾶσαν", veranlasst mich zu der Vermuthung, es sei mit besserer Prosodie καὶ ἅλμῃ λαὸν ὀλέσσεις zu lesen. Der Schluss von Vers 121 scheint die Aenderung verschuldet zu haben.

VII 145   στήσει δὲ τεὸν γένος, ὡς πάρος ἦν σοι.

Der Schluss des Verses ist verdorbt: wie an anderen Stellen der Sibyllinen, so ist auch hier ὡς πάρος ἦαν zu schreiben, vgl. II 33 ἔσσεται, ὡς πάρος ἦαν im Inneren des Verses, während III 294 schon Opsopoeus im Versschlusse so für das in Φ überlieferte ὡς πάρος ἦν περ geschrieben hat, wo die schlechtere Classe Ψ blos ὡς πάρος ἦν bietet. Ausserdem sind in Vergleich zu ziehen die Stellen XI 77 ᾗ πάρος ἦαν, XIV 48 ὡς τὸ πρὶν ἦαν, ferner im Versinnern VIII 319 ὡς πάρος ἦν und endlich im Hexameterausgang auch IV 81 ὡς πάρος ἦσαν und XIV 214 ὡς τὸ πρὶν ἦσθα. Auch Alexandre hatte einmal (in der Note zur ersten Ausgabe) an jene Correctur gedacht, zugleich aber auch an die Möglichkeit der Schreibung ὡς πάρος ἦν περ, die mit Rücksicht auf die angeführten Stellen weniger empfohlen werden kann.

VII 157 sq.   οὐδὲ γὰρ αὐτή
ζήσομαι, ἀλλ' ὀλέσει με κακὸς χρόνος, ἔνθα τάφον μοι
ἄνθρωποι τεύξουσι παρερχόμενοί με θαλάσσῃ
καί με λίθοις ὀλέσουσι'.

Vorher heisst es, dass die Sibylle vom Feuer verzehrt werden würde (πῦρ με — βρώσεται). Statt des αὐτή erwarten wir einen Ausdruck, der den in den folgenden Worten enthaltenen Gegensatz hervortreten lässt: es ist offenbar αἰεὶ dafür zu schreiben. Nicht ewig wird die Sibylle leben, schlimme Zeit wird über sie kommen und sie verderben.

Aerger verdorben ist der zweite Theil des Verses 159, wo die Herausgeber sich an die Ueberlieferung der schlechteren Sippe Ψ hielten, ohne sich bezüglich des Sinnes viel Scrupeln zu machen. Zwar lässt uns auch die bessere Handschriftenclasse Φ, welche ἐπανερχόμενοί με θαλάσσῃ bietet, im Stiche, doch scheinen mir hier in den Buchstaben wenigstens Spuren der ursprünglichen Fassung erhalten zu sein. Ich vermuthe nämlich ἐπὶ ῥηγμῖνι θαλάσσης, so dass sich der Gedanke ergeben würde: die Sibylle kündet, wie sie ihr Grab am Meeresstrande finden wird.

VII 161   βάλετέ με, βάλλετε πάντες.

So steht in den Codd. PS, während in B der Vers am Schlusse zerstört ist (es fehlen die zwei vorletzten Worte); in A ist βάλετέ με, βάλετε πάντες geschrieben. Die sonst minderwertige Familie Ψ aber bietet βάλετε, βάλετέ με πάντες. Ein Wechsel der Modi und Tempora, wie er in der ersteren Handschriftenclasse Φ vorliegt, ist meines Erachtens ausgeschlossen, wir sehen diesmal die genuine Leseart mit der natürlichen Wortstellung in Ψ erhalten. Die Zulassung der Cäsur κατὰ τέταρτον τροχαῖον erscheint hier genugsam entschuldigt.

VIII 1 sqq. Bisher hat man für den Anfang des achten Buches nur die Ueberlieferung der zwei schlechteren Handschriftensippen Φ und Ψ als Grundlage für die Constituirung des Textes gekannt. Allein es finden sich in zwei Handschriften der besten Classe, in V und dessen Abschrift H, hinter dem XIV. Buche noch acht vollständige Verse nebst einem corrupten Worte, welches den Eingang des neunten bildet. Voran geht der Titel σιβύλλης λόγος ιε; es werden also diese Verse als einem XV. Buche angehörig bezeichnet. Nun sind es aber dieselben wie die den Eingang von Buch VIII bildenden acht Verse. Es ist auch kaum anzunehmen, dass es wirklich noch ein fünfzehntes Buch gegeben hat, das etwa das Prooimion des Buches VIII ebenso wiederholt hätte, wie dies im zwölften Buche mit Bezug auf den Eingang des fünften der Fall ist. Es hätte sich merkwürdig gefügt, dass dann nur gerade der ohnehin im sogenannten achten Buche vorliegende Anfang und nichts weiter erhalten geblieben wäre. Vielmehr meine ich, dass in der Vorlage jener Handschriften eben auch der Anfang unseres zum Theile nur aus den schlechteren Handschriftengruppen bekannten achten Buches vorhanden war, und zwar als fünfzehntes Buch. Damit gewinnen wir für diese acht Verse eine neue Quelle, die, wie von vornherein zu erwarten, reiner fliesst als die bisher bekannte Ueberlieferung (Friedlieb verzeichnet im kritischen Apparate nur den Titel, und zwar aus H). Leider versiegt sie so schnell!

VIII 1 sq. ἐρχομένης μεγάλης ὀργῆς ἐπὶ κόσμον ἀπειθῆ
ὕστατον εἰς αἰῶνα θεοῦ μηνύματα φαίνω
πᾶσι προφητεύουσα κατὰ πτόλιν ἀνθρώποισιν,

Für diese drei Verse kommt ausser den drei Handschriftensippen auch noch das Citat bei Lactantius de Ira div. 23 in Betracht. Im Verse 1 bietet zwar letzteres eine andere Wortfolge (ὀργῆς μεγάλης), aber da VII mit den anderen Handschriften stimmen und die Voranstellung des Adjectivs hier ganz passend erscheint, so werden wir uns nicht veranlasst sehen, diesmal dem Lactantius zu folgen. Hingegen ist in Vers 2 ἔσχατον für ὕστατον einzusetzen, da jenes sowohl VII wie Lactantius bieten und der Ausdruck zweifellos ein gewählterer ist. Am Ende des Verses steht in VII verderbt φωνή.

VIII 6 sqq. πρώτη μὲν Αἰγύπτου βασιλήιον, εἶτα τὸ Περσῶν
Μήδων Αἰθιόπων καὶ Ἀσσυρίης Βαβυλῶνος,
εἶτα Μακηδονίης τύφον μέγαν αὐχήσασα
πέμπομαι εἰς Ἰταλῶν κλεινὴν βασιλείαν ἄθεσμον.
ὑστάτιον πᾶσι δείξει κακὰ πολλὰ βροτοῖσι
καὶ πάσης γαίης ἀνδρῶν μόχθους δαπανήσει.

Die Stelle ist nach Alexandre's zweiter Ausgabe angeführt. Zunächst ist hinter Αἰθιόπων das in VII vorliegende τε einzusetzen, wie einst schon Castalio nach III 160 vermuthet hatte; in etwas anderer Gestalt stehen die Verse 6—9 auch im dritten Buche 158—161. Andere Verderbnisse treten jetzt, da wir die Ueberlieferung von VII heranziehen können, noch deutlicher hervor als bisher. Zunächst muss man nach dem Nebensatze Vers 4 sq. ein Hauptverbum erwarten, welches die Entstehung der verschiedenen Reiche nach dem Sturze des Thurmes von Babel angibt; man vermisst einen Ausdruck etwa wie „erstand", wie ein solcher an der parallelen Stelle III 159 Αἰγύπτου βασίλειον ἐγείραται (ich lese βασιλήων ἵσταται)· εἶτα τὸ Περσῶν κτλ. sich vorfindet. Nach dem an unserer Stelle vorliegenden Wortlaute aber wäre erst πέμπομαι das Verbum des Hauptsatzes und die Ausdrücke Αἰγύπτου βασιλήων κτλ. würden wie auch die ganz seltsame Verbindung Μακηδονίης τύφον μέγαν von dem Participe αὐθήσοσα abhängig sein. Aber der ganze Tenor dieser Stelle verlangt das oben angedeutete Hauptverbum. Werfen wir nun einen Blick auf die Ueberlieferung von *VII*, so wird uns sofort das geforderte Prädicat gegeben, indem für εἶτα τὸ — ἵσταται vorliegt; zugleich aber wird jene oberwähnte widersinnige Wendung beseitigt, da wir Μακηδονίης τύφον μέγαν αὐχήσασης vorfinden: „Makedoniens, das da in gewaltigem Dünkel sich brüstete", eine Lesart, der Jedermann den Vorzug vor der bisher allein bekannten einräumen wird. Damit wären die Schwierigkeiten bis einschließlich zum achten Verse beseitigt. Ein fataler Umstand aber lässt die Codd. *VII* am Eingange des Verses 9 mit dem verderbten Ausdrucke πέμπω... abbrechen. In *II* ist dann nur noch die Lücke mit „εἶπαι" angedeutet, die anderen Handschriften sind hier ebenfalls corrupt, denn Φ bietet πέμπτον, die Gruppe Ψ (= *FL*) aber πέμπομαι, das allem Anscheine nach auf selbstständiger Aenderung eines Schreibers beruht und ohne Berechtigung von den Herausgebern in den Text gesetzt ward. Es muss hier ein Ausdruck gestanden sein, der die Anführung des letzten Weltreiches, des römischen, im Anschlusse an die vorher genannten vermittelte. Ist es möglich, die genannten Weltreiche in der Weise aufzufassen, dass ihrer fünf sich ergeben, so hätte Vers 9 etwa πέμπτη, ἔπειτ' Ἰταλῶν κλεινῶν βασιλεία ἄθεσμος zu lauten und wäre mit Vers 10 ohne Interpunction zu verbinden: es ist dies der Fall, wenn als erstes Aegypten, als zweites Persien und Medien (wozu etwa die Aethiopen hinzuzufügen wären), als drittes Assyrien mit Babylon, als viertes Makedonien und als fünftes Rom bezeichnet wird. Sollte hieran Anstoss genommen werden, so wäre der Anfang von Vers 9 als stärker verderbt anzusehen. Man könnte dann etwa an die Conjectur αὐτὰρ ἔπειτ' Ἰταλῶν κτλ. denken. Der Genetiv κλεινῶν (statt κλεινήν) empfiehlt sich als Epitheton zu Ἰταλῶν, da die Italer oder Latiner bei den Sibyllisten wiederholt κλεινοί heissen; die βασιλεία selbst besitzt ohnehin schon das Epitheton ἄθεσμος.

VIII 12 ἄξει δ' αἰχμητὰς βασιλεῖς ἐθνῶν ἐπὶ δυσμάς.

So schrieb Alexandre; überliefert aber ist in *P* ἀχμήτας, in *A* ἀχμή τὰς, in den Handschriften der schlechteren Classe Ψ ἀχμήτας; ἀχμήτας stand nach Opsopoeus' Angabe im Codex des Pithoeus. Da es hier darauf ankommt, die übergewaltige Macht Roms zu betonen, so scheint mir die von Alexandre vorgeschlagene Schreibung αἰχμητάς, die auf der bekannten homerischen Verbindung βασιλεὺς τ' ἀγαθὸς κρατερός τ' αἰχμητής *Γ* 179 beruhen mag, nicht am Platze zu sein. Weit eher erwarten wir ein Epitheton, welches besagt, dass durch Roms siegreiche Obmacht selbst die noch unbezwungenen Könige des Ostens geknechtet nach dem Westen geschleppt werden. Und deshalb lag es nahe, dass der Anon. Paris. (Hase) ἀδμήτους vorschlug, was in ἀδμήτας umzuwandeln ist, um der diplomatischen Tradition noch genauer angepasst zu werden.

VIII 14 ὀψὲ θεοῦ μύλοι ἀλέουσι τὸ λεπτὸν ἄλευρον.

Diese Fassung steht in Φ, während Ψ (= *FL*) θεοῦ μύλοι γ' ἀλέουσι (in *L* ist von jüngerer Hand ἀλέουσι übergeschrieben) bieten; dieser auf dem bekannten Sprichworte ὑψὶ θεῶν ἀλέουσι μύλοι, ἀλέουσι δὲ λεπτά (vgl. Macarius VI 85 = Paroemiogr. Gr. II, p. 199, 8 und Append. Proverb. I, p. 444, 6 sq. Leutsch) beruhende Vers muss in etwas richtiggestellt werden, indem ὑψὶ θεοῖο μύλοι zu corrigiren ist; der Gebrauch des υ von μύλοι als Länge ist unstatthaft.

VIII 25 μηχανήν, πολέμων, εἰρήνης ἐχθρά τ' ἄνοια.

Den Schluss des Verses haben die letzten Herausgeber aus den Varianten von Φ ἐχθρας τ' ἄνοια (sic) und Ψ (= FL) ἐχθρά τ' ἀνθρώπεια contaminirt; unbedingt unrichtig. Es muss unter Beachtung jenes ἐχθρας entweder εἰρήνης τ' ἐχθος ἄνοια oder mindestens εἰρήνης τ' ἐχθρά (ἐχθρή) ἄνοια gelesen werden, wodurch die Kürzung der auslautenden Silbe in ἐχθρά (ἐχθρή) ihren Anstoss verliert.

VIII 44 χρυσεός ἢ λίθινος ἢ χάλκεος.

Da sich keine Norm constatiren lässt, wornach der Verfasser dieser Partie speciell den Spondeus im ersten Fusse begünstigt hätte, so ist angesichts der Form χάλκεος auch χρύσεος in den Text aufzunehmen.

VIII 52 ἔσσαι· ἄναξ πολύκρανος ἔχων πέλας οὔνομα πόντου.

‚In πολύκρανος metri vitium est immedicabile' bemerkt Alexandre in der Note zur zweiten Ausgabe; auch andere Kritiker haben an der Form Anstoss genommen, wie Struve und Meineke. Letzterer glaubte deshalb πελώρανος vorschlagen zu sollen. Allein die Synizese, welche in πολύκρανος nothwendig wird, ist nicht der Art, dass sie zu den unerhörten zählte — im Gegentheil, der Sibyllist konnte getrost in den homerischen Gedichten eine Entschuldigung finden, vgl. B 811 ἔστι δέ τις προπάροιθε πόλιος αἰπεῖα κολώνη oder Φ 567 εἰ δέ κέ οἱ προπάροιθε πόλιος κατεναντίον ἔλθω u. s. (vgl. Hartel Homer. Stud. III 12), wo derselbe Fall im Worte πόλιος vorliegt. Ja man könnte sich versucht fühlen, auch an einer anderen Stelle III 176, wo von der Weltherrschaft Roms die Rede ist und diese ἀρχή als λευκή καὶ πολύκρανος (offenbar mit Bezug auf den römischen Senat) bezeichnet wird, jenes πολύκρανος als ursprüngliche Leseart zu vermuthen, die wegen der berührten Synizese vielleicht durch das metrisch einfache πολύκρανος ersetzt ward. Indess bleibt, obzwar jener Ausdruck für die bejahrten Senatoren vorzüglich passen würde, doch zu bedenken, dass der Sibyllist auch die grosse Zahl der Mitglieder des Senates durch πολύκρανος kennzeichnen mochte.

VIII 54 sq. χρυσὸν μὲν πάμπλειστον ἔχων καὶ ἄργυρον ἐχθρῶν
πλείονα συλλέξας καὶ γυμνώσας ἀναλύσει.

Mehrere Ausdrücke geben hier zu Bedenken Anlass. Zu bemerken ist vorerst, dass ἐχθρῶν blos Conjectur von Castalio ist, die Handschriften haben ἐχθρόν. Werfen wir nun einen Blick auf XIII 127, wo wir die Verbindung πάντα δὲ συλήσας καὶ γυμνώσας vorfinden, so werden wir uns nicht der Erkenntnis entziehen können, dass auch in unserem Verse 55 an Stelle von συλλέξας richtig συλήσας einzusetzen ist, zumal das damit verknüpfte γυμνώσας ‚beraubend' einen so harmlosen Ausdruck wie συλλέξας nicht neben sich verträgt. Jetzt gewinnt auch die handschriftliche Ueberlieferung ἐχθρόν an Bedeutung. Zweifellos stand ursprünglich ein Accusativ im Texte, von συλήσας, das den Accusativ der Person und der Sache regiert, abhängig. Man kann nur zweifeln, ob der Singular ἐχθρόν oder der Plural ἐχθρούς besser am Platze ist. Endlich besagt der Ausdruck ἀναλύσει nichts Bestimmtes. Ich vermuthe dafür ἀναλέξει, ‚er wird aufhäufen', was durchaus sinngemäss ist. Die Corruptel erklärt sich leicht, da zwei Verse weiter das Verbum λύσει am Ende des Hexameters steht, ausserdem aber auch die Verderbnis des συλήσας zu συλλέξας den Ausdruck ἀναλέξει naturgemäss beeinflussen musste. An eine Aenderung des ἀναλύσει zu ἀναλώσει zu denken, scheint mir unstatthaft.

VIII 58   καὶ ἀρχῆς τὰ πλάνης μυστήρια πᾶσιν ἀνοίξει.

Der Anfang des Verses ist zweifellos verderbt (*FL* haben καὶ ἐξ). Es dürfte καί τ᾽ oder καί τ᾽ ἀρχαῖα (scil. μυστήρια) zu lesen sein. Das folgende πλάνης ist dann als Nominativ zu fassen mit Bezug auf Hadrian selbst (man denke an seine Reisen), nicht als Genetiv von πλάνη, wie man es zu verstehen pflegt.

VIII 78   καὶ γὰρ ἰητοφόρων λεγεώνων δόξα κεσεῖται.

Die Form ἰητοφόρων hat Alexandre in den Text gesetzt, während die handschriftliche Ueberlieferung ἀετοφόρων lautet. Struve's Conjectur ἀεθλοφόρων wäre nicht zu verschmähen, wenn nicht die Form ἰητός schon aus alexandrinischer Zeit bezeugt wäre durch Aratos, der hin und wieder den Sibyllisten zum Muster diente: vgl. die Schlusspartie des fünften Buches Vers 511 sqq., wo z. B. 523 ἔσεται γὰρ Ὠαρίωνα nach Arat. Phain. 636 φοβέει μέγαν Ὠαρίωνα gebildet ist, ferner XIII 70, wo ζωδιακοῦ κύκλου, Κριὸς Ταῦρος Δίδυμοί τε aus Arat. 544 ζωδίων κύκλων und 549 Κριὸς Ταῦρος δ᾽ ἐπὶ τῷ Δίδυμοί τε contaminirt ist; XIII 71 sq. ἐνθάλλονται | ἀστέρες ist wörtlich aus Arat. 194 sq. entlehnt, und zwar finden sich die beiden Ausdrücke genau an denselben Versstellen vor. Er hat auch jenes ἰητός verwendet Phain. 315 καί μιν καλέουσιν Ἀητόν, und zweimal ἀητός: 522 οὐ μὴν Αἰητοῦ ἀπομείρεται, 691 ὄρνις τ᾽ Αἰητός τε τά τε πτερόεντος Ὀϊστοῦ τείρεα.

VIII 95   αἲ αἲ σοι, ἰταμὴ χώρη, μέγα βάρβαρον ἔθνος.

In sämmtlichen Handschriften (auch *F*, dessen Lesart Friedlieb falsch angibt) steht ἰταμὴ χώρη. Hieraus hat Opsopoeus Ἰταλὴ χώρη gemacht, da γῆ und γαίη öfter in Verbindung mit einem von einem Landesnamen abgeleiteten Adjectiv in den Sibyllinen vorkommen, wie γῆ Περσίς, Κελτὶ γαίη, Σοδομῖτι γαίη u. s. Die genannte Conjectur haben die Herausgeber aufgenommen, allein für unsere Stelle bleibt zu bedenken, dass, nachdem Vers 93 ausdrücklich die Römer genannt werden, eine geographische Bezeichnung weiter nicht nöthig war; wir werden um so eher bei dem überlieferten Ausdrucke bleiben können, als das vorwurfsvolle ἰταμὴ χώρη mit dem folgenden μέγα βάρβαρον ἔθνος ebenso wie mit dem, was der Sibyllist unmittelbar vorher (Vers 96—98) gegen Italien sagt, trefflich zusammenstimmt.

VIII 129   μέχρι πᾶν ἀποτίσεις.

Das handschriftliche πᾶν muss in πάντ᾽ verbessert werden, nicht blos weil im vorausgehenden Verse ebenfalls der Plural ὅσ᾽ ἔπραξας steht, sondern auch weil die vorliegende Phrase ständig πάντ᾽ ἀποτίσεις lautet, wie V 190, XI 50. 62, 286, ebenso πάντ᾽ ἀποτίσει XII 227.

VIII 131   ἕκτοτε δ' αὖ Λατίνων ἕκτη γενεὴ βασιλήων.

Den Ausdruck ἕκτη γενεή hat Opsopoeus hergestellt (Φ ἕκτη γενεῶν, L ἕκτη γονέων); δ' αὖ Λατίνων bietet Φ, Ψ γε Λατίνων. Keines von beiden kann richtig sein, da die hier sonst vorliegende Messung von Λατίνων mit kurzem ι aus den Sibyllisten nicht belegt werden kann. Denn das Patronymikon Λατινίδαων V 1, XII 1 darf nicht in Vergleich kommen. Wie zu schreiben ist, lehrt XIV 280 καὶ τότε Λατίνων γενεὴ πύματος βασιλήων, wornach man ἕκτοτε Λατίνων mit Weglassung von δ' αὖ in den Text setzen wird.

VIII 135 sq.   ἄρξει δ' αὐτοκέραστα θεοῦ βουλαῖσι μεγίστου
παῖδες καὶ παίδων τούτου γενεὴ ἀσάλευτων.

Mit dem merkwürdigen Ausdrucke αὐτοκέραστα ist, wie Jeder sieht, an unserer Stelle nichts anzufangen. Volkmann erkannte richtig, dass eine Verderbnis anzunehmen sei, und wollte ἄρξει δ' αὐτοκρατής τε schreiben. Allein abgesehen von dem nichtssagenden Flickworte τε, das hier ganz unbegründet wäre, bildet auch der Singular ἄρξει einen Anstoss, da unmittelbar ein plurales Subject folgt. Die parallele Stelle XIV 282 παῖδες καὶ παίδων γενεὴ ἀσάλευτος ὑπάρξει bietet keine Entschuldigung hiefür, weil hier γενεή, dem Verbum singulare zunächst steht. Ich schlage daher vor, αὐτοκράτεις δ' ἄρξουσι zu schreiben, womit alle Schwierigkeiten schwinden. Der Singular ἄρξει scheint übrigens durch das im Verse zuvor (134) vorliegende ἄρξει veranlasst worden zu sein.

VIII 139   ἔνθεν ὅταν φοίνικος ἐπέλθῃ πενταχρόνοιο

Diese Worte, welche einen vollständigen Temporalsatz darstellen sollen, haben bei den Herausgebern keinerlei Bedenken erregt; Alexandre übersetzt: „hinc ubi Phoenicis iam quinta recurrerit aetas"! Wo das mangelnde Subject stecke, darum kümmerte man sich nicht. Zum Glücke gibt uns wieder einmal eine Parallelstelle den Fingerzeig zur Emendation. Nach XI 272 ἀλλ' ὁπότ' ἂν λυκάβαντας ἐπέλθῃς τέρμα χρόνοιο ist zweifelsohne πενταχρόνοιο an unserer Stelle durch τέρμα χρόνοιο zu ersetzen; letzteren Ausdruck findet man auch XI 94.

VIII 143   ὤλετο τῆς Ῥώμης ἀρχή τότε τηλεθόωσα.

Das Wörtchen τῆς liest man seit Opsopoeus in den Ausgaben, während die Handschriften hier eine kleine Lücke haben. Am ehesten ist γάρ ausgefallen, nicht aber der hier unstatthafte Artikel τῆς.

VIII 151 sq.   οἴμοι ἐγὼ τριτάλαινα. πότ' ὄψομαι ἦμαρ ἐκεῖνο
σεῖο ποτε Ῥώμη, πᾶσι δὲ μάλιστα Λατίνοις;

Soll πᾶσιν (so richtig in PB) δὲ μάλιστα Λατίνοις etwa mit εἴ in οἵ μοι verknüpft werden? Da dies Niemand zugeben wird. so muss man billig fragen, wovon dann der Dativ πᾶσιν—Λατίνοις abhängig wäre. Hiezu kommt, dass in sehr auffälliger Weise nach dem fragenden πότ' im nächsten Verse das indefinite ποτέ im selben Satze auftritt. Auch ist ἦμαρ ἐκεῖνο σεῖο nur sehr unbestimmt gesagt. Allen diesen schwerwiegenden Bedenken können wir auf einmal begegnen, wenn wir den offenkundig corrupten Eingang von

Vers 152 in ποί γ' ἐλεόν andern; öfter ist in den Sibyllinen der Dativ σοί (γ') zu σεῖο verderbt. Dann steht πᾶσιν—Λατίνοις diesem σοί parallel und jenes anstössige ποτέ ist beseitigt.

VIII 161 καὶ Θήβαισι κακή γε μένει μετόπισθεν ἅλωσις.

In Ψ fehlt hier γε. Mit Rücksicht auf die Construction wäre mindestens καὶ Θήβαις γε κακή μενέει zu erwarten. Das γε ist wieder ganz unverkennbar ein jämmerlicher Nothbehelf. Aber ich meine, es sei γε μένει überhaupt interpolirt worden, nachdem der Verseingang verstümmelt war, so dass der Vers ebenso gelautet hätte wie IV 89 ἔσται καὶ Θήβῃσι κακή μετόπισθεν ἅλωσις. Man ist nach den Erfahrungen, die man bei längerer Beschäftigung mit den Sibyllinen gewinnt, zu dieser Annahme eher geneigt als zur Aufnahme des obenerwähnten Vorschlages, zumal sich dann die Ausdrucksweise zu Anfang des Verses der des unmittelbar vorausgehenden Verseinganges concinner gestaltet (ἥξει καὶ 'Ροδίοις κακὸν ὕστατον). Ein ganz paralleles und zutreffendes Analogon findet sich V 51, wo man ebenfalls nach Verstümmelung des Versanfanges durch klägliche Interpolation die Stelle lesbar zu machen suchte, worüber meine Auseinandersetzung zu dem genannten Verse zu vergleichen ist.

VIII 163 sq. ὡς δὲ καὶ οἱ μετόπισθ' ἔφυγον βροτοὶ αἰπὺν ὄλεθρον,
τρισμακάριστος ἔην καὶ τετράκις ὄλβιος ἀνήρ.

Den ersten Vers versuchte Alexandre (Curue poster.) zu emendiren, indem er οἱ δὲ καὶ ὡς μετόπισθ' ἔφυγον βροτοί oder ὃς δὲ καὶ ὡς μετόπισθε φύγοι βροτός vorschlug; hievon ist die letztere Lesung annehmbar, wenn im engeren Anschlusse an die Ueberlieferung gesagt wird ὃς δὲ καὶ ὡς μετόπισθ' ἔφυγεν βροτὸς αἰπὺν ὄλεθρον. Betreffs des im folgenden Verse stehenden Ausdruckes τρισμακάριστος ἔην καὶ τετράκις möchte ich zunächst einer Erwägung hier Raum geben: vergleichen wir Musterstellen im älteren Epos wie Hom. ε 306 τρὶς μάκαρες Δαναοὶ καὶ τετράκις, οἱ τότ' ὄλοντο oder das näher liegende Beispiel bei Hesiod. Fragm. 102, 1 meiner Ausgabe τρὶς μάκαρ, Αἰακίδη, καὶ τετράκις, ἔλξα Πηλεῦ (wozu ein jenem Homerverse nachgebildetes Orakel bei Pausan. VII 5, 3 = Oracul. ed. Hendess 142, 1 hinzukommt: τρὶς μάκαρες κεῖνοι καὶ τετράκις ἄνδρες ἔσονται), so scheint es mir immerhin wert zu überlegen, ob nicht etwa τρὶς μάκαρ οὗτος ἔην καὶ τετράκις, ὄλβιος ἀνήρ zu schreiben wäre, zumal wenn man noch an den Anfang des der Sage nach dem Hesiod zu Theil gewordenen Orakels im Agon des Homer und Hesiod 211 R. (= Oracul. ed. Hendess 45, 1) denkt: ὄλβιος οὗτος ἀνήρ. Indess kann man sich mit der Aenderung τρὶς μακαριστός begnügen, vgl. μακαριστός III 371, IV 191.

VIII 171 sq. τοῖς 'Ρώμη ὕψιστος ἄγει οἰκτρὴν τότε μοῖραν.
πᾶσιν δ' ἀνθρώποισιν, ὅροις ἐπὶ τοῖσιν ὀλοῦνται.

Dies die Lesart von Φ und Ψ (B hat ὑφίστος); Alexandre schrieb in Vers 172 σ' für δ' und ὅροις δ' ἐπὶ εἰσιν für ὅροις ἐπὶ τοῖσιν. Aber dies hilft der Stelle nicht auf. Sie muss im Zusammenhange mit zwei anderen parallelen betrachtet werden, die selbst auch wieder theilweise Verderbnisse aufweisen. Glücklicherweise ergänzen sie sich aber

gegenseitig. Es ist dies XIV 264 sq., wo in Ω überliefert ist
είς τοίην ού πρώτον άγειν είκτρήν τότε δαίμων,
πάντας δ' ανθρώπους ιδίοις έργοισιν ολέσσει·
und XIV 303, wo wir in Ω lesen
τρίς τοίνυν ΰψιστος άγει δειρήν τότε δεινήν.

Im letzteren Verse hat Alexandre άγει aus VIII 171 hergestellt und Gutschmid mit vollem Rechte für δειρήν (das durch das folgende δεινήν veranlasst ward) μοίρην aus derselben Stelle vorgeschlagen (Litt. Centralbl. 1861, N. 28). Mit Hilfe dieses so wiederhergestellten Verses ist in VIII 171 für das höchst anstössige τοίς ebenfalls τρίς zu emendiren. Am meisten aber gewinnt nun durch Vergleichung von VIII 171 und XIV 303 der Vers XIV 264, wo ich dem ganz zerstörten Wortlaute durch die Schreibung τρίς τοίνυν ύψιστος άγει μοίρην τότε δεινήν wiederum die genuine Fassung wiedergegeben zu haben glaube; der Ausdruck είκτρήν wiese zwar auf VIII 171, aber das Schlusswort δαίμων spricht für die Verderbnis aus δεινήν (vgl. XIV 303), so dass dann für είκτρήν einzusetzen ist μοίρην. Alexandre begnügte sich in XIV 264 mit der Lesung είς τοίην ού πρώτον άγει μοίρην ποτέ δαίμων. Während so der Vers XIV 264 aus VIII 171 und XIV 303 emendirt werden konnte, bietet der mit ihm zusammenhängende XIV 265 seinerseits wieder die Mittel zur Heilung von VIII 172. Es ist hier entweder πάσιν τ' ανθρώποις, έργοις δ' ιδίοισιν ολοϋνται zu schreiben, oder eine tiefer gehende Verderbnis anzunehmen und ganz nach XIV 265 πάντας δ' ανθρώπους ιδίοις έργοισιν ολέσσει in den Text aufzunehmen. Letzteres wäre in dem Falle unbedingt zu thun, wenn etwa auch 'Ρώμη in VIII 171 aus τοίνυν verderbt wäre.

VIII 194 sq. μή ποτ' εγώ ζώην, ότε ή ιλαρά βασιλεύση,
αλλά τότ', ουρανίη όταν ή χάρις έμβασιλεύση.

Der Schluss von V. 194 ist von den letzten Herausgebern aus der schlechteren Sippe Ψ entnommen; in Φ steht ότε ιλαρά. Dass an dem Ausdrucke ιλαρά (eventuell ιλαρή) nicht zu rütteln ist, scheint mir im Hinblicke auf Vers 200 δηλοτέρης μετέπειτα μέγα κράτος, worin mit Alexandre Anspielungen auf Johann. Apokal. XVII 4 zu sehen sind, ausgemacht zu sein. Deshalb ist auf das von dem Anonymus Bernensis am Rande seines Exemplars vorgeschlagene ή 'Ιταλά, von Alexandre in den Cursae posteriores in 'Ιταλή verändert, und auf die Conjectur des Anon. Paris. (Hase) ή οργή keine Rücksicht zu nehmen. Ich vermuthe οπότ' άν ιλαρή oder mit Beibehaltung von ή (wie Alexandre), ός' άν ή ιλαρή; die Längung von άν in der Verbindung οπότ' άν kommt öfter vor. Ebenso ist im folgenden Verse ουρανίη, οπός' άν χάρις εμβασιλεύση zu schreiben, während Φ diesmal όταν ή χάρις, Ψ aber όταν χάρις bieten; die Conjunction οπότ' άν ist im folgenden Verse 196 überliefert.

VIII 196 sq. καί οπόταν παίς ποθ' ιερός δολοφών απάντων
έξελάση δεσμοίς ολοόφρονα βυσσόν ανοίγων.

Die Versuche, die Stelle zu heilen, die ich in der Fassung der Handschriften (Ψ hat δολοφών) hiehersetzte, sind bisher nicht gelungen. Alexandre schrieb παίς τις ιερός δολοφόνος (?!) απάντων, Volkmann dachte an δολιόφρων απάντων; ich vermuthe, es sei zu corrigiren καί οπός' άν δή, παίς ιερός δηλήμων απάντων | έξελάση δεσμοίς ολοόφρονα βυσσόν ανοίγων. Leicht konnte δηλήμονα wegen des nahen ολοόφρονα zu δολοφών verderbt werden.

VIII 203 ἥλιος μὲν αὐχμηρὰ τρέχων νυκτερινὰ φαίνει.

So steht in den Handschriften: Alexandre suchte die Corruptel zu beseitigen, indem er ἀμυδρὰ τρέχων νυχθήμερα schrieb. Aber ἀμυδρὰ τρέχων kann man nicht von ἥλιος sagen in dem von Alexandre in der Uebersetzung zum Ausdruck gebrachten Sinne: „sol obscurus pergot noctuque dieque". Ich möchte daher eher ἀμαυρὰ βλέπων vorschlagen, vgl. z. B. Anthol. Pal. XII 254, 2 ἀμαυρὰ βλέπω. Auch νυχθήμερα (wofür eher der Ueberlieferung entsprechend νυκτήμερα zu setzen war), ist nicht ganz sicher; möglicherweise steckt in νυκτερινὰ φαίνει der Ausdruck νύκτωρ ἀναφαίνει, welch letzteres Verbum dann im intransitiven Sinne gebraucht wäre.

VIII 213 καὶ κρίσιν ἀθανάτοιο θεοῦ . . . . .

Der in den Handschriften erhaltene Rest des Verses ist aus einer bisher unbeachteten zweiten Stelle zu ergänzen. Wenn wir nämlich III 55 sq. heranziehen:

  οἵ μοι δειλαίῃ, πότ' ἐλεύσεται ἦμαρ ἐκεῖνο
  καὶ κρίσις ἀθανάτοιο θεοῦ, μεγάλου βασιλῆος,

so ist nicht zu zweifeln, dass wir eine Parallele vor uns haben. Nach III 56 wird also unser Vers herzustellen sein, indem zugleich κρίσις für das überlieferte κρίσιν geschrieben wird. Weiter folgt aber, dass in der Lücke an unserer Stelle auch der in III 55 vorliegende Vers dem Verse VIII 213 voranging. Die Worte beziehen sich auf das göttliche Gericht.

VIII 225 sq. ἐκκύσει δὲ τὸ πῦρ τὴν οὐρανὸν ἠδὲ θάλασσαν
  ἰχνεύων· φλέξει δὲ πύλας εἱρκτῆς Ἀΐδαο.

Das Verbum φλέξει liest man noch in den letzten Ausgaben. Und doch hatte schon Mai in der Publication des Cod. M (Mailand 1817) φρύξει δὲ edirt. In M selbst steht φρύξει ε, d. h. mit einem für einen Buchstaben auslangenden Raum vor dem letzten ε (jedoch keine Rasur). Dieselbe Lesung φρύξει ergeben auch alle anderen Handschriften dieser besten Classe (QVII); φλέξει δὲ bieten die beiden schlechteren Gruppen. Die gewählte Lesart von Ω wird nur mit Mai's Aenderung in den Text gesetzt werden können: es muss eine Verbindung mit dem vorausgehenden hergestellt werden durch das Wörtchen δέ (oder τε?), denn es ist nicht daran zu denken, dass etwa nach θάλασσαν ein Interpunctionszeichen zu setzen und dann ἰχνεύων φρύξει asyndetisch anzufügen wäre. Uebrigens ist zu beachten, dass im Alterthume bereits eine Variante an unserer Stelle existirte. In der bei Augustin. de Civ. dei XVIII 23 vorliegenden lateinischen Uebersetzung eines Theiles des Akrostichons Christi werden die Worte des Verses 226 wiedergegeben durch „inquirens taetri portas effringet Averni". Hieraus geht zunächst hervor, dass der Uebersetzer πύλας στυγεροῦ (oder μυχροῦ?) Ἀΐδαο las, vgl. die homerische Versclausula Θ 368, andererseits aber weist „effringet" auf ῥήξει, welches thatsächlich in der Constantini oratio ad sanctorum coetum c. XVIII, wo das Akrostichon angeführt wird, vorliegt; hier ist ῥήξει τε geschrieben, wir finden also auch eine Conjunction vor. Diese Variante ῥήξει geht offenbar ebenso wie φλέξει auf die gemeinsame Quelle φρύξει zurück.

VIII 249 sq. οὗτος ὁ νῦν προγραφεὶς ἐν ἀκροστιχίοις θεὸς ἡμῶν
σωτὴρ ἀθάνατος βασιλεὺς ὁ παθὼν ἕνεχ' ἡμῶν.

Jedem Unbefangenen muss der gleiche Ausgang der beiden Verse einiges Bedenken erregen; werfen wir einen Blick auf die Ueberlieferung, so wird dasselbe noch verstärkt. Denn während die beiden Classen ΦΨ die von den Herausgebern recipirte Leseart θεὸς ἡμῶν in Vers 249 enthalten, weicht die beste Handschriftensippe Ω ab, indem sie θεοσήμοις bietet. Und hierin steckt meiner Ueberzeugung nach die genuine Schreibweise θεοσήμοις, ein Adjectiv, gebildet wie ἐπίσημος. Die ἀκροστίχια können mit vollstem Rechte θεόσημα heissen, da sie den Namen des Gottessohnes bezeichnen. Aus θεοσήμοις konnte in ΦΨ leicht θεὸς ἡμῶν werden unter dem Einflusse des folgenden Versschlusses ἕνεχ' ἡμῶν, während θεοσημείοις in Ω durch die Erinnerung an die θεοσήμεια entstanden ist.

VIII 302 ἀλλ' ὅτε ταῦτά γε πάντα τελειωθῇ, ἅπερ εἶπον.

Dies setzte Alexandre nach Φ in den Text; die beste Classe Ω und die schlechteste Ψ stimmen darin überein, dass bei ihnen γε gänzlich fehlt. Lactantius, der diesen Vers in dem Citate Div. Inst. IV 17 (= vol. l, p. 344, 6 sq. Brandt) gleichfalls überliefert hat, scheint den Eingang bereits verdorbt gelesen zu haben in der Fassung ἀλλ' ὅτε δὴ ταῦτα πάντα (die einzelnen Handschriften geben Folgendes: S ΑΛΛ ΟΤΕ ΔΗ ΤΑΥΤΑΠΑΝΤΑ, P ΑΜΟΓΕ ΑΝΤΑΥΤΑΠΑΝΤΑ, V ΑΛΛΟΤΕ ΑΤΧΥΤΑΑΠΑΝΤΑ, B ΑΜΑΤΕΤΑΥΤΑΑΠΑΝΤΑ, in Sedulius' Excerpt wird gelesen ΑΛΛ [aus ΑΜΑ] ΤΟΤΕ ΔΕ ΤΑΥΤΑ ΠΑΝΤΑ): Struve vermuthete dafür ἀλλ' ὅτε δὴ τάδ' ἅπαντα, Brandt ἀλλ' ὅτε ταῦτα ἅπαντα. Während aber an unserer Stelle alle Quellen trübe fliessen, sind wir in der Lage, aus den späteren Büchern die offenbar ursprüngliche Gestalt des Verseinganges zu gewinnen. Wir finden ihn nämlich XII 201 (und XI 172) in der Fassung ἀλλ' ὁπότ' ἂν δὴ ταῦτα τελειωθῇ, welche auch an unserer Stelle in den Text aufgenommen werden muss.

VIII 315 sqq. καὶ τότ' ἀπὸ φθιμένων ἀναλύσας εἰς φάος ἥξει
πρῶτος ἀναστάσεως κλητοῖς ἀρχὴν ὑποδείξας.
ἀθανάτου πηγῆς ἵνα λουσάμενοι ὑδάτεσσι
τὰς πρότερον κακίας ἀναγεννηθέντες ἄνωθεν
μηκέτι δουλεύωσιν ἀθέσμοις ἤθεσι κόσμου.

Die Verse 315 sqq. hat Alexandre, dessen Text ich hier anführe, ganz vergriffen. Statt des in den besten Handschriften vorliegenden ἀπολουσάμενος und ἵνα γεννηθέντες, wofür in Φ ἀπολουσάμενοι und ἀναγεννηθέντες, in Ψ (= FL) ἀπολουσαμένης und ἀναγεννηθέντες steht, hat er ἵνα λουσάμενοι und ἀναγεννηθέντες geschrieben. Es ist jedoch die Leseart der Familie Ω in den Text zu setzen. Würde ἀπολουσάμενος nach Φ aufgenommen, so müsste man mit Recht daran Anstoss nehmen, dass der eigentliche mit ἵνα eingeleitete Satz erst nach der umständlichen, anderthalb Verse umfassenden Bestimmung ἀθανάτου πηγῆς — κακίας nachhinke. Dass aber andererseits ἵνα γεννηθέντες ἄνωθεν richtig ist, geht aus Johann. Evang. III 3 ἐὰν μή τις γεννηθῇ ἄνωθεν und III 7 δεῖ ὑμᾶς γεννηθῆναι ἄνωθεν hervor. Der Ausdruck ἀναγεννηθέντες ἄνωθεν der beiden minderwertigen Handschriftenclassen enthält zudem einen Pleonasmus. Zum Ueberfluss wird jene Fassung auch noch durch die Sibyllenstelle I 340, wo das Hemistichion wiederkehrt, vollauf bestätigt. Schliesslich ist zweifellos auch δουλεύσωσιν aus Ω zu entnehmen, das etwas entstellt auch in *A* vorliegt (δουλεύσουσιν), während die übrigen Handschriften theils δουλεύωσιν (Ψ), theils δουλεύουσιν (*P*) bieten.

VIII 318 πρῶτα δὲ τοῖς ἰδίοις φανερὸς τότε κύριος ὀφθῇ.

Gegenüber dieser Schreibung Alexander's steht bei Friedlieb πρῶτα δὲ τοῖς ἰδίοις φανερὸς τότε κύριος ἔσται. Beide Herausgeber haben die verschiedenen Handschriftengruppen confundirt. In der besten Sippe Ω steht φανερῶς τότε κύριος ὀφθῇ, was ohne Bedenken in den Text gesetzt werden kann; wegen des Conjunctivs ὀφθῇ ist das früher zu II 22 Gesagte zu vergleichen. Die anderen Familien bieten, und zwar Φ φανερὸς τότε κύριος ἔσται, Ψ aber φανερὸς κύριος ἔσται τότε. Die Contamination ist durchaus unstatthaft.

VIII 324 sqq. χαῖρ', ἁγνὴ θύγατερ Σιών, καὶ πολλὰ παθοῦσα·
αὐτός σου βασιλεὺς ἐπιβὰς ἐπὶ πῶλον ἐσάγει
πρᾶος πᾶσι φανείς, ἵνα τοι ζυγόν, ὃν περ ὑπῆμεν,
δοῦλον δυσβάστακτον ἐπ' αὐχένι κείμενον ἄρῃ.

So lautet der Text bei Alexandre. Im Vers 324 zunächst gibt zwar Ω statt Σιών die Lesart μέμνη, aber da hier Zachar. IX 9 zu Grunde liegt (χαῖρε σφόδρα θύγατερ Σιών κτλ.), so werden wir Σιών, welches in den übrigen Sibyllenhandschriften vorliegt, beizubehalten haben. Weiters steht in sämmtlichen Codices nicht καὶ πολλὰ παθοῦσα, sondern nur πολλὰ παθοῦσα, das Wörtchen καί ist von Betuleius eingeschoben worden. Aber es will nicht recht passen, ich vermuthe vielmehr nach Hom. *I* 492 (μάλα πολλὰ παθών) auch hier μάλα πολλὰ παθοῦσα. Im nächsten Verse 325 ist die Corruptel der Handschriften ἐσάγει (Φ), εἰσάγει (ΩΨ) durch Nauck's annehmbare Conjectur ἐπάσσει beseitigt. Sehr schlimm steht es mit der Ueberlieferung der Sibyllenhandschriften im Verse 327. Eine Heilung war nur von der Neucollation der Codices des Lactantius, welcher die Verse 327—329 in seinen Div. Inst. VII 18, 8 (= vol. I p. 643, 8 sqq. Brandt) citirt, zu erwarten. Wie Brandt's neue Lactantiusausgabe zeigt, enthalten leider auch die Handschriften dieses Schriftstellers hier arge Entstellungen, doch so, dass sich immerhin mit Wahrscheinlichkeit die genuinen Lesearten eruiren lassen. Die Stelle nimmt ausser auf Zachar. IX 9 offenbaren Bezug auf Matth. Evang. XI 5 ἰδοὺ ὁ βασιλεύς σου ἔρχεται σοι πρᾶος und Johann. Evang. XII 15 μὴ φοβοῦ, θυγάτηρ Σιών, ἰδοὺ ὁ βασιλεύς σου ἔρχεται καθήμενος ἐπὶ πῶλον ὄνου. Als ersten Ausdruck im Verse enthalten nun die Codices des Lactantius folgende Lesearten *P* OPACE, *S* ΟΠΑCΕ, *H* praese, *B* OΦPACE (im Seduliusexcerpt fehlt der ganze Verseingang); in den Sibyllenhandschriften liest man, und zwar in Ω πραΰν, in ΦΨ πρᾶος. Auf Grund dieser Thatsachen vermuthete ich ὃς ῥά κε, was Brandt auch aufnahm. Stadtmüller dachte wegen μὴ φοβοῦ im Johannesevangelium an θάρσει, das sich zu weit von der Ueberlieferung entfernt. Die nächsten Worte hat, wie ich glaube, Brandt mit Glück emendirt, indem er aus den Lactantiushandschriften unter Benützung der Schriftstellen πρᾶος ἰδοὺ ἥξει eruirte. Von den Sibyllencodices unterstützt die Classe Ω diese Emendation, indem sie πρᾶος ἕξει bietet, in ΦΨ steht corrupt πᾶσι φανείς. Den Verschluss gibt in der ursprünglichen Fassung wiederum Lactantius, dessen Handschriften ἵνα τὸ ζυγὸν ἡμῶν bieten, womit Ω ἵνα τὸν ζυγὸν ἡμῶν fast genau übereinstimmt. Dieser Thatsache gegenüber ist die Lesart von ΦΨ ἵνα τοι ζυγόν, ὅνπερ ὑπῆμεν als durchaus corrupt bei Seite zu lassen. Der Anfang von Vers 326 wird demnach so zu lauten haben, wie ihn Brandt bereits formulirte: ὅς ῥά κε πρᾶος ἰδὼν ἥξει. In der Ueberlieferung des letztangeführten Verses 327 decken sich die Handschriftenclassen Φ Ψ mit dem bei Lactantius vorliegenden Wortlaute, während in Ω die Corruptelen δούλειον und αἴρη (Q αἴρῃ) zu lesen sind.

VIII 333   οὐ γὰρ σοῖς ἐθίμοις ὑλάσκεται οὐτε λιτῇσιν.

Seltsamer Weise ist der letzte Herausgeber in diesem Verse gerade der Lesart der schlechtesten Sippe Ψ gefolgt, indem er aus dem in derselben gebotenen σαῖ ἐθίμοις jenes σοῖς ἐθίμοις machte. Und doch gibt unsere beste Quelle Ω auch hier eine vortreffliche, von Friedlieb mit Recht recipirte Lesart σαῖς θύμαις, an deren Ursprünglichkeit nicht im Mindesten zu zweifeln ist, zumal diesem Ausdruck der folgende λιτῇσιν vollständig parallel zur Seite steht. Die Corruptelen in Φ σα μύθοισιν wie in Ψ σοῖς ἐθίμοις müssen daneben ganz ausser Betracht bleiben. Für οὐτε ist aus Ω οὐδὲ zu schreiben.

VIII 335 sq.   ἀλλ' ἁγίου στόματος θυμῷ χάριν ἐκπροφέρουσα
γνῶθι τίς ἐσθ' οὗτος καὶ τὸν γενετῆρα τίς ἔψει.

So Alexandre. Angesprochen ist noch immer die ἁγνὴ θυγάτηρ Σιών (vgl. Vers 324). Der genannte Herausgeber folgte der Lesart von ΦΨ ἀλλ' ἁγίου στόματος θυμῷ προφέροντες ἴασιν, indem er den Versschluss in χάριν ἐκπροφέρουσα veränderte. Allein wiederum ist der Text auf Grundlage der besten Classe Ω herzustellen, welche hier ἀλλ' ὕμνον στομάτων συνετῶν τότε ἐκπροφέροντες bietet. Mit Rücksicht darauf, dass in ΦΨ der Ausdruck ἁγίου vorliegt und in dem Participium jedenfalls die Femininform herzustellen ist, möchte ich vorschlagen zu schreiben:

ἀλλ' ὕμνον στομάτων συνετῶν ἁγίων προφέρουσα.

Im nächsten Verse hat Ω zwar γνώσῃ, indess verlangt das Metrum die durch Φ und Ψ überlieferte Lesart γνώθι, welche dem Sinne ganz angemessen ist.

VIII 344   κοὐκ ἀνδρῶν φωναί, οὐ θηρῶν οὔτε πετεινῶν.

Am Schlusse des Verses muss οὐ πετεινῶν geschrieben werden, denn P bietet οὔτε πετεγνῶν, A aber οὐ πετεεινῶν; οὔτε πετεινῶν ist die Lesart der schlechteren Classe Ψ; durch diese Schreibung wird die Anaphora οὐ θηρῶν, οὐ πετεινῶν aufrecht erhalten; vgl. auch den bald folgenden Versschluss VIII 365 ὀρνίθων πετεινῶν.

VIII 350 sqq.   πᾶσαι δ' ἀνθρώπων ψυχαὶ βρύξουσιν ὀδοῦσι
τῶν ἀνόμων ψυχῶν ὀλολυγμοῖσί τε φόβῳ τε
τηκόμενοι δίψει λιμῷ λοιμῷ τε φόνοις τε.

Der Genetiv ψυχῶν in Vers 351 ist, da ψυχαί vorausgeht, verderbt; es muss hier mindestens ein Ausdruck stehen, der dem ἀνόμων entspricht, also etwa τῶν ἀνόμων φυγερῶν τ' mit Bezug auf ἀνθρώπων. Nun ist aber nicht zu leugnen, dass dann das folgende ὀλολυγμοῖσίν τε φόβῳ τε nicht sehr glücklich und passend sich anschliesst: es ist deshalb nicht zu gewagt, den Vers 351 als Interpolation aufzufassen. Wenigstens lassen sich ausser seinem verdächtigen Inhalte einige Momente anführen, die für diese Annahme sprechen. Dass er in Ω fehlt, muss hier zwar ausser Betracht bleiben, weil dies auch betreffs 352 und einiger anderen Verse, die in der Nähe dieser Stelle stehen, der Fall ist: bemerkenswert aber ist es, dass ein ähnlicher Vers II 203 sq. nicht vorliegt, wo unsere Stelle offenbar nachgebildet ward: πᾶσαι δ' ἀνθρώπων ψυχαὶ βρύξουσιν ἐλθοῦσιν | κπιό- μεναι ποταμῷ τε θεαίου καὶ πυρὸς ὁρμῇ (so vermuthe ich); vgl. auch II 306 sq. ἐπι- βρύξουσι δ' ἐλθοῦσιν | πάντες τηκόμενοι δίψῃ μαλερᾷ πείνῃ τε (πείνῃ τε Meineke für hand- schriftliches τε βίῃ τε). Ist die vorgebrachte Vermuthung richtig, so wäre noch nach der Veranlassung einer solchen Interpolation zu fragen. Diese dürfte eingeführt worden sein, weil ein Leser es als zu weitgehend ansehen mochte, wenn hier von der Angst und Pein der πᾶσαι ἀνθρώπων ψυχαί die Rede war, er wollte dies, wie es scheint, unbe- rechtigter Weise auf die ἄνομοι beschränkt wissen.

Uebrigens ist Vers 352 τηκόμεναι nach Φ (vgl. κπιόμεναι II 204) zu lesen, Alexandre hat sich wiederum an die schlechtere Ueberlieferung von Ψ gehalten. Dagegen muss nach seinem Vorschlage von der Lesart der besseren Classe λιμῷ δίψῃ (Α θυμῷ mit übergeschriebenem λι) zu Gunsten der von Ψ δίψει λιμῷ, wo nur δίψῃ herzustellen ist, abgewichen werden, wie die Parallelstelle im zweiten Buche lehrt. Hiefür spricht auch der Umstand, dass dann die im epischen Sprachgebrauche oft neben einander stehenden Begriffe λιμῷ und λοιμῷ unmittelbar hinter einander gereiht werden.

VIII 358   διὰ χειρὸς παρθένου ἁγνῆς.

Warum die letzten Herausgeber Alexandre und Friedlieb den Singular διὰ χειρός in den Text setzten, während alle Handschriften das metrisch correctere διὰ χειρῶν bieten, ist unerfindlich. Mit Recht sind die älteren Ausgaben bei dem Plural geblieben. Auch II 312, wo die Verse 357 sq. ebenfalls vorliegen, jedoch διὰ χειρός überliefert ist, muss nach unserer Stelle der Plural hergestellt werden, da wir im achten Buche die Autorität der besten Handschriften (Ω) für denselben besitzen, die uns im zweiten Buche mangelt. Uebrigens vermuthet Kloucek an beiden Stellen διὰ χειλῶν.

VIII 366   αὐτὸς γὰρ μορφὰς ἀνδρῶν καὶ νοῦν ἐτύπωσα.

Am Schlusse hat Alexandre das durch den Zusammenhang erforderliche ἐτύπωσα aus ἐτύπωσε (resp. ἐτύπωσεν) der Handschriften hergestellt; μορφὰς ἀνδρῶν καὶ νοῦν steht in den zwei schlechteren Classen, wogegen die beste Ω μορφὰς καὶ νοῦν ἀΰων (d. i. ἀν- θρώπων) bietet. Demgemäss wird es sich empfehlen, μορφὰς καὶ νοῦν ἀνδρῶν zu schreiben.

VIII 369 sq. καὶ πᾶν ἐνθύμημα νοῶν καὶ πᾶσι συνίστωρ
                 αὐτὸς ἐών, σιγῶν καὶ ὕστερον αὐτὸς ἐλέγχων.

Wiederum haben die letzten Herausgeber den Vers 370 nach den beiden schlechteren Classen gestaltet, wogegen die in Ω vorliegende Variante ἐντὸς ἐγὼ σιγῶ für den Zu- sammenhang beachtenswert ist; es wird mit Hilfe dieser Codices zu lesen sein: ἐντὸς ἐγὼ σιγῶ καὶ ὕστερον αὐτὸς ἐλέγχω.

VIII 378   εἰκόνι θεσπίζουσιν ἐμὴν ληφθεῖσαν ἀφ' ὕλης.

Auch hier ist abermals eine vortreffliche Lesart der besten Classe der Codices, πλασθεῖσαν, für das verderbte ληφθεῖσαν der übrigen ohne Bedenken in den Text zu setzen, was bisher in den Ausgaben merkwürdigerweise nicht geschehen ist.

VIII 388 sq.   ὡς ἀφώντι θεῷ θνητοὶ σπένδουσι τὸν οἶνον
               εἰς οὐδὲν μαθόντες ἐπ' ἀχρήστοισι θεοῖσιν.

In Vers 388, der in Ω fehlt, ist das Wörtchen τόν um so auffälliger, als kurz vorher, Vers 386, ähnlich gesagt ist καὶ δαίμοσιν αἷμα χέουσιν ohne jeden Artikel. Vielleicht ist μοι für τόν zu schreiben, doch mahnt VIII 404 τὸν ἄρτον zur Vorsicht. Der Schluss von Vers 389 ἐπ' ἀχρήστοισι θεοῖσιν, der in den beiden minderwertigen Classen vorliegt, ist durch die mittelst einfacher Umstellung zu corrigirende Lesart von Ω, welche ἐπ' ἀχρήστοις εἰδώλοισιν lautet, zu ersetzen. Wir werden nämlich ἐπ' εἰδώλοισιν ἀχρήστοις in den Text aufnehmen. Denn nicht blos liest man kurz zuvor VIII 380 ἐπ' εἰδώλοισιν ἀναύδοις, sondern es begegnet sogar ganz dasselbe Hemistichion (ἐπ' εἰδώλοισιν ἀχρήστοις) in einem der bei Theophilos erhaltenen Fragmente, dem sogenannten Prooimion, Vers 83 (Alex.).

VIII 403   τούτῳ θὲς καθαράν τε ἀναίμακτόν τε τράπεζαν.

So schrieb Alexandre in der zweiten Ausgabe, während er in der ersten καθαρὰν οὐ in den Text aufgenommen hatte. Friedlieb hat καὶ ἀναίμακτόν σου τράπεζαν mit argem metrischen Verstosse stehen lassen. Die Lesart von Ω lautet τούτῳ (VII τούτων) καθαρὰν καὶ ἀναίμακτόν σοι τράπεζαν, wogegen Φ τούτῳ θὲς οὐ καθαρὰν καὶ ἀναίμακτον τράπεζαν, Ψ aber τούτῳ θὲς καθαρὰν καὶ ἀναίμακτον σου τράπεζαν überliefern. Ich glaube, es dürfte zu schreiben sein:

τούτῳ μὲν καθαρὴν θὲς ἀναίμακτόν τε τράπεζαν.

VIII 408   καὶ ζῶσαν θυσίαν ταύτην τῷ ζῶντι κόριζε.

Diese von den letzten Herausgebern in den Text zugelassene Lesart der schlechteren Codices stimmt keineswegs zu der ganzen Stelle, wo Gott redend eingeführt ist: wir erwarten eine besondere Hervorhebung der ersten Person. Diese liegt nun thatsächlich vor in einer in der besten Ueberlieferung Ω enthaltenen Version: καὶ ζωὴν θυσίαν ἐμοὶ τῷ ζῶντι κόριζε. Hier ist nur ζωήν etwas verderbt. Mit Rücksicht auf jenes ζῶσαν der übrigen Handschriften und zugleich auf die zu Grunde liegende Stelle des Paulus, Epist. an die Römer XII 1 (παρακαλῶ οὖν ὑμᾶς, ἀδελφοί, διὰ τῶν οἰκτιρμῶν τοῦ θεοῦ παραστῆσαι τὰ σώματα ὑμῶν θυσίαν ζῶσαν ἁγίαν εὐάρεστον τῷ θεῷ τὴν λογικὴν λατρείαν ὑμῶν) ist meines Erachtens zu schreiben:

καὶ θυσίην ζώουσαν ἐμοὶ τῷ ζῶντι κόριζε.

VIII 425   οὐχ ἥματα μικρὰ μερίμνης.

Die Lesart μικρά, welche in die Ausgaben überging, gehört einer der schlechteren Classen Ψ an, Φ bietet noch verderbter μιχρά. Das richtige πολλά liegt wieder in

Ω vor, was durch die Parallelstellen II 327 οὐκ ἤματα πολλὰ μερίμνης (fälschlich überliefert ist dort μερμνᾶν) und III 89 zur Evidenz erwiesen wird.

VIII 426 οὐκ ἔαρ, οὐχὶ θέρος, οὐ χειμών, οὐ μετόπωρον.

Dieselbe Fassung des Verses steht in den Handschriftengruppen Φ und Ψ auch II 328 und III 90. Bemerkenswert aber ist es, dass an unserer Stelle die beste Classe Ω eine etwas andere Anordnung bietet: οὐκ ἔαρ, οὐ χειμών, οὐδ᾽ ἂρ θέρος, οὐ μετόπωρον (οὔτε statt οὐδ᾽ ἂρ *M*). Da nun die Ueberlieferung von Φ und Ψ die natürliche Folge der Jahreszeiten ebenso wenig einhält, indem χειμών vor μετόπωρον steht, und die Sippe Ω sonst gewöhnlich die genuine Schreibung ausweist, stehe ich nicht an, auch hier den letzterwähnten Handschriften zu folgen. Ich thue dies mit um so grösserer Beruhigung, als der in Rede stehende Vers in der von Ω gebotenen Fassung deutliche Anklänge an gewisse Muster bei Homer zeigt, denen er von den Sibyllisten nachgebildet ward, und zwar einerseits ε 566 οὐ νιφετός οὐδ᾽ ἂρ χειμών πολὺς οὔτε ποτ᾽ ὄμβρος, anderseits μ 76 οὐδ᾽ ἐν θέρει οὐδ᾽ ἐν ὀπώρῃ, η 118 οὐ ποτε... | χείματος οὐδὲ θέρευς. Ja, es erscheint mir ganz methodisch, dieselbe Version auch zu den beiden anderen Stellen, die uns zufällig nur in der Fassung der zwei schlechteren Sippen vorliegen, herzustellen.

VIII 430 αὐτογένητος ἄχραντος ἀέννας ἀΐδιός τε.

Für die Partie des achten Buches, welcher dieser Vers angehört, stehen uns leider nur die beiden geringeren Classen zu Gebote. Den ersten Ausdruck hat bereits Opsopoeus hergestellt aus der Lesart von Ψ αὐτογέννητος, wogegen Φ gar ἀγέννητος überliefert. Für ἄχραντος schlug Nauck ἄναρχος vor, was neben den anderen Epithetis sehr ansprechend ist. Arg gelitten hat zweifelsohne der Schluss des Verses: die Form ἀέννας ist in den Sibyllinen ganz unerhört, es kommt nur die Messung ἀέναος vor. Dieser Umstand veranlasste Nauck zu dem Vorschlage ἀΐδιος ἀέναός τε. Dann aber müsste ἀΐδιος gelesen werden, was aus den Sibyllisten, welche es nur in der Gestalt ἀΐδιος kennen, ebenfalls nicht belegbar ist. Auch würde ἀέναος und ἀΐδιος fast dasselbe besagen. Und deshalb scheint es mir nicht unmöglich, dass der Vers ursprünglich ebenso geschlossen habe, wie Prooim. 20 und 84 Alex., nämlich mit der Verbindung ἀληθινὸς ἀέναός τε. Wie leicht konnte ἀΐδιος aus ἀληθινός verderbt werden!

VIII 436 sq. καὶ στεροπῶν μάστιγας ἀπαμβλῦναι πυρσαγγελίς,
ὄμβριον δ᾽ ἄσπετα χεύματα εἰαρινῆς τε χαλάζης
χρυμαλέης νεφελῶν τε βολῆς καὶ χείματος ὁρμῆς.

Im ersten Verse hat Struve mit Recht πυρσαγγελίς verlangt: dagegen ist die von ihm vorgeschlagene und von Alexandre angenommene (nicht herrührende, wie es in der zweiten Auflage heisst) Fassung χεύματα εἰαρινῆς im zweiten Verse ganz unstatthaft. Alexandre begnügte sich mit der höchst fragwürdigen Bemerkung „sed praestaret metri causa, si liceret, ἰσταρινῆς". Die corrupte Ueberlieferung von Φ lautet χεύματα ἠρακινῆς δέ, von Ψ ἐρακινῆς δέ. Ich möchte die Conjectur ὄμβριον δ᾽ ἄσπετα χεύματ᾽ ὑκριινῆς τε χαλάζης empfehlen. In Vers 437 ist τε βολῆς richtige Vermuthung des Opsopoeus für das handschriftliche βουλῆς, nur ist τε βολῆς νεφελῶν umzusetzen.

VIII 438 sqq. αὐτοὶ μὲν γὰρ ἕκαστα νόῳ διατεκμαίρονται,
ὅσσα περ αὐτῷ σοι δοκέει πρήσσειν τ' ἐπινεύεις
σῷ παιδὶ πρὸ κτίσεως πάσης στέρνοισι πεφυκώς
σύμβουλος, πλάστης μερόπων κριτής τε βίοιο.

Mancherlei bleibt in dieser von Alexandre in den Text zugelassenen Gestalt der Verse zu bessern. Zunächst scheint mir die auf Grundlage von Huetius' Conjectur πρὸ κτίσεως πάσης οἷς παῖς durch Volkmann hergestellte Formulirung des Verses 440 οἷς παῖς πρὸ κτίσεως στέρνοισιν οἷσι πεφυκώς | σύμβουλος zwar besser als Alexandre's Fassung, aber noch nicht ganz zureichend. Die Sippe Φ bietet

σῷ παιδὶ πρὸ κτίσεως πάσης στέρνοις ἴσοισι πεφυκώς

(sic), in Ψ lautet der Schluss etwas verändert: τᾶσι στέρνοις ἴσοισι πεφυκώς. Ich vermuthe, dass zu schreiben sei:

πρήσσειν τ' ἐπινεύει
σοῖς παῖς πρὸ κτίσεως πάσης στέρνοισι πεφυκώς
σύμβουλος,

denn der Ausdruck πρὸ κτίσεως πάσης muss voll erhalten bleiben, da er offenbar aus Paulus' Brief an die Kolosser stammt: I 15 ὅς ἐστιν εἰκὼν τοῦ θεοῦ τοῦ ἀοράτου πρωτότοκος πάσης κτίσεως. Gott Vater und Sohn beschliessen gemeinschaftlich. In Vers 441 endlich könnte daran gedacht werden, für πλάστης μερόπων κριτής τε βίοιο etwa πλάστης μερόπων τε κριτής τε βίοιο zu setzen, da Gottes Sohn das Gericht über alle, die einmal auf Erden gelebt, halten wird; indess scheint mir doch der Vorschlag Alexandre's in der ersten Ausgabe (den er, obzwar κριτής einen metrischen Fehler enthält, in der zweiten gar nicht einmal anführt), κτίστης herzustellen, sehr plausibel, indem hiedurch der Ausdruck πλάστης μερόπων in poetischer Weise variirt erscheint.

VIII 450 οὐρανὸς ἀὴρ πῦρ χθών τε καὶ χεῦμα θαλάσσης.

Den zweiten Halbvers hat Alexandre aus dem in Φ überlieferten χθών γῆ καὶ χεῦμα θαλάσσης (in Ψ fehlt καὶ) in wenig glücklicher Weise umgeändert, indem er das ganz unbedeutende Wörtchen τε vor einem Explosivlaute (κ) gelängt werden liess; Friedlieb's Schreibung, welcher χθών γε καὶ κτλ. in den Text setzte, ist ebenso fragwürdig. Volkmann schlug καὶ χθών καὶ χεῦμα θαλάσσης vor, allein diese Art der Anknüpfung scheint mir bedenklich. Steckt nun in χθών γῆ καὶ χεῦμα θαλάσσης nicht etwa eine Lesart wie χειμών γῆ χεῦμα θαλάσσης oder χειμών καὶ χεῦμα θαλάσσης, wobei χειμών zunächst zu χθών verderbt und dann γῆ interpolirt worden wäre, so möchte ich χθών ἠδέ τε χεῦμα θαλάσσης vorschlagen in Anlehnung an einen ähnlichen Vers des Empedokles 187 Stein:

ἠλέκτωρ τε χθών τε καὶ οὐρανὸς ἠδὲ θάλασσα.

VIII 452 sq. ἦμάρ τ' εὐφρόνη, ὕπνος ἔγερσις, πνεῦμα καὶ ὁρμή,
ψυχὴ καὶ σύνεσις, τέχνη φωνή τε καὶ ἀλκή.

Am Schlusse des Verses 451 liegt eine von Alexandre richtig erkannte Lücke vor, die in den Handschriften äusserlich ausgefüllt erscheint durch den Anfang von 452, indem in Φ die Worte οὐρεά τ' ἦμαρ, in Ψ aber οὐρεά τ' ἡμέρη εὐφρόνη den Schluss des Verses 452 bilden; in P ist die Lücke durch die Notiz ,λείπει' fälschlich bei Vers 452 vermerkt. Ist nun nicht auch οὔρεα corrupt, so dürfte mit Alexandre οὔρεα μακρά zu ergänzen sein. Unrichtig aber liess er den Vers 452 mit ἠμάρ τ' εὐφρόνη beginnen, wir müssten offenbar noch ein zweites τε verlangen. Da die Leseart von Ψ ἠμέρη εὐφρόνη gar zu kakophonisch ist, ist mindestens in Vers 452 umzusetzen εὐφρόνη, ἠμάρ θ', ὅπως ἔγεροις κτλ. Die unschöne Dreitheilung des Verses ist von dem unpoetischen Verfasser offenbar beabsichtigt, um die drei Paare von Begriffen auch in der metrischen Form hervortreten zu lassen. Im nächsten Verse 453 muss die Verbindung τέχνη φωνή τε καὶ ἀλκή gerechtes Bedenken erregen. Ich kann mir nur vorstellen, dass etwa τέχνη ῥώμη τε καὶ ἀλκή die ursprüngliche Leseart darstellte. Oder sollte dieselbe durch Wortversetzung zu erzielen sein, indem dies zweite Hemistichion dereinst φωνή τέχνη τε καὶ ἀλκή gelautet hätte?

VIII 454 sq. ζῷων τ' ἄγρια φῦλα τὰ νηκτῶν καὶ πετηνῶν πεζῶν τ' ἀμφιβίων τε καὶ ἑρπετέων διφυῶν τε.

Statt φῦλα τὰ νηκτῶν dürfte φῦλ' ἅμα νηκτῶν zu schreiben sein. Offenbar verderbt aber ist die unmögliche Form ἑρπετέων. Vergebens versuchte sie Alexandre zu halten mit der verunglückten Bemerkung: „ἑρπετέων minime barbarum est, sed mere ionicum". Die Familie Ψ bietet zwar ἑρπετῶν, aber diese Form ist wieder ganz unmetrisch. Die Ueberlieferung werden wir so weit als möglich festhalten können, wenn wir den von demselben Stamme abgeleiteten Ausdruck ἑρπηστέων (von ἑρπηστής) in den Text einsetzen, das z. B. Nikandros dreimal in den Theriaka verwendet, 397 ἑρπηστῶν βασιλῆα, 206 λιγμήρεος ἑρπηστάο, 9 ἑρπηστὶς ἐχιάς τε.

VIII 465 sq.   νόος δέ οἱ ἐπτοίητο
παλλομένης κραδίης ὑπ' ἀγνώστοισιν ἀκουαῖς.

Dies die Leseart der Handschriften; νόος hat A bewahrt, während die übrigen Vertreter von Φ νέος, die Classe Ψ aber νεὼς verderbt bieten (letztere gibt auch ἐπτότητε). Wir erwarten im Folgenden einen auf das Pronumen οἱ bezüglichen Ausdruck, nicht aber den unabhängigen Genetivus absolutus παλλομένης κραδίης; ich vermuthe, es sei zu schreiben παλλομένη κραδίη, zumal die Phrase aus Homer X 461 entnommen ist: ὡς φαμένη μεγάροιο διέσσυτο μαινάδι ἴση, | παλλομένη κραδίη. Im zweiten Hemistichion hat Meineke conjicirt ὑπ' ἀνοίστοισιν ἀκουαῖς, was ich um so lieber annehme, als eine eventuelle Wortumsetzung ὑπ' ἀκουαῖς ἀγνώστοισιν den Vers sehr schleppend gestalten würde. Alexandre's Schreibung ὑπὸ ἀγνώστοισιν ἀκουαῖς ist des argen Hiatus wegen zu verwerfen.

VIII 478 σπαργανωθὲν δὲ βρέφος δείχθη θεοπεμίηι φάτνη.

Der Eingang des Verses ist verderbt überliefert; σπαργανωθέν bietet die minderwertige Classe Ψ, σπαργανωθαῖς steht iu Φ. Hieraus meinte Alexandre die seltsame Uniform σπαργωθέν in den Text setzen zu können. Aber auch σπαργωθέν, von einem Präsens σπαργέω, wie Boissonade vorschlug, ist nicht nachzuweisen. Ich vermuthete, es sei zu schreiben σπαργόμενον, von σπάργω, wovon z. B. der Aorist σπάρξαν im Hom. Hymn. auf Apoll. Del. 121 vorliegt. Eine Analogie hätte das Particip Präsentis in syntaktischer Beziehung an dem kurz vorher (Vers 475) vorkommenden τικτόμενον δὲ βρέφος. Mittlerweile schlug Mendelssohn σκαιρωθέν vor, dem ich den Vorzug gebe.

VIII 478 sqq.   σπειρωθέν δὲ βρέφος δείχθη θεοπειθέσι φάτνῃ
καὶ λόγου ἡ Βηθλεὲμ πατρὶς θεόκλητος ἐλέγθη
βουπελάταις τε καὶ αἰγονόμοις καὶ ποιμέσιν ἀρνῶν.

Die überlieferte Reihenfolge dieser Verse kann nicht aufrecht erhalten werden; es hat vielmehr der Vers 480 mit 479 den Platz zu wechseln, da die Dative βουπελάταις αἰγονόμοις und ποιμέσιν ἀρνῶν, zu denen das Particip θεοπειθέσι (478) gehört, von δείχθη abhängig sind. Erst nachdem von dem Stern der Magier erzählt (477) und gesagt ist, dass die frommen Hirten das Kind in den Windeln schauen durften, wird vom Sibyllisten hinzugefügt, Bethlehem sei des Logos Geburtsstätte. Uebrigens ist der Anfang von Vers 479 nicht ganz intact. Dass für Βηθλεέμ der Handschriften Βηθλέμ zu schreiben sei, meinte bereits Alexandre, aber auch der Artikel davor ist auffällig, so dass vielleicht ἥδε λόγου Βηθλέμ herzustellen sein wird. Müssig ist Alexandre's Bemerkung in der Note zur zweiten Ausgabe: „in fine vero an ἐδείχθη pro ἐλέχθη?" Denn δείχθη ist geschützt durch VIII 460 Γαβριὴλ σθεναρὸν δέμας ἁγνὸν ἐδείχθη, wo freilich derselbe Herausgeber den Passivaorist nicht richtig verstand, indem er meinte „sed est ἐδέχθη, legendum neoterica licentia pro ἐδέξατο" und σθεναρὸν δέμας als davon abhängigen Accusativ ansah. Die Umsetzung der beiden Verse 479 sq. bringt Alles ins Reine.

XI 13 sqq.   οἱ δὲ κακὴν γὰρ ἐπ' ἀλλήλους ἔριν ὤρσαν.
δὴ τότε καὶ δεκάτη γενεὴ μερόπων ἀνθρώπων,
ἐξ οὗ ταῦτ' ἐγένοντο.

Die Conjunction γὰρ in Vers 13 halte ich für unstatthaft, da der Streit, welcher sich zwischen den Völkern erhebt, eben eine Folge des göttlichen Zornes (Vers 11) ist, der in Gestalt von Sprachverwirrung über sie kam und den Sturz des Thurmes Babel herbeiführte. Ich vermuthe, es sei γ' ἄρ' zu schreiben. Zu Anfang des nächsten Verses 14 muss καὶ τότε δὴ hergestellt werden nach III 108, woher der ganze Vers stammt. M. Schmidt's Conjectur καὶ τότε δὴ ἑβδομάτη erscheint mir nicht zwingend.

XI 25 sqq.   σῆμα δ' ἔσται ἐκείνῳ μέγα τούτου κρατέοντος
γαίῃ ἐν Αἰγύπτῳ, ἣ τις μέγα κυδαίνουσα
ἐλλομένας ψυχὰς λιμῷ τότε σιτοδοτήσει.

Um die Corruptel des Verses 25, den ich hier in der handschriftlichen Ueberlieferung gebe, richtig zu emendiren, ist es nothwendig, auf die anderen Stellen, wo derselbe Gedanke wiederkehrt, Rücksicht zu nehmen. Die Tradition weist auf zwei in den letzten Büchern der Sibyllinen vorkommende Typen hin, die sich nur durch eine geringe Differenz unterscheiden, welche jedoch nicht ohne Weiteres beseitigt werden darf.

Der eine ist am reinsten bewahrt in der Ueberlieferung des Verses XII 214 σῆμα δέ οἱ ἔσται φοβερὸν τούτου κρατέοντος; dieselbe Fassung kehrt verdorbt wieder XIV 179 σῆμα δέ τοι ἔσται κρατερὸν τούτου κρατέοντος und in schlimmerer Gestalt XIV 98 σῆμα δέ τοι ἔσται μέγα τοῦ κρατέοντος ἄνακτος. Für XII 214 gewinnen wir aus der Uebereinstimmung der beiden anderen Stellen im ersten Hemistichion die Correctur τοι für das unmögliche οἱ; der zweite Halbvers aber ist in XII 214 unversehrt bewahrt; in XIV 179 ist durch das Schlusswort κρατέοντος die Corruptel κρατερόν für φοβερόν veranlasst worden; in XIV 98 ward offenbar die Mitte des Verses irgendwie zerstört und es mag sich nur eine Silbe von τούτου erhalten haben — του; diese ward zu τοῦ und ausserdem setzte man μέγα (aus XIV 158 μέγα σῆμα?) in die Lücke ein; da aber gleichwohl der Vers zu kurz geworden war, fügte man noch das Wort ἄνακτος am Ende hinzu, das aus der Clausula von XIV 94 (πολύμητις ἀνάκτωρ) und zugleich aus dem Inhalte des Verses selbst entnommen werden konnte. Aehnlich ist in den Sibyllinen wiederholt verfahren worden, wo ein Verlust im Innern des Verses eingetroten war. An eine etwaige Schreibung μεγάλου κρατέοντος ἄνακτος darf nicht gedacht werden, da zu σῆμα ein Epitheton nothwendig ist. An allen drei genannten Stellen ist demnach zweifellos zu schreiben: σῆμα δέ τοι ἔσται φοβερὸν τούτου κρατέοντος.

Den zweiten Typus repräsentirt der intact erhaltene Vers XII 72 σημεῖον δ' ἔσται φοβερὸν τούτου κρατέοντος, der also nur in Bezug auf den Anfang von den vorhin angeführten abweicht. Ich halte es nicht für berechtigt, um vollständige Gleichheit in allen Belegen herbeizuführen, durchwegs entweder σῆμα δέ τοι oder σημεῖον δ' in den Text zu setzen, da solche kleine Abweichungen in sonst gleichlautenden Versen in der dichterischen Oekonomie der Sibyllisten begründet sind. Um nun wieder zu unserer Stelle XI 25 zurückzukehren, so entsteht hier die Frage, ob dieser Vers nach dem ersten oder zweiten Typus zu emendiren, d. h. ob der Anfang in der Form σῆμα δέ τοι ἔσται oder σημεῖον δ' ἔσται herzustellen ist. Ich neige mich dem letzteren zu, da δ' ἔσται überliefert ist und σημεῖον leicht in das geläufigere σῆμα, das bei den Sibyllisten so oft begegnet, verderbt werden konnte. Das folgende ἐκείνῳ μέγα stellt eine arge Interpolation dar; μέγα stammt aus dem nächsten Verse und ἐκείνῳ ist ein jämmerliches Füllsel mit Bezug auf ἕκαστος ἀνήρ (Vers 22), wobei τούτου κρατέοντος gar nicht beachtet ward; natürlich muss auch hier φοβερόν eingesetzt werden (Alexandre's Schreibung σῆμα δ' ἔσεται ἐκείνῳ μέγα τούτου κρατέοντος ist höchst unglücklich).

XI 35 sq. ἐνθ' ὁπόταν λείψωσι πέδον πολύκαρπον ὄλεθρον
          λαὸς ὁ δωδεκάφυλος ἀπ' ἀθανάτοιο κελευσθείς.

Dies bieten die Handschriften und Alexandre, der nur ἔνθ' aus ἐν δ' herstellte und ὑπ' (statt ἀπ') unter Hinweis auf III 582 richtig vermuthet hat. Dass πέδον πολύκαρπον ἐλέθρου zu schreiben ist, habe ich früher schon bemerkt zu V 199. Im selben Verse muss wohl auch λείψωσι noch emendirt werden, das in mehr als einer Beziehung Anstoss erregt; ich vermuthe προλίπησι, eine Conjunctivform, die um so leichter in λείψωσι übergehen konnte, als kurz nachher Vers 47 σκῆπτρα προλείψῃ vorkommt.

XI 51 sq. καὶ τότ' ἔσῃ Πέρσῃσι λάτρις Μήδοισι δοθεῖσα
          πληγαῖς ἐλλομένη διά τε κρατερὰς ὑσμίνας.

Ohne Zögern werden wir in Vers 51 statt des handschriftlichen Μήδοισι natürlich Μήδοις τε schreiben; das mangelnde Wörtchen τε gerieth dafür unrechtmässiger Weise in den folgenden Vers 52, der mittelst ganz einfacher Wortumstellung sofort geheilt wird: ἐλλομένη πληγῇσι διὰ κρατερὰς ὑσμίνας. Die Handschriften QV bieten διά τε κρατέρας ὑσμίνας, woraus Mai fälschlich διά τε κρατερὰς ὑσμίνας (sic!), Friedlieb διά τε κρατεράς ὀσμίνης machte. Zum Ueberflusse vergleiche man die Formel διὰ κρατερᾶς ὀσμίνας XI 70, 124.

XI 53 sq.   τοῦτα δὴ Πέρσαισι καὶ Ἀσσυρίοις κακὸν ἔσται
πάσῃ τ' Αἰγύπτῳ Λιβύῃ τ' ἠδ' Αἰθιόπεσσι
πᾶσί τε Παμφύλοισιν ἰδ' ἄλλοις πᾶσι βροτοῖσι.

In Vers 54 ist τ' ἠδ' nach III 208 von Alexandre hergestellt, überliefert ist τῇδ' in *QV*, τηδ' in *H*. Dagegen kann ich mich mit seiner Formulirung des Einganges von Vers 55 nicht einverstanden erklären. Er schrieb im Texte πᾶσί τε Παμφύλοισιν ἰδ' für das handschriftliche καὶ πᾶσι Παμφύλοισιν ἠδ', obwohl er selbst in der Note die Vormuthung aussprach, an, sicut III 209, Καρσί legas pro πᾶσι?" Es ist unbedingt nothwendig, dieses Καρσί, das an der genannten Parallelstelle in derselben Verbindung (Καρσί τε Παμφύλοις τε) vorliegt, in den Text aufzunehmen. Wie πᾶσι eindrang, wird klar, wenn man den Eingang des vorausgehenden Verses liest, der mit πάσῃ anhebt.

XI 61 sq.   καὶ τότε σοι, Μηδία γαίη, κακὰ πολλὰ κατήσει
Ἰνδογενὴς πολύολβος, ἄχρι πάντ' ἀποτίσεις.

Im Verse 61 ist γαίη ganz richtig von Alexandre hergestellt worden für das handschriftliche τεζ, vgl. Περσὶς γαίη XI 106 Σοδομῖτι γαίη VI 21 oder Κελτὶ γαίη VII 103. Aber Μηδία mit langem ι ist prosodisch um so bedenklicher, als wir gleich im Verse 64 Μηδίων ἔθνος lesen. Ich möchte deshalb nach dem Vorbilde jenes Περσὶς γαίη hier das aus Herodotus und Stephanos von Byzanz belegte Adjectiv Μηδὶς einsetzen (eventuell καὶ τότε δή, σοι, Μηδὶ γαίη). Im nächsten Verse vermuthete Volkmann den Ausfall von ἄναξ, Alexandre den von ἀνήρ. Ist thatsächlich ein Wort im Texte verloren gegangen, so war es ἄναξ, vgl. XI 69 Ἰνδὸς ἄναξ. Vielleicht aber ist nur ἐσάχρις ἅπαντ' ἀποτίσεις zu corrigiren.

XI 67   δύστηνε, καὶ ὑπὸ ζυγὸν αὐχένα θήσεις.

Den metrischen Fehler δύστηνε καὶ ὑπὸ wollte Volkmann durch die Schreibung δύστηνε χὑπό beseitigen, wobei aber die contrahirte Silbe als Länge ebenfalls einen metrischen Verstoss darstellen würde. Deshalb schlug Nauck χ' ὑπὸ vor. Da aber die Elision von καὶ in den sibyllinischen Orakeln nirgends sicher nachweisbar ist, so ist entweder δύστην', ὑπὸ δὲ herzustellen oder etwa δύστηνʼ ἰδ' ὑπὸ ζυγόν.

XI 73 sqq.   τότε δὴ βασιλείου ἀρχῆς
πᾶν ἔθνος οἰστρήσει καὶ ἐλευθέριον ἀναλέξαι
λείψας δούλειον αἷμ' ἐπὶ τρεῖς μονάδας ἐνιαυτῶν.

Dies ist die Schreibweise der Handschriften. Für βασιλείου ἀρχῆς hat Alexandre βασιληίου ἀρχῆς geschrieben. Dem sibyllinischen Sprachgebrauche entspricht aber mehr das von demselben Kritiker in der Note zur ersten Ausgabe vorgeschlagene βασιληίδος ἀρχῆς. Ebenso richtig verlangte Alexandre ἐλευθερίην für ἐλευθέριον und δούλιον in Vers 75 für δούλειον. Aber auch λείψας muss noch in λείψῃ verändert werden, da an eine logische Construction mit Bezug auf ἔθνος = λαός um so weniger zu denken ist, als einige Verse weiter (77 sq.) in den Handschriften πᾶν ἔθνος — δουλεύον thatsächlich überliefert ist; hier hat Mai in seinem Abdrucke der vaticanischen Handschriften ohne jede Gewähr fälschlich βουλεύων edirt, und die letzten Herausgeber sind ihm ohne Bedenken darin gefolgt.

XI 95 ἔσσονται δὲ τόσοι βασιλεῖς ὅσα φῦλα τὰ θνητῶν.

Q allein hat ἔσονται, VH ἔσσονται. Die Corruptel τοῖς οἱ der Codices hat Alexandre zu τόσοι verbessert, ebenso wie das handschriftliche φυτά zu φῦλα. Auch τὰ θνητῶν gefällt mir nicht, ich vermuthe als genuine Schreibung ὅσα φῦλ' ἀνθρώπων.

XI 109 sqq. ἀλλ' ἔστιν Ἰταλίη, προφήτης μέγα θαῦμα βροτοῖσι
νηπίαχον μνώρισμα ἀκηρασίη παρὰ πηγῇ
ἀνέρῳ ἐπὶ σκιερῷ ὕηρὸς τέκνα μηλοφάγοιο.

So die Herausgeber, wobei Alexandre die Correcturen προφήτης für προφυή, ἀκηρασίη für ἀκερασίη und παρὰ πηγῇ für παρὰ πληγῇ von Q. respective παρακληγῇ von VH vorgenommen hat. Aber die Handschrift V bietet νηπίαχον mit übergeschriebenem ο, H nur νηπιάχων. Erinnern wir uns, dass in der ähnlichen Stelle XII 11, resp. V 11 zu lesen ist καὶ μετὰ νηπιάχους. ὕηρὸς τέκνα μηλοφάγοιο, so dürfte mit grosser Wahrscheinlichkeit νηπιάχων μνώρισμα (oder μνώρισμα-) zu vermuthen sein.

XI 114 sqq. ἀμφότεροι ἀριθμῶν ἑκατόν, οἷς οὔνομα δείξει
σῆμα μέγ' ἐσσομένων· καὶ ἑπτὰ λόφοισι δὲ τείχη
καρτερὰ δωμήσουσι καὶ ἀμφ' αὐτοῖς βαρὺν Ἄρη
στήσουσιν.

Der einfache locale Dativ ohne Präposition ἑπτὰ λόφοισι muss hier befremden, zumal da das Verbum δωμήσουσι nicht Compositum ist; die Conjunction καὶ ist hier durch das darunterstehende, im nächsten Verse folgende καὶ veranlasst an Stelle der ursprünglichen Präposition ἐφ' getreten, nachdem der Auslaut des vorangehenden Particips ἐσσομένων verderbt worden war. Denn es muss vorher ὧν οὔνομα δείξει σῆμα μέγ' ἐσσομένωσιν heissen (vgl. Hesiod. Erg. 56 οἱ δ' αὐτῷ μέγα πῆμα καὶ ἀνδράσιν ἐσσομένοισιν). Vers 115 hat also zu lauten: σῆμα μέγ' ἐσσομένωσιν· ἐφ' ἑπτὰ λόφοισι δὲ τείχη.

XI 123 sq. ἥξει γὰρ σα ἅλωσις ἀφ' Ἑλλάδος ἱππολόχοιο
καὶ πόλεμος δεινός τε διὰ κρατερὰς ὑσμίνας.

Kein Kritiker hat bisher an der offenkundigen Verderbnis zu Anfang des Verses 124 Anstoss genommen, obzwar das bei der Schreibung πόλεμος δεινός τε ganz überflüssige und unstatthafte τε einen Fingerzeig hätte geben können, dass hier nicht alles in Ordnung ist. Es ist wohl καὶ πόλεμος λοιμός τε zu schreiben nach der bekannten, schon aus Hesiod. Theog. 227 stammenden Verbindung, wie z. B. III 603 Prooem. 58 καὶ πόλεμον καὶ λοιμὸν ἰδ' ἄλγεα δακρυόεντα. Mendelssohn, der diese Stelle seither ebenfalls behandelte, vermuthet καὶ λιμὸς λοιμός τε.

XI 134 πληρωθῇ πολέμοιο μακρόνα ἔργα χρόνοιο.

Der Ausdruck χρόνοιο ist unverständlich; es muss darin, wie Meineke sah, ein zu πολέμοιο gehöriges Adjectiv stecken: also ist vielleicht im Anschlusse an die diplomatische Ueberlieferung ἔργ' ἀγρίοιο zu schreiben; das Epitheton ἄγριος lesen wir bei Homer P 736 ἐπὶ δὲ πτόλεμος τέτατό σφιν | ἄγριος ἠΰτε πῦρ. Die vorgeschlagene Conjectur gilt aber nur unter der Voraussetzung, dass Alexandre πληρωθῇ richtig aus dem handschriftlichen πληρώσει verändert hat. Einen anderen Weg zur Emendation wies ganz neuerdings Mendelssohn, welcher πληρώσει festhielt und am Schlusse statt χρόνοιο Κρονίων herstellte.

XI 140   ἀγήρατον δ' ἔσται κλέος ἐσσομένοισιν.

Obzwar ἐσσομένοισιν die Leseart der Handschriften Ω (hier = QVH) ist, muss doch unbedingt das an der Musterstelle III 418 vorliegende ἐσσομένοισιν in den Text eingesetzt werden; Alexandre hat es in der zweiten Ausgabe nicht gethan, wiewohl er selbst in der ersten daran dachte; Nauck hat mit Recht sich hiefür ausgesprochen. Uebrigens ist zu vergleichen Hom. γ 283 sq. καὶ οἱ Ἀχαιοί | οἴσουσιν κλέος εὐρὺ καὶ ἐσσομένοισιν ἀοιδήν.

XI 146 sq.   ἥξει δ' ἐκ ταύτης μεγάλῳ πυρὶ ὀγκωθείσης
              φεύγων ἐκπατρὶς φοβερὸν διὰ μῶλον Ἄρηος.

Für ἐκ ταύτης hat Alexandre in der ersten Ausgabe ἐκ Τροίης vermuthet. Beachten wir den Anfang von XII 9 ὃς μόλεν ἐκ Τροίης, so müssen wir dieser Conjectur, da ταύτης unverständlich ist, unsere Zustimmung geben; μεγάλῳ πυρί hat aus dem handschriftlichen πυρὶ μεγάλῳ bereits Klausen umgesetzt. Derselbe Gelehrte war es auch, der ἔκπατρις für das corrupte ἔκπαρις der Codices vorschlug. Ich möchte jedoch eher an die Wendung πάτρης oder πατρίδος ἐκφεύγων denken (denn φεύγων ἐκ πάτρης verbietet, wie auch Alexandre sah, das vorausgehende ἥξει δ' ἐκ Τροίης).

XI 153   οὔνομα δὲ σχήσει τὸ τρισύλλαβον.

Der auffallende Artikel τὸ ist gewiss erst nach der Verderbnis der Verbalform eingedrungen. Wie anderwärts (z. B. XI 23, 91, XII 121), so dürfte hier die bei den Sibyllisten so beliebte Optativform als Vertreter des Futurs — σχήσαι — die ursprüngliche Schreibweise gewesen sein.

XI 155   καὶ τότε δ' ἀναστήσεις πόλιν κραταρὴν τε Λατίνων.

So Alexandre, der τότε δ' ἀναστήσεις für das handschriftliche τότε δ' ἀνιστήσεις schrieb. Aber es ist mit Volkmann καὶ τότ' ἀνιστήσεις in den Text aufzunehmen. Den Schluss des Verses hat noch Niemand zu emendiren versucht. Was soll τε? Es ist das berüchtigte Füllsel, das in den Sibyllinen so häufig an corrupten Stellen begegnet. Ich vermuthe κραταρoῖσι Λατίνοις.

XI 156 sq.   πάντ' ἐπὶ καὶ δεκάτῳ ἔτει ἐπὶ ξάνθεσιν ἄκμης
              ὕδασιν ἁλλόμενος σχήσει θανάτοιο τελευτήν.

Richtig hat Alexandre ἁλλόμενος für ἁλλόμενος verbessert, aber seine Formulirung des Verses 156 muss als sehr problematisch bezeichnet werden. Die Handschriften bieten hier πάντ' ἐπὶ δεκάτῳ ἔτει ἐπὶ ξάνθεσιν ἄκμης. Dies ist meiner Ansicht nach zu emendiren in πάντα δὲ καὶ δεκάτῳ ἔτει ἐνὶ ξάνθεσιν ἄκμης, wodurch die Schwierigkeit mit dem doppelten ἐπὶ entfällt.

XI 159 sqq.   ἄρξει γὰρ γενεὴ τούτου μετόπισθεν ἁπάντων
              ἄχρις ἐπ' Εὐφράτου Τίγριος ποταμῶν ἀνὰ μέσσον
              χώρης Ἀσσυρίων.

In Vers 160 kann Εὐφράτου und Τίγριος nicht ohne Verbindung stehen; es ist hier Εὐφρήτου ποταμοῦ Τίγριός τ' oder Εὐφρήτου Τίγριος ποταμοῦ τ' herzustellen.

XI 167 sq.   καὶ τότε σαφῶς γράψει μάλ' ἀθέσφατα ἄλλοτε κάλλῃ
             καὶ τοῖσιν ἐμοῖς λόγοις μέτροις ἐπέεσσι κρατήσει.

Ich habe die Stelle in der verderbten Gestalt angeführt, die in den Handschriften steht. Für καὶ τότε schrieb Alexandre nicht unpassend καί τε. Das Adverb σαφῶς ist nach III 424 in σαφῶς zu ändern. Besonderes Befremden aber erregt ἄλλοτε κάλλῃ. Das Object zu γράψει ist μάλ' ἀθέσφατα, das substantivisch gebraucht ist; nur durch den Umstand, dass dies einem Abschreiber unklar war, ist κάλλῃ, in dem offenbar ἄλλῃ steckt, in den Text hereingekommen; die epische Formel ἄλλοτε ἄλλῃ, die hier trefflich in den Context passt, steht z. B. im Hom. Hymn. auf Herm. 558. Auch mag der Hiatus dazu beigetragen haben, diese Corruptel κάλλῃ an Stelle von ἄλλῃ treten zu lassen.

Im nächsten Verse ist die genuine Schreibweise τοῖσιν ἐμοῖσι λόγοις bereits durch Alexandre zu ihrem Rechte gelangt. Möglicher Weise gehört dieser Dativ nicht zu κρατήσει, sondern zum vorangehenden γράψει, während die unmittelbar folgenden Worte von κρατήσει abhängen würden. Demgemäss wäre vielleicht (denn der Verfasser dieser Stelle spricht weit freundlicher von Homer als der des dritten Buches) dann statt des Dativs μέτροις ἐπέεσσι, die ohne Verbindung neben einander stünden, zu setzen μέτρων ἐπέων τε κρατήσει, also so wie es in der Musterstelle III 424 heissen muss ἐπέων γὰρ ἐμῶν μέτρων τε κρατήσει. Denn wenn daselbst auch die Ueberlieferung einerseits den Dativ (ἐπέεσσι γὰρ Φ, ἔπεσι γὰρ ἐμοῖσι Ψ) ausweist (wonach Castalio ἔπεσιν γὰρ ἐμοῖς in den Text setzte), andererseits aber μέτρων τε, was Alexandre zu μέτροις τε änderte, so scheint mir die ganze Stelle doch den Genetiv zu verlangen, da die Sibylle den Sänger Homeros hier als Fälscher und Usurpator ihrer eigenen Dichtung hinstellt: wir erwarten daher κρατεῖν mit dem Genetiv, zumal es vorher heisst γράψει τὰ κατ' Ἴλιον, οὐ μὲν ἀληθῶς, | ἀλλὰ σαφῶς. Nun folgt die Begründung: kein Wunder, dass er so prächtig singen wird: er wird ja die ἔπεα und μέτρα der Sibylle in Beschlag nehmen.

XI 171   ἐς τέλος οὐλομένου θανάτου βιότοιο τελευτῆς.

Soll man hier βιότοιο τελευτῆς als Apposition zu οὐλομένου θανάτου auffassen? Das wäre doch eine seltsame Fügung. Es ist wohl einfach βιότου τε τελευτὴν herzustellen. Es stehen dann in diesem Verse zwei Ausdrücke parallel, welche beide seit homerischer Zeit der epischen Sprache angehören, vgl. ε 326 τέλος θανάτου und Η 104 βιότοιο τελευτή.

XI 186 sqq.   ἔνθα Μακηδονίων πάλιν ἔσσεται Ἑλλάδι πῆμα
              καὶ Θρῄκην ὀλέσει πᾶσαν καὶ μῶλον Ἄργος
              νήσοις ἠπείροις τε φιλοπτολέμοις τε τυράννοις.
              ἔσσεται ἐνὶ προμάχοισι· τὸ δ' οὔνομα τοῦτο μεθέξει
              δεκάκι πεντήκοντ' ἀριθμὸν στοιχεῖον ὃ δηλοῖ.

An dieser Stelle habe ich seinerzeit nach III 381 (ἀλλά Μακηδονίη βαρὺ πέξεται Ἀσίδι πῆμα) zu schreiben vorgeschlagen Μακηδόνιος πάλι τέξεται; wegen des Accusativs καὶ μῶλον Ἄρηος dachte ich sei der Satz θρήξην ἱλέσει πᾶσιν als Parenthese zu fassen, so dass μῶλον von τέξεται abhinge. Ich sehe mich veranlasst, diese frühere Meinung aufzugeben: die überlieferte Satzfügung macht es nämlich wahrscheinlicher, dass nach Vers 188, worin die Corruptel τυράτροις von mir durch Τριβαλλοῖς ersetzt worden ist, ein Vers ausfiel, der das Verbum enthielt, von dem der Accusativ μῶλον abhängt. Für diese Annahme spricht deutlich der Umstand, dass das folgende ἔσσετ' ἐνὶ προμάχοισι ohne Verbindung angefügt ist, zumal dies Sätzchen kaum darnach aussieht, als sei es etwa aus ἔσται δ' ἐν προμάχοισι verderbt worden.

Auch der Vers 190 muss Bedenken erregen. Dass der Hexameterbeginn, so wie er überliefert ist, δεκάκι πεντήκοντ' ἀριθμῶν, sich nicht halten lässt, ist klar; unmöglich aber darf man sich, wie Alexandre im Texte der zweiten Auflage gethan, darauf beschränken, einfach δεκάκις zu δεκάκι zu verändern mit unmöglicher Prosodie. Es ist vielmehr, wie derselbe Gelehrte früher (in der ersten Ausgabe) vermuthete, durch Wortumstellung πεντήκοντ' ἀριθμῶν δεκάκις zu helfen.

XI 191 sq. ἀρχὴν ὠκύμορός τε γενήσεται· ἀλλὰ μεγίστην
καλλείψει βασιλείαν ἀπειρεσίην τε κατ' αἶαν.

Wieder einmal finden wir in Vers 191 das Wörtchen τε an unrechter Stelle; Friedlieb wollte dafür δέ: man könnte auch ἀρχὴν δ' ὠκύμορος γεγενήσεται (vgl. III 384 δεδομήσεται) schreiben. Im folgenden Verse bietet abermals das handschriftliche τε argen Anstoss, da ἀπειρεσίην nicht zu βασιλείαν gehört. Es ist deshalb ἀπειρεσίην κατὰ γαῖαν herzustellen, vgl. Sib. Orak. I 224 sq. τῇ — ἀπειρέσιος und Hom. Ψ 58 γαῖαν ἀπειρεσίην. Auch Alexandre war einmal dieser Lesart (in den Curae posteriores) in den Sinn gekommen, ohne dass er später in der zweiten Auflage davon auch nur Erwähnung gethan hätte.

XI 194   οἱά περ οὐδείς

Vergleichen wir diesen Hexameterschluss mit XIV 243 βληθεὶς οἷά περ οὔ τις ὑπὸ σφετέρων ἀνθρώπων, so ist, da hier οὔ τις im Inneren des Verses durch das Metrum geschützt ist, der Erwägung Raum zu geben, ob nicht auch in unserem Verse sowie in XIV 249, wo jener Versschluss wiederkehrt, οὔ τις herzustellen wäre.

XI 198   πάντας ὅμως Κρονίδαο νόθον δ' ὡς ἀντακλάσονται

So ist der Vers überliefert; zwei Verderbnisse sind hier zu beseitigen. Zunächst kann das δ' hinter νόθον unmöglich an seiner Stelle stehen bleiben: es ward eingeschoben, um die Längung νόθον ὡς zu erklären. (Den Accent auf ὡς restituirte Alexandre.) Dies ist eine aus Homer geläufige Verbindung, welche auch im nachhomerischen Hexameter mitunter Nachahmung gefunden hat, vgl. meine Schrift „Neue Beiträge zur Technik des nachhom. Hexameters" p. 79 sq. Die zweite Corruptel ist ἀντακλάσονται, welches nicht, wie Alexandre gethan, in das metrisch fehlerhafte ἀναπλάσονται, sondern in ἀντιπλάσονται zu verändern ist.

XI 202 sq.   καὶ πᾶσαν ὑπόσην ἐπιδέρκεται ἠέλιος γῆν
             ἀντολίην κόσμον τε κατακλύσει μόνος αὐτός·

Unmöglich kann die Verbindung ἀντολίην κόσμον τε in diesem Zusammenhange als ursprünglich gelten; es ist κόσμον τε an die Stelle von τε δύσιν τε eingedrungen, vgl. den Versanfang ἀντολίην τε δύσιν τε III 26, VIII 321 und als Versschluss XIV 189.

XI 204 sqq.   αἳ αἳ σοι, Βαβυλών, θριαμβευθεῖσα λατρεύσεις
              δεσπότις αὐδηθεῖσα καὶ Ἀσίδος· ἔρχεται Ἄργος.
              ἔρχεται ἀτρεκέως καὶ σφάξει σου τέκνα πολλά.

Diese in Alexandre's letzter Ausgabe vorliegende Fassung der beiden Verse erfordert eine doppelte Correctur. Den Ausdruck θριαμβευθεῖσα setzte der genannte Kritiker selbst in den Text, die Handschriften bieten θριαμβίεσαι (Π θριαμβίεσι). Es ist hieraus deutlich θριαμβείζει (von θριαμβεία = θρίαμβος) zu entnehmen, ‚du wirst in den Triumphen als geknechtet erscheinen'. Im Folgenden kann nur καὶ Ἀσίδος ἔρχεται geschrieben werden, nicht καὶ Ἀσίδος· ἔρχεται; die Wörtchen καί und καί (mit Elision) sind öfter bei den Sibyllisten verwechselt worden. Ebenso emendirt jetzt auch Mendelssohn.

XI 213   ἀλλὰ σὺ μὲν φύγε τὸν πρότερον βασιλέα, λίπε δ᾽ αὐτόν.

So hat Alexandre den von den Handschriften verderbt überlieferten Vers zu bessern versucht. Diese bieten ihn in folgender Art: ἀλλὰ σὺ μὲν (μέν fehlt in Q) φύγε κέρον τόν (πέρον τον V, πέροντον Π) βασιλῆα, λεῖπε δ᾽ αὐτόν. Mit sorgfältigerer Ausnutzung dieser Tradition ist der Vers meines Erachtens so herzustellen:
              ἀλλὰ σὺ μὲν φεύγων πρότερον βασιλῆα λίπ᾽ αὐτός.

Jenes φύγε scheint aus einem Compendium in Anlehnung an den folgenden Imperativ hervorgegangen zu sein; πρότερον βασιλῆα ist nothwendig wegen XII 145 διὰ γὰρ πρότερον βασιλῆα, wo gleichfalls von einem Artikel, den Alexandre in den Text aufnahm, keine Spur vorliegt.

XI 217 sq.   κακὸν δ᾽ Ἀσίη ζυγὸν ἥξει
          καὶ περὶ πᾶσα χθών πίεται φόνον ὀμβρηέντα.

Auch diese in der letzten Ausgabe Alexandre's vorliegende Formulirung der Stelle gibt zu mehrfachen Bedenken Anlass. Das angeführte Hemistichion des Verses 217 ist zwar so überliefert (VII ἀεί), allein der Ausdruck ζυγὸν ἥξει ist verschroben, weshalb Mai in der ersten Publication dieser Bücher Ἀσίη edirte. Aber auch dies ist nicht die richtige Emendation; vielmehr ist nach der Musterstelle III 391 κακὸν δ᾽ Ἀσίη ζυγὸν ἕξει dies Verbum statt ἥξει in den Text aufzunehmen.

Im nächsten Verse bieten die Codices καὶ πᾶσι πᾶσα, was Meineke zu καὶ πᾶλι πᾶσα, Alexandre in der Note zur ersten Ausgabe zu καὶ περίπασα, im Texte der ersten und zweiten Ausgabe aber zu dem unverständlichen καὶ περὶ πᾶσα machte. Alle diese Versuche sind ganz unzulänglich. Die genuine Schreibweise finden wir vielmehr offenbar in der Vorlage III 392, woraus zu entnehmen, dass der Vers lautete πᾶσα (scil. Ἀσίη), πολὺν δὲ χθών πίεται φόνον ὀμβρηθεῖσα. Der Eingang scheint an unserer Stelle verderbt worden zu sein unter dem Einflusse des nahen Verses 228 ἕξει πᾶσα χθών πίπται κτλ. Nachdem einmal das Beiwort πολύν in der Corruptel untergegangen war, ist ἐμβρηθεῖσα zu einem auf φόνον bezüglichen masculinen Epitheton ὀμβρήεντα umgestaltet worden, dessen Erklärung übrigens die Herausgeber schuldig geblieben sind. Demnach gestalten sich jetzt die beiden Verse so:

κακὸν δ' Ἀσίη ζυγὸν ἕξει
πᾶσα, πολὺν δὲ χθὼν πίεται φόνον ὀμβρηθεῖσα.

XI 219 sq. ἀλλ' ὅταν Αἰγύπτῳ μεγάλην πόλιν ἐλθοδότειραν
στηρίξει Παλλαῖος Ἄρης, αὐτῷ δ' ἐνομήγῃ.

Den in den Handschriften verdorbten Anfang von 219 ἀλλ' ὁπόταν Αἴγυπτος hat Alexandre in der angeführten Weise verändert. Allein ich glaube, es ist zu schreiben ἀλλ' ὅτ' ἐν Αἰγύπτῳ (oder mindestens ἀλλ' ὅτ' ἂν Αἰγύπτῳ). Auch möchte ich neben ἐνομήγῃ noch στηρίξῃ herstellen. Uebrigens ist zu bemerken, dass jenes ἐνομήγῃ einzig die Handschrift Q bietet, wogegen die beiden anderen VH ἐνομήσῃ ausweisen.

XI 221 προδοθεὶς δολίων ὑφ' ἑταίρων.

So die letzten Herausgeber. Aber handschriftlich ist nur δολίως überliefert. Wenn wir bedenken, dass nach diesem Verse etwas ausgefallen ist, so haben wir meines Erachtens kein Recht, δολίων zu schreiben, so sehr sich der Genetiv scheinbar durch ὑφ' ἑταίρων empfiehlt. Vielmehr glaube ich annehmen zu können, dass δολίως hier ebenso zum Particip προδοθείς gehört wie XII 140 in der Verbindung δολίως ληφθεὶς ὑφ' ἑταίρου. Endlich kommt hinzu, dass die Phrase προδοθεὶς ὑφ' ἑταίρων ohne δολίων wiederkehrt XIV 91. Alle diese Umstände sprechen für die Beibehaltung der Adverbialform.

XI 225 sq. δημοβόροι βασιλεῖς καὶ ὑπερφίαλοι καὶ ἄπιστοι
εἰν ὀλίγαις ἔσεσιν· αὐτὰρ μεγάθυμος ἀγήνωρ κτλ.

Den unbefangenen Leser wird zweifellos das vor ὑπερφίαλοι stehende Wörtchen καὶ stören; es verschwindet, wenn man die zweifelsohne ursprüngliche Lesung herstellt: βασιλῆες ὑπερφίαλοι καὶ ἄναγνοι. Auch im zweiten Verse ist eine kleine Verbesserung anzubringen, indem für εἰν (so Alexandre und Volkmann für handschriftliches ἐν) ὀλίγαις ἔσεσιν· αὐτὰρ zu schreiben ist εἰν ὀλίγαις ἐτέεσσιν· ἀτάρ. Wiederholt sind ähnliche Corruptelen in den Sibyllentext eingedrungen, vgl. III 5 ἀγγέλλειν πᾶσιν· αὐτάρ, wo ich mit Meineke ἀγγέλλειν πάντεσσιν· ἀτάρ schreibe, oder III 213 ἀνδράσιν εὐσεβέσιν ἥξει κακόν, wo εὐσεβέεσσι herzustellen sein wird (vgl. II 332), oder II 292 ἐν γένει ὑγρῶν ὑπο ταρταρίοισι βαλοῦνται, was wohl ebenso in ὑγρέεσσι zu verändern ist.

XI 229 λείψει ἀτὰρ βιότου μορφὴν ἰδίην ἀναλώσας.

Diesen in den Codices arg entstellten Vers hat Alexandre insoweit verbessert, als er für μορφήν offenbar richtig μοίρην einsetzte. Diese Accusativform ist bei solchen Spätlingen wie der Verfasser unseres Buches nicht zu beanstanden und also nicht etwa μοῖραν absolut zu fordern, vgl. was hierüber Nauck auseinandersetzte in den Mélanges Gréco-Romains IV 628. Nur ist auch ἰδίην zu schreiben. Das Particip ἀναλώσας muss zu ἀναλύσαις werden, vgl. VIII 414, wo wenigstens das Citat bei Lactantius μοῖραν ἀναλύσαις bietet. Anderwärts ist das Compositum καταλύσαις in dieser Verbindung überliefert, wie an der genannten Stelle VIII 414 in den Sibyllenhandschriften, ebenso II 239 μοίρας καταλύσαις, wo wohl mindestens μοῖραν καταλύσαις, eher aber μοῖραν ἀναλύσαις zu schreiben ist (wie VIII 414); XII 175 ist überliefert μοίρῃ δὴ καταλύσαις, wofür Alexandre in der Note zur ersten Ausgabe μοίρην ἰδίην καταλύσαις verlangte. Auch hier möchte ich ἀναλύσαις vorziehen.

Doch nicht blos am Schlusse, auch im Eingange ist unser Vers XI 229 verderbt. Es fehlt das Object zu λείψει — dies gewinnen wir durch die Conjectur βίοτον; ein unbestimmtes Gefühl liess die Nothwendigkeit dieser Aenderung offenbar auch Alexandre vermuthen, wenn er in den Curae posteriores meinte, man könne auch βίοτον schreiben. Endlich ist ἀτάρ an zweiter Stelle höchst auffallend: ich vermuthe hiefür ἄφαρ. Demnach hat der Vers zu lauten:

λείψει ἄφαρ βίοτον μοίρην ἰδίην ἀναλύσαις.

XI 232 sqq. ἔσται δ' Αἴγυπτος νύμφη, τότε κοιρανέουσα
καὶ πόλις ἡ μεγάλη, τε Μακηδονίοιο ἄνακτος,
πότνι' Ἀλεξάνδρεια, κλυτή, θρέπτειρα πολήων,
κάλλεί τε πευθουσα μόνη, μητρόπολις ἔσται.

In diesen Versen stecken zwei arge Fehler, die bisher merkwürdiger Weise gar nicht bemerkt wurden. Es wird der Preis Alexandreia's gesungen: hiebei kann es keinem Zweifel unterworfen sein, dass schon im Eingangsverse 232 von Alexandreia die Rede ist, zumal sich καί am Anfange von 233 als Corruptel ergeben wird. Die Stadt wird (in alttestamentlicher, bei den Sibyllisten gangbarer Art) als Αἴγυπτος νύμφη, bezeichnet und nur infolge des Eindringens jenes καί und der Verderbnis des Einganges von 233 ward der Genetiv zum Nominativ Αἴγυπτος corrumpirt. Es hiess nämlich ursprünglich nicht καὶ πόλις ἡ μεγάλη, τε, wie die Handschriften wunderlich genug bieten, sondern zweifellos δία πόλις μεγάλη, τε; schon an und für sich lässt dies der Zusammenhang ahnen, zur vollsten Gewissheit aber wird diese Vermuthung durch die Parallelstelle XIII 49, wo wir in den Handschriften lesen δία πόλις μεγάλη Μακηδονίοιο ἄνακτος; hier ist wiederum aus unserem Verse das ausgefallene τε zu ergänzen. Und so gewinnen wir für die Verse 232 sq. folgende Gestalt:

ἔσται δ' Αἴγυπτος νύμφη, τότε κοιρανέουσα
δία πόλις μεγάλη, τε Μακηδονίοιο ἄνακτος.

XI 258 sqq. χρυσοῦ τ' ἀργυρίου τε· δόλος δὴ ἔσσεται αὐτῇ
ἐξ ἰδίων ἀνδρῶν·

Die Lesart der Handschriften δόλος δὴ ist wegen der Erhaltung der Länge in der Senkung unzulässig: nahe liegt es, an δόλος δέ τοι zu denken, vgl. XII 285 κακή δέ σοι ἔσσεται αἶσα. Oder ist unter Berücksichtigung von III 191 καὶ πᾶς δόλος ἔσσεται αὐτοῖς und XII 268 καὶ πᾶς δόλος ἔσσεται αὐτῷ eher χρυσοῦ τ' ἀργυρίου τ'· ἰδὲ πᾶς δόλος ἔσσεται αὐτῇ herzustellen?

XI 266 sqq.   τούτων δ' ὑστάτιος ἄρξει δεκάτου ἀριθμοῖο
              ὑστάτιος Καίσαρος ἐπιχθόνια γυῖα κτείνων
              Ἄρηι δεινῷ βεβλημένος ἀνδρὸς ὑπ' ἐχθροῦ.

Im Verse 267 versuchte Alexandre die hier angeführte Corruptel der Handschriften durch die Conjectur ὑστάτιος Καίσαρ, ὃς ἐπὶ χθονὶ γυῖα κτείνων zu heilen. Durch die Einführung des Relativs ὃς wäre Alexandre verpflichtet gewesen, auch ein Verbum finitum dieses Nebensatzes beizustellen, das nicht entbehrt werden kann. So annehmbar auch der zweite Verstheil ist (Meineke schlug ἐπὶ χθονὶ γυῖ' ἐκτείνων vor), so wenig befriedigt der Anfang. Eine weitere Corruptel entstand durch Verstümmelung des Einganges von Vers 267, wo man aus dem vorangehenden Verse das Wort ὑστάτιος zur Verdeckung der Lücke einschob. Es scheint etwa Καίσαρος ὀνομ' ἔχων oder Aehnliches den Versanfang gebildet zu haben. Aber freilich eine bestimmte Entscheidung lässt sich bei dem traurigen Stande der Ueberlieferung hier kaum oder gar nicht fällen.

XI 270 sq.   ἐπὶ δ' αὐτῷ σῆμα χέουσιν
             ἧς φυλῆς ἕκατι, μνήμης χάριν μετέχοντες.

Schon früher ist von mir und Meineke ἐπί für das überlieferte περί verbessert worden; ἕκατι ist zweifellos aus ἕνεκεν verderbt, schüchtern hat auch Alexandre an ἕνεκα gedacht in der ersten Ausgabe, es aber wieder fallen gelassen. Für χέουσιν ist, da das Futurum nothwendig ist, aller Wahrscheinlichkeit nach die Form χέονται herzustellen; da im selben Verse θάψουσι unmittelbar vorangeht, ist die Endung von χέονται leicht verderbt worden. Endlich muss μνήμῃσι für μνήμης gelesen werden unter gleichzeitiger Veränderung des μετέχοντες zu παρέχοντες, welch letzteres Alexandre in der Note zur ersten Ausgabe vorgeschlagen hat. Friedlieb's κατέχοντες ist unstatthaft.

XI 292 sq.   καὶ τότε δειλαία ἐν ἀνθρώποισιν ἄφαντος
             πᾶσιν· λείψεις γὰρ ἀνειδέα θυμὸν ἔχουσι.

Dies ist die Lesung der Handschriften; Alexandre hat in Vers 292 zu schreiben versucht καὶ τότ' ἔσῃ, δειλαίη, ἐν κτλ. und im folgenden Verse dann πᾶσιν ὁμῶς nach VIII 107, XI 178. Ich ziehe es vor, δειλαία, resp. die epische Form δειλαίη, als prädicatives Adjectiv zu nehmen und mit Ergänzung eines καί, das den Rhythmus bedeutend erträglicher macht, zu lesen: καὶ τότε δειλαίη, καὶ ἐν ἀνθρώποισιν ἄφαντος πᾶσιν ἔσῃ.

XI 296 δαιδάλεος . . . πολὺς δέ σε κλαύσεται λαός.

So edirte Alexandre. Das erste Wort δαιδάλεος bezieht sich auf das vorhergehende τύμβος (Vers 294). Die Lücke ist leicht auszufüllen, wenn man sich der homerischen Fügung π 131 καλὸν δαιδάλεον erinnert (vgl. Il 222). Alexandre hat δαιδάλεος καλὸς vermuthet, was jedoch in jene bei Homer vorliegende rhythmischere und natürlichere Wortfolge καλὸς δαιδάλεος umzusetzen ist. Am Schlusse unseres Verses ist ein arger metrischer Verstoss bisher unberichtigt geblieben. Meineke glaubte den Vers so construiren zu können:

             δαιδάλεος, πολὺς δέ σε κλαύσεται αἴλινα λαός,

aber mit dieser weit hergeholten Conjectur dürfte er wenig Beifall finden. Viel einfacher stellt sich die Sache, wenn man, wie ich vermuthe, schreibt: καλὸς ἐαιθάλιος· πουλὸς δέ οε κλαύσεται ὄχλος oder κλαύσεθ᾽ ὅμιλος. Vielleicht schwebten dem Verfasser Homerstellen vor wie Ω 712 κλαίων δ᾽ ἀμφίσταθ᾽ ὅμιλος und Ψ 651 πουλὺν κατθ᾽ ὅμιλον.

XI 297 καὶ βασιλεὺς ἐπὶ σοὶ δεινὸν στοναχήσεται οἰκτρόν.

Statt dieser handschriftlichen Ueberlieferung hat der letzte Herausgeber geschrieben δεινὸν στοναχήσεται οἴκτων. Mit Rücksicht jedoch auf die wiederholt begegnende Fügung κατοδύρομαι οἰκτρῶς im Versschlusse, wie V 286, VII 114, XI 122, XIII 119 möchte ich hier δεινῶς (scil. βασιλεὺς) στοναχήσεται οἰκτρῶς herstellen.

XI 303 θρέψει μηλοφάγων γενεὴν φοβερὼν ἀνθρώπων.

μηλοφάγων bieten die Handschriften; bedenken wir aber, dass ἀνθρώπων schon ein Epitheton in φοβερὼν besitzt und andererseits γενεήν eines solchen nicht wohl entrathen kann, so werden wir nicht umhin können, μηλοφάγον γενεήν zu schreiben. Dies ist aber das „Geschlecht der Kleinvieh verzehrenden Wölfin", dasselbe, welches in unserem Buche XI 111 als ἱηρὸς τέκνα μηλοφάγοιο bezeichnet wird. Die φοβεροὶ ἄνθρωποι, die Römer, als μηλοφάγοι schlechthin zu bezeichnen, wäre mindestens etwas geschmacklos. Auch Alexandre hat einmal, freilich zweifelnd, an μηλοφάγον gedacht, in der Note zur ersten Ausgabe.

XI 304 αἲ ὁπόσοις θήρεσσι λάτρις καὶ κύρμα γενήσῃ.

Den Dativ ὁπόσοις haben die letzten Herausgeber richtig aus dem überlieferten ὁπόσαι hergestellt (ebenso θήρεσσι für θήρεα). Allein die hauptsächliche Corruptel, die hier vorliegt, hat bisher Niemand auch nur bemerkt. Was soll λάτρις καὶ κύρμα bedeuten? Es muss vielmehr ἕλωρ καὶ κύρμα heissen, vergl. den homerischen Mustervers ε 473

εἴδεα μή θήρεσσιν ἕλωρ καὶ κύρμα γένωμαι.

An Stelle von ἕλωρ ist λάτρις aus dem nahen Verse 298 eingedrungen.

XI 306 ἤ, τὸ πρὶν βασιλεῦσιν ἀγαλλομένη, μεγάλοισιν.

So hat Alexandre in den Text gesetzt: die Handschrift Q bietet ἤ πρίν, VII ἤ πρίν καί; vielleicht ist eher zu schreiben τὸ πρὶν καὶ βασιλεῦσιν κτλ. Damit soll aber die Möglichkeit jener Alexandre'schen Fassung keineswegs bestritten sein.

XII 16 sq. καὶ σε πεθήσεις
Ἄρεος ἀνδροφόνοιο παγήσεται, ἀγλαόκαρπε.

Zu παγήσεται, welches nach den Handschriften unverändert in den Ausgaben stehen blieb, machte Alexandre in der zweiten Auflage die eigenthümliche Bemerkung: „servandum παγήσεται: est enim „pinguescet, satiabitur", quamvis insolito verbi sensu, unde tamen processit vox παχύς". Allein mit παγήσεται ist nichts anzufangen. Mit geringer Aenderung der handschriftlichen Ueberlieferung schlage ich vor zu schreiben: Ἄρεος ἀνδροφόνοιο πλησθήσεται.

XII 21 Μέμφις πρηνιχθεῖσα δι' ἡγεμόνων κακότητος.

Im Versschlusse ist der Accusativ δι' ἡγεμόνων κακότητα herzustellen, vergl. ausser V 17, woher der Vers stammt, noch die Stelle XIII 53; eine andere Verbindung ὑφ' ἡγεμόνων κακότητος liegt vor VIII 162. Die ganze Phrase δι' ἡγεμόνων κακότητα begegnet in der uns erhaltenen Literatur zum ersten Male bei Theognis 855 (Bergk⁴); ein Muster hiefür aber steht schon bei Homer Ν 108 ἡγεμόνος κακότητι.

XII 23 καὶ δεσμούς ὁμόθεν λαοῖς.

Die Ausgaben bieten nach der handschriftlichen Ueberlieferung an dieser Stelle δεσμούς, obgleich Alexandre und Friedlieb selbst Bedenken dagegen hatten. Es ist unbedingt δεσμοῖς zu schreiben, vergl. neben dem Musterverse V 19, der VIII 13 wiederkehrt, auch XIV 56, wo wenigstens καὶ δεσμοὺς ὁμόθεν (ohne λαοῖς) zu lesen ist. Aus sonstigem epischen Sprachgebrauche führe ich Apollon. Rhod. Argon. B 5 an: ξαίνουσιν ἀεικέα θεσμὸν ἔθηκεν.

XII 30 ἀλλ' ὁπόταν ἀστὴρ πανείκελος ἡελίοιο
λαμπρὸς ἀπ' οὐρανόθεν προφανῇ ἐνὶ ἤμασι μέσσοις.

Die prosodische Messung πανείκελος ist um so auffälliger, als die erste Silbe in die Senkung fällt. Allem Anscheine nach stand hier die Form παντείκελος geradeso wie bei Späteren neben παντείσκετος — παντεπίσκοπος, neben πανεπόπτης παντεπόπτης oder παντεργέτης neben πανεργέτης u. dgl. sich vorfindet.

XII 32 sq. καὶ τότε δὴ κρύφιος ἥξει λόγος ὑψίστοιο
σαρκοφάγων θνητοῖσιν ὁμοίων.

Statt des in den Handschriften vorliegenden σαρκοφάγων hat Alexandre σάρκα φέρων edirt, Friedlieb gar σαρκοφέρων, ein kleines Ungethüm von Compositum. Hätten diese beiden Herausgeber genauer zugesehen, so würden sie schon in Mai's Publication der vier letzten Bücher nach den beiden Vaticani, freilich an einer entlegenen Stelle versteckt (Addenda p. 217), die richtige Vermuthung haben entdecken können, nämlich σαρκοφόρος. Dass diese hier zutrifft, kann ich durch eine Parallele beweisen, I 324 sq.:

δὴ τότε καὶ μεγάλοιο θεοῦ παῖς ἀνθρώποισιν
ἥξει σαρκοφόρος θνητοῖς ὁμοιούμενος ἐν τῇ.

Ausserdem wäre zu vergleichen VIII 222 σαρκοφόρων δ' ἀνδρῶν. Mai begnügte sich mit der Verbesserung jenes einen Ausdruckes, aber die Stelle verlangt noch eine weitere Emendation. Schreibt man nämlich σαρκοφόρος, so muss auch θνητοῖσιν ὁμοίως hergestellt werden, ganz übereinstimmend mit dem in der angezogenen Parallelstelle vorliegenden θνητοῖς ὁμοιούμενος.

XII 42 sqq. καὶ πόλει Αἰγύπτῳ κακὸν ἔσσεται Ἀσσυρίοις τε
Κόλχοις Ἡνιόχοις καὶ τοῖς παρὰ χεύμασι Νείλου
Γερμανοῖς ἄγουσιν ὑπὲρ ψαμμαθώδεας ἀκτάς.

So lautet die Ueberlieferung dieser Verse. Die Curruptel Νείλου sowie ψαμμαθώδεας ist durch Ἰνδοῦ (vergl. XII 150 sq.) und ψαμαθώδεας von Alexandre richtig ersetzt.

Für ἄγουσιν schlug er ebenfalls zutreffend ναίουσιν vor. Noch aber bleibt der Anfang des Verses 42 zu verbessern. Alexandre schrieb καὶ πολὺ Αἰγύπτῳ, indem er glaubte, man könne etwa noch ein δ' hinter dies πολύ setzen; Friedlieb aber meinte gar καὶ πόλει Αἰγύπτου conjiciren zu können. Die Stelle ist einfach durch die Lesung καὶ πάλιν Αἰγύπτῳ zu heilen; ich brauche nicht erst auf die bei den Sibyllisten so geläufige Verbindung καὶ πάλιν hinzuweisen. Nicht unbemerkt aber soll es bleiben, dass man derselben Corruptel πόλει aus πάλιν nochmals begegnet, XIV 74.

XII 51 sq. οὐκ ἔσται πλοῦτου πολὺς κόρος ἀλλὰ τ᾿ ἀναλῶς
πλείονα συλήσας θήσει κατὰ γαῖαν ἅπαντα.

Jeder Leser wird an dem Ausdrucke πολὺς κόρος nothwendig Anstoss nehmen. Man könnte sich höchstens πλούτου πολλοῦ κόρος als zulässig denken. Stellt man aber unseren Vers in Vergleich mit VIII 188 οὐδὲ πριν πλούτου κόρος ἔσσεται, ἀλλά τ᾿ ἀναλῶς | πλείονα συλήσουσι, so wird man kaum zögern zu schreiben οὐκ αὐτῷ πλούτου κόρος ἔσσεται. Jenes seltsame πολὺς ist, nachdem das erste Hemistichion die ursprüngliche Fassung verloren hatte, aus dem vorangehenden Versschlusse χρυσὸν δὲ πολὺν συνήρεισε zur Herstellung des Rhythmus hereingezogen worden, oder es entstand durch eine fälschlich emendirte Dittographie des Wortes πλούτου.

XII 60 sq. λιμὸς δὲ καθέξει
Καμπανοὺς Θρᾴκας τε Μακηδόνας Ἰταλιώτας.

Die Schreibung Καμπανοὺς rührt von Alexandre; allein da die Handschriften καππανοὺς bieten, so ist dieselbe um so problematischer, als unmittelbar nach dem fraglichen Namen die Thraker, dann die Makedonen und schliesslich die Italioten überhaupt angeführt erscheinen. Ich vermuthe deshalb, dass in jenem Καππανοὺς ein Compendium für Καππαδόκας steckt: setzen wir dies ein, so ergibt sich eine natürliche geographische Reihenfolge; zugleich schwindet das schwere Bedenken, welches darin läge, dass nach Anführung der Campaner im selben Verse auch noch im Allgemeinen die Bewohner Italiens überhaupt als von der Hungersnoth betroffen erwähnt würden.

XII 78—84. Wer diese Stelle über Nero zum ersten Male liest, so wie sie in den Handschriften überliefert ist, muss sich fragen, ob es denn möglich sei, dass einer der Sibyllisten solch baren Unsinn geschrieben hätte. Im fünften Buche (V 28 sqq.) liegt uns offenbar das Vorbild und Muster für dieselbe vor. Alexandre nun meinte, der Verfasser der letzteren hätte eine schlechte Abschrift jenes fünften Buches vor sich gehabt und habe hiedurch veranlasst so unverständliches Zeug geschrieben. Aber diese Ansicht vermag ich keineswegs zu theilen. Unmöglich wird man zugeben können, dass der Sibyllist, wenn er wirklich auf so arge Corruptelen gestossen wäre, wie sie hier im zwölften Buche vorliegen, als vernünftiger Mensch, der doch anderwärts keinen solchen Widersinn bietet, sich veranlasst gesehen hätte, ganz unverständliche Sätze und Worte seinen eigenen Versen einzuverleiben. Er wäre, meine ich, wie in den Prophetien über andere Kaiser, wenn er absolut Sinnloses vorgefunden hätte, selbständig vorgegangen, ohne sich an eine so heillos verderbte Vorlage im fünften Buche zu halten. Da aber die überlieferte Fassung der in Rede stehenden Stelle, wenn auch arg verstümmelt, ganz deutlich an das im fünften Buche vorliegende Muster sich anschliesst, so spricht gerade dieser Umstand dafür, dass unser Sibyllist jene Schilderung entsprechend charakteristisch fand, so zwar, dass er sich hiedurch bewogen fühlte, sie in sein eigenes Product einzufügen. Wir werden daher berechtigt sein, die Entstellungen in den Handschriften des zwölften Buches, welche eine einfache und natürliche Erklärung ausschliessen, als Corruptelen anzusehen, die durch die schlechte Verfassung des unseren Handschriften zu Grunde liegenden Archetypus zu erklären sind, keineswegs aber auf den Verfasser des zwölften Buches selbst zurückgehen. Uebrigens ergibt sich durch eine Vergleichung beider Stellen, dass auch die Kritik des fünften Buches aus der Ueberlieferung des zwölften Gewinn ziehen kann, so dass hierin ein enger Contact der beiden Partien wahrzunehmen ist.

Die drei Eingangsverse XII 78—80 sind selbständig nach V 28 umgestaltet, in XII 81—86 hält sich der Verfasser eng an V 29—34. Da ist zunächst die arge Corruptel in Vers 81 δεινὸς ὄφις φύσσει. ὁ βραχὺς λόγος zu beseitigen; es muss nach V 30 δεινὸς ὄφις φυσῶν πόλεμον βαρύν hergestellt werden, zumal — und dies ist für unsere Auffassung ein sehr gewichtiger Umstand — durch XII 264 δεινὸς ὄφις πόλεμόν τε βαρύς klar erwiesen wird, dass der Verfasser die im fünften Buche begegnende Version der Stelle gekannt hat. Er las also nicht den Unsinn ὁ βραχὺς λόγος und gewiss auch nicht φύσσει davor! Uebrigens hat Alexandre selbst doch jenes ὁ βραχὺς λόγος beanstandet: „ὁ βραχὺς λόγος nos offendit et placeret θυμοφθόρος ut V 40, XII 155", ein Vorschlag, der sich in diplomatischer Beziehung wahrlich mindestens ebensoweit von der handschriftlichen Ueberlieferung entfernt wie die Corruptel im zwölften von der ursprünglichen richtigen Fassung im fünften Buche. Ebensowenig vermag ich den Satz (Vers 81 sq.) ὃς ποτε (so schrieb Alexandre selbst für das handschriftliche ὁπότε nach V 29) χεῖρας ἡγεμόνος τανύσαι καὶ ὀλεῖ irgendwie zu verstehen, obzwar Alexandre sich bemüht hat, hier einen Sinn zu entdecken „pollice verso interimens homines!" Auch hier ist nach V 29 sq. ὃς ποτε χεῖρας ἧς γενεῆς τανύσας ὀλέσει zu schreiben. Demgemäss wohl auch καὶ πάντα τορήξει (wie V 30) für das überlieferte καὶ πολλὰ ταλάσσαι, da das letztere Verbum nichts weniger denn als passend oder bezeichnend gelten kann. Andererseits wiederum ist mit Hilfe von XII 83 ἀθλίων εἰλεὸν κτείνων der Vers V 31, wo ἀθλίων λαὸν κτείνων in den Codices steht, zu emendiren. In Vers 84 muss die verderbte Futurform τμήξει durch τμήξει nach V 32 ersetzt werden, während der Ausdruck τὸ ἄκμην ὄρος an unserer Stelle richtig bewahrt ist und auch V 32 für das dort vorliegende corrupte τὸ ἄκμην ὕδωρ in den Text aufgenommen werden muss. Nicht minder ist auch der in XII 84 unversehrt erhaltene Versschluss λόφῳ δὲ ταλάξει, welcher V 32 zu dem sinnlosen ἄθρῳ (Ψ ἄρθρῳ) τε ταλάξει geworden ist, an Stelle desselben zu setzen. Im nächsten Verse 85 ist δεσσὸς ὀλοίτης nach V 33 zu emendiren, da jenes trotz scheinbarer Glätte keine plausible Erklärung zulässt. Die Vertheidigung der Stelle durch Alexandre in der Note zur ersten Ausgabe: „sed fortasse pertinet δεσσὸς ad futurum Neronis reditum ideoque duplex eiusdem regnum" ist nichts als eine unerwiesene Vermuthung. Aus V 33 ist zu schreiben ἀλλ᾽ ἔσται καὶ ἄιστος ὁ λοίγος. Wie leicht ὁ λοίγος zu ὀλοίτης werden konnte, ist klar, wenn man erwägt, dass die Gutturalmedia in späterer Zeit in der Aussprache zur Spirans j ward, wie dies aus mancherlei Belegen aus Inschriften und Handschriften bekannt ist, vergl. auch das tarentinische ὠία = ὠγά bei Herodian I 141, 19 L. oder das böotische ἰών = ἐγών, Formen, die nur durch den Uebergang von γ in die Spirans j erklärlich sind. Endlich kann im Verse 86 unmöglich richtig überliefert sein ἐλέγξαι δῆμον ἐόντα. Alexandre übersetzt: ‚falletque volentes‘, d. h. das Volk hätte willig den Glauben gehabt, Nero, der Antichrist, sei ein wahrer Gott. Dem widerspricht der ganze Tenor der Stelle, ausserdem vermisst man in sprachlicher Beziehung eine Conjunction. Beide Schwierigkeiten werden behoben, wenn wiederum nach der Ueberlieferung der Vorlage, welche weit eher die genuine Lesaart darstellt, ἐλέγξαι δ᾽ οὐ μὲν ἐόντα geschrieben wird; er wird aber darthun, dass er es nicht ist (nämlich θεός).

Zu dieser aus V 28—34 entnommenen Partie hat der Verfasser unserer Stelle eine selbständige weitere Weissagung hinzugefügt, die sich hier recht ungeschickt ausnimmt, da sie theilweise dasselbe besagt wie die früheren Auseinandersetzungen, theilweise wieder aus anderen Lappen der Sibyllendichtungen zusammengeleimt ist.

XII 87 sqq. εἰρήνη δ᾽ ἔσται βαθεῖα τούτου κρατέοντος
καὶ τρόμος ἀνθρώπων· ὑπὸ αὐξονίοισι δ᾽ ἄξας
εἶσιν ὕδωρ ἄτατον ἀπ᾽ ὠκεανοῖο ῥοάων.

So ist handschriftlich überliefert. In Vers 87 steht βαθεῖα wie XI 237. An beiden Stellen schrieb Alexandre βαθέη; doch ist vielleicht βαθείη zuzulassen, indem der Diphthong ει mit Uebergang des ι in den Halbvocal j als Kürze gemessen wird; der Umstand, dass die Form zweimal vorliegt, spricht gegen die sonst nicht so unmögliche Vermuthung, dass βαθεῖα etwa an Stelle eines andern Adjectivs, μεγάλη, eingedrungen sei, da wir III 754 die Version vorfinden: ἀλλὰ μὲν εἰρήνη μεγάλη κατὰ γαῖαν ἅπασαν. Eine andere Frage ist es, ob nicht der Eingang von Vers 88 zu ändern ist. Unter Nero wird, heisst es, tiefer Friede herrschen καὶ τρόμος ἀνθρώπων! Diese auffallende Verbindung suchte Alexandre in der Note zur ersten Ausgabe zu erklären, indem er meint, ‚τρόμος ἀνθρώπων videntur esse gentium subditurum obsequia metu expressa‘. Vielleicht jedoch wird diese etwas geschraubte Bemerkung unnöthig, wenn wir καὶ τρόμος ἀνθρώπων herstellen, was eine negative Ausdrucksweise für εἰρήνη βαθεῖα wäre.

Arg verdorben sind die folgenden Worte. Eine Heilung dieser Stelle scheint mir nur unter Bezugnahme auf die parallele V 26 sq. möglich zu sein, wo ich lese:

κεῖνος δὲ καθ᾽ ὕπατον Ὠκεανοῖο
ἥξει ὕδωρ, ἅπαντον ὑπ᾽ Αὐσονίοισι δαΐξας.

Jener (Nero) wird bis zum äussersten Meer, zum Okeanos gelangen, die Flut durch der Ausonier Macht zertheilend. In ganz ähnlicher Weise dürfte unsere Stelle ursprünglich gelautet haben, während sie jetzt gänzlich zerstört ist. Mit Rücksicht auf die angeführte Parallele empfiehlt es sich, wie ich glaube, den Schluss von Vers 88 mit dem von 89 den Platz tauschen zu lassen, indem zu schreiben wäre:

ἀπὸ δ᾽ Ὠκεανοῖο ῥοάων
ἥξει ὕδωρ ἅπαντον ὑπ᾽ Αὐσονίοισι δαΐξας,

so dass sich der Sinn ergibt: Nero wird von des Okeanos Fluthen heimkehren, nachdem er die nur schwer oder gar nicht betretbare See durch der Ausonier Macht zertheilt. So wird wenigstens eine erträgliche Construction gewonnen. Eine definitive Entscheidung zu fällen, erscheint bei der trostlosen Zerstörung dieser Stelle unmöglich.

XII 95 sq. τὸν μέτα τρεῖς ἀρξουσιν ἐπωνυμίησι λαχόντες
ἑβδομήκοντ' ἀρίθμὸν δύο κοίρανοι.

Da ἑβδομήκοντ' sich dem Verse nicht fügen will, haben die Kritiker Verschiedenes versucht, um eine ganz regelrechte Messung zu erzielen. Alexandre wagte das unerhörte ἑβδομάκοντ', während Meineke sich gar zu einer Form ἐπτήκοντ' verstieg. Indess steht die Sache meines Erachtens anders. Zunächst möge hervorgehoben werden, dass ἑβδομήκοντα mit derselben Messung weiter vorliegt in den Sibyllenhandschriften XIII 157 und XIV 28. Dass diese Form festzuhalten und durch keine andere zu ersetzen ist, beweist, wie ich meine, zur Genüge der Umstand, dass sie auch auf metrischen Inschriften in ganz derselben Weise gemessen vorliegt, und zwar bei Kaibel, Epigramm. graeca ex lapid. collectu, zunächst in dem Sepulcralepigramm Nr. 305 aus Smyrna (C. I. G. 3311), welches nicht jünger ist als aus dem zweiten Jahrhunderte nach Christo, Vers 1 sq.:

Ἑρμογένης Χαριδήμου ἰητρείην ἀναγράψας
ἑπτὰ ἐπὶ ἑβδομήκοντ' ἔτεσιν καὶ ἴσαις ἐπὶ βύβλοις,

weiters in einer Grabinschrift aus Syrien, Nr. 459a, 4 (p. 526) in dem Pentameter:

καὶ ζήσαντα καλῶς ἑβδομήκοντα ἔτη.

Fragen wir nun, wie denn eine solche Form nur einigermassen den prosodischen Gesetzen entsprach, so dürfte wohl der Vocal o vor μ bis auf ein minimales Zeittheilchen herabgesunken sein, indem etwa ἑβδμήκοντα ausgesprochen ward, d. i. etwa so, wie dies ursprünglich geschehen sein mag, als er sich als Svarabhaktivocal vor dem Nasal entwickelte.

XII 97 sq. καὶ ἐπ' ἀλλοθὶς ἄλλος ἐλαίττει
Ἄργι κρατερῷ ὑπὸ στρατιῆς παλαμάων.

Dem Verse 98 fehlt in der Ueberlieferung in metrischer Beziehung eine kurze Silbe; dieser Umstand veranlasste Meineke, an die Schreibung χυπὸ statt ὑπὸ zu denken. Diese halte ich für ganz unstatthaft, da es eigenthümlich berühren würde, wenn der Dativ Ἄργι κρατερῷ mit dem Präpositionalausdruck ὑπὸ στρατιῆς παλαμάων coordinirt wäre. Ich möchte deshalb vermuthen, dass der Vers ursprünglich so gelautet hat: Ἄργος κρατερὸς ὑπὸ στιβαρῶν παλαμάων. Wie leicht Ἄργι κρατερῷ im Eingange eindringen konnte, beweist der Umstand, dass anderwärts, wie z. B. in unserem Buche XII 249 und 275, jener Ausdruck den Versanfang bildet. Die Corruptel στρατιῆς aber kommt in demselben wiederholt vor, so z. B. XII 116, worüber unten zu vergleichen ist. Hingegen findet sich das ganze Hemistichion ὑπὸ στρατιῆς παλαμάων, und zwar offenbar als ursprüngliche Lesart XIV 124 vor. Von hier aus ist die Formel auch an den genannten Stellen fälschlich eingedrungen.

XII 101 ἑπτάκι τῷ δεκάδες κόραι δείξουσι πρόδηλον.

So die Handschriften. Alexandre's Schreibung ἑπτάκι τῷ δεκάδες κραίαι δείξουσι πρόδηλον ist mir unverständlich. Unter Beihilfe der parallelen Stelle V 37 (vgl. auch V 35 und XII 99), die selbst nicht ganz richtig überliefert ist, glaube ich beide heilen zu können. An letzterer heisst es: ἑπτάκις ὃς δεκάτην κεραίην δείκνυσι πρόδηλον. Es bedarf nur der Herstellung von ὃς δεκάτην κεραίην zu ἐν δεκάτῃ κεραίᾳ, und wir haben das Muster für XII 101, wo diese Leseart gleichfalls herzustellen ist.

XII 102   Φοινίκην ὀλέσαι καὶ Λυδίαν ἐξολοθρεύσαι.

Dass hier von Λυδία nicht wohl die Rede sein kann, bemerkte schon Alexandre, welcher das metrisch unmögliche Συρίαν dafür einsetzen wollte. Allein es ist weit annehmbarer Φοινίκην ὀλέσαι καὶ Ἀσσυρίην ἐλοθρεύσαι zu lesen.

XII 103   ἥξει καὶ ῥομφαία ἐπ' ἱεροσολυμηΐδα γαῖαν.

Dies bieten die Handschriften VII, Q weicht nur insoferne ab. als darin ἐπὶ ἱεροσολυμηΐδα zu lesen ist. Alexandre setzte ἥξει καὶ ῥομφαία ἐπὶ Σολυμηΐδα γαῖαν in den Text. Allein der Wortanfang in ἱεροσολυμηΐδα darf nicht unbeachtet bleiben. Ich vermuthe, es sei mit Hinweglassung des überflüssigen καὶ herzustellen: ἥξει ῥομφαίη ἱερὴν Σολυμηΐδα γαῖαν.

XII 105 sq.   αἳ αἳ Φοινίκη, ὅσα πλήσεαι ἡ βαρυπενθής
σρημοῦσι τροπαίοισι καὶ πᾶν ἔθνος σε πατήσει.

Dies ist die Lesung Alexandre's. In den Handschriften steht στρατῆσι τροπαίσισι, woraus ohne Weiteres τροπαίοισι gemacht wurde, ohne dass Alexandre (und Friedlieb) den metrischen Fehler bemerkten; es ist natürlich τροπαίοις zu verbessern. Für das auffällige ἡ βαρυπενθής in Vers 105 schlage ich vor ὦ βαρυπενθής.

XII 107 sqq.   αἳ αἳ ἐπ' Ἀσσυρίους ἴξῃ, καὶ νήπια τέκνα
ὄψει δουλεύοντα παρ' ἀνδράσι δυσμενέεσσι
σὺν τ' ἀλόχοις καὶ παντὶ βίῳ, πλοῦτος δ' ἀπολεῖται.

Den Ausruf αἳ αἳ hat Alexandre richtig hergestellt aus dem corrupten αἰν', das in den Handschriften steht. Dagegen ist seine Schreibung ἴξῃ für überliefertes ἥξει nicht zu billigen; viel näher liegt die Correctur zu ἥξεις; ebenso muss das handschriftliche ἐπ' Ἀσσυρίους gegenüber dem bei Alexandre vorliegenden ἐπ' Ἀσσυρίοις in Schutz genommen werden, vgl. übrigens den Wortlaut der Musterstelle III 268 ἀχίη,σῃ δὲ πρὸς Ἀσσυρίους.

Unmöglich kann endlich der Sibyllist gesagt haben νήπια τέκνα ὄψει δουλεύοντα σὺν τ' ἀλόχοις καὶ παντὶ βίῳ. Vergleichen wir hiemit die uns tadellos erhaltene Parallelstelle III 270, so werden wir hiernach unseren Vers zu emendiren haben. Dort heisst es nämlich: ἠδ' ἀλόχοις· καὶ πᾶς βίοτος πλοῦτός τ' ἀπολεῖται. Damit ist Alles ins richtige Geleise gebracht.

XII 115 sq.   εἰς δὲ τὸ τέρμα βίου γεραρὸς βασιλεὺς μεγάθυμος
αὐτὸς ἀριστεύων πέσεται στρατιῇ ὑπ' ἀνάγκης.

Den Ausdruck στρατιῇ ὑπ' ἀνάγκης duldet Alexandre im Texte der zweiten Ausgabe, ohne auch nur eine Bemerkung hiezu zu machen. Auch hier ist wie XII 98 dies στρατιῇς nur an Stelle eines Epithetons von ἀνάγκης eingeschmuggelt worden, wie Alexandre früher (Note zur ersten Ausgabe) selbst vermuthet hatte; er hatte an κρατερῆς oder κρατατῆς gedacht. Das erstere muss in den Text recipirt werden; der Sibyllist konnte das Hemistichion κρατερῆς ὑπ' ἀνάγκης aus Hesiod's Theogonie 517 vollständig herübernehmen; vgl. auch Hom. Z 458 κρατερὴ δ' ἐπικείσετ' ἀνάγκη.

XII 119   πολλὰ δὲ κυδιόωντες ἐν ἀγχιπάλοισι μαχηταῖς.

Was ἀγχίπαλοι μαχηταί sind, hat uns keiner der Herausgeber, welche diese handschriftliche Lesart in den Text aufnahmen, gesagt. Zu verwundern ist, dass bis heute Niemand jene Curruptel in das so naheliegende ἀντιπάλοισι verbesserte.

XII 121   τοὔνομα δὲ σχήσει τριηκοσίων.

Mit Bezug auf XI 91, 153, XII 258 ist vielleicht οὔνομα für das überlieferte τοὔνομα zu schreiben. Unbedingt aber ist σχήσει herzustellen, wie XI 91 die Handschriften bieten; letztere den Sibyllisten eigenthümliche Form muss ebenso XI 153 und XII 258 in den Text gesetzt werden.

XII 130 sq.   καὶ πόλεις αὐτόματοι ὑποχείριοι ἠδ' ὑπόδουλοι
              ἔσσονται.

In den Handschriften steht πόλις und δ' ἠδ', beides ward von Alexandre in der angeführten Weise verändert. Metrisch unzulässig ist καὶ πόλεις αὐτόματοι, denn dass etwa ει bereits als kurzes ι gesprochen und gemessen wäre, ist unmöglich anzunehmen, da diese Erscheinung dann in einer Reihe von Belegen nicht blos in der Sibyllenpoesie, sondern ebenso in den anderen gleichzeitigen Dichtungen epischer Art auftreten müsste. Ich vermuthete deshalb früher καὶ πόλιες (mit Synizese des ι), vgl. Wiener Studien 1882, p. 123. Jetzt möchte ich αὐτόματοι δὲ πόλεις vorziehen.

XII 133 sq.   καὶ τότε Παννονίην καὶ Κελτίδα γαῖαν ἅπασαν
              μετόπισθε λιμὸς καὶ ἐπ' ἀλλήλοισιν ὀλέσσει.

Was soll ἐπ' ἀλλήλοισιν bedeuten? Es ist wohl ἐπ' ἄλλοις ἄλλον zu emendiren; man vergleiche XIV 11 καὶ ἐπ' ἄλλοις ἄλλον ὀλέσσαι, XII 197 καὶ ἐπ' ἄλλοις ἄλλος ὀλεῖται.

XII 135 sq.   ἔσσεται Ἀσσυρίοις, ὥσπερ παρακλύζετ' Ὀρόντης
              κτίσμασι καὶ κόσμοις, καί πού τι μεῖζον ὁρᾶται.

Ich habe die Verse hier so angeführt, wie sie Alexandre in der letzten Ausgabe gibt — ganz unhaltbar! Die handschriftliche Ueberlieferung ist παρ' ἐκβλύζετ' und κόσμος, dann καὶ εἴ πού τι. Das zweite Hemistichion von Vers 135 ward von Meineke besprochen, welcher ὧν περ παρακλύζετ' Ὀρόντης vorschlug; nur muss hier wie XIII 132 ὅσους δὲ Λύκος παρακλύζει (wo dies Verbum den Schluss des Verses bildet) ebenfalls der Accusativ οὕς περ und das Activ παρακλύζει in den Text gesetzt werden. Auch den Schluss des folgenden Verses hat derselbe Gelehrte verbessert durch die Schreibung καί που ἔτι μεῖζον ὁρᾶται, während Alexandre in der Note zur zweiten Ausgabe an das minder empfehlenswerte καί πού τι μέγιστον ὁρᾶται dachte. Einen entschiedenen

Missgriff aber beging der letztgenannte Kritiker, indem er ὥσπερ παρεκλόζει Ὀρόντης κτίσμασι καὶ κόσμοις in den Text setzte mit der Version ‚ceu plenus abundat Orontes aedibus et templis'. Vielmehr ist unter Aufnahme der oben erwähnten Verbesserung κτίσματα καὶ κόσμος zu schreiben, vielleicht auch ἔσται δ' für ἔσσεται, um dem Mangel einer anknüpfenden Conjunction am Eingange des Verses 135 zu begegnen. Darnach ist die ganze Stelle folgender Weise zu formuliren:

        ἔσσεται Ἀσσυρίοις, οὓς περ παρεκλόζει Ὀρόντης.
        κτίσματα καὶ κόσμος καὶ που ἔτι μεῖζον ὁρᾶται.

Wegen des Ausdruckes κτίσματα καὶ κόσμος ist III 57 zu vergleichen ἄρτι δή τα κτίζοθε πόλεις κοσμεῖσθέ τε πάσαι.

XII 138 sqq.   ἀλλὰ μὲν αὐτὸς
        δέξεται ὠσαλέην μεγάλην ἐν στήθει μέσσῳ
        εἰς τὸ τέλος βιότου δολίως ληφθεὶς ὑφ' ἑταίρου
        εἴσω ἐνὶ ζαθέῳ μεγάλῳ βασιληΐδος οἴκῳ
        καππέσεται τρωθείς.

So lesen wir in den Ausgaben. Einige kleine Fehler der Handschriften wie στήθεσι, ὑπ' sind von Alexandre, respective Mai beseitigt worden. In Ω steht εἰς τὸ τέλος βιότου τε; ich vermuthe als genuine Schreibung ἔς τε τέλος βιότου, wodurch die Verbindung mit dem folgenden Satze hergestellt wird. Im nächsten Verse muss, zum Theile mit Benützung von Alexandre's Conjectur, hergestellt werden: οἴκῳ ἐνὶ ζαθέῳ μεγάλης βασιληΐδος αὐλῆς.

XII 147 sqq.   αὐτὰρ ἔπειτ' ἄλλος βασιλεὺς ἔσται αἰχμητής,
        ὅς τε τριηκοσίων ἀριθμῶν λάχεν ἔνθεεν ἀρχήν.
        ἄρξει καὶ Θρᾳκῶν γαίην πολυσταῦλον οὖσαν
        ἐκπέρσει, καὶ τοὺς ἐπ' ἔσχατα βάρβαρα Ῥήνου
        Γερμανοὺς ναίοντας ὑπερβόλους τ' Ἴβηρας.

Hier unterlief wiederum, wie schon früher, eine Verwechslung zwischen αὐτὰρ und αὐτίκα, es ist αὐτὰρ ἔπειτ' zu schreiben. Nach der bekannten Homerstelle Γ 179, welche anderwärts den Sibyllisten vorschwebte, ist weiter ἄλλος βασιλεύς, κρατερὸς αἰχμητής zu verbessern und nach ἀρχήν ein Komma zu setzen, da das genuine Prädicat des Hauptsatzes erst in ἄρξει (Vers 149) folgt.

Auch die Mitte des Verses 150 ist zerstört, ohne dass die Herausgeber bisher sich zu einer Heilung der Corruptel bemüssigt sahen. Der Ausdruck ἐπ' ἔσχατα βάρβαρα ist sprachlich und metrisch bedenklich, nicht minder auffällig der vorangehende Artikel. Speciell βάρβαρα scheint mir überhaupt interpolirt zu sein, wenn man die Parallelstelle XII 43 sq. καὶ τοῖς παρὰ χεύμασι Ῥήνου | Γερμανοῖς ναίουσιν vergleicht. Der Versschluss lautete meines Erachtens auch an unserer Stelle ebenso παρὰ χεύματα Ῥήνου (vgl. das öftere παρὰ χεύματα Νείλου), davor dürfte etwa κρατεροὺς (woraus καὶ τοὺς ward) δ' ἐλάσαι gestanden haben. Wer durch längere Uebung mit den oft unglaublichen Interpolationen der Sibyllinen vertrauter ist, wird unsere Erörterung nicht allzu kühn finden.

XII 152 αὐτὰ Ἰουδαίοις κακὸν ἔσσεται ἄλλο μέγιστον.

So schrieb Alexandre, überliefert ist αὐτίκα καὶ Ἰουδαίοις. Auch hier ist meines Erachtens αὐτὰρ Ἰουδαίοις herzustellen.

XII 153 Φοινίκη δ᾽ ἐπὶ τοῖς πίεται φόνον ἐμβρήεντα.

Die Form ἐμβρήεντα liest man im Codex Q, während V ὀμβρίεντα (also ὀμβρήεντα mit Jotacismus), H aber die Corruptel ἐμβριόεντα bieten. Meineke hat sich für letzteres ausgesprochen gemäss der Analogie von μορόεις und νηπιόεις. Aber was soll ein φόνος ὀμβριόεις, respective ὀμβρήεις? Wie der Ausdruck ursprünglich lautete, sagt uns vielmehr der Mustervers III 392 πολὺν δὲ χθὼν πίεται φόνον ὀμβρηθεῖσα, vgl. auch das zu XI 218 Bemerkte.

XII 156 ἔσσονται δ᾽ ἤπειτα θεοῦ κρατέοντος ἀπειλαί.

Alexandre hat δ᾽ ἤπειτα in den Text gesetzt, die Handschrift Q bietet δ᾽ ἔπειτα, VH δήπειτα; es ist deshalb δὴ ἔπειτα mit Synizese zu lesen.

XII 162 sqq. ἐν κόνις ἀλλοτρίην κρύψει νέκυν, οὔνομα δ᾽ εἴη
ἄνθεος οὔνομ᾽ ἔχουσα. μετ᾽ αὐτὸν δ᾽ ἄλλος ἀνάξει
ἀργυρόκρανος ἀνήρ· τῷ δ᾽ ἔσσεται οὔνομα πόντου.

Der ganzen Partie 160 sqq. liegt die Stelle V 43 sqq. zu Grunde, wo gleichfalls von Traianus und Hadrianus die Rede ist. Mit Recht haben deshalb die bisherigen Herausgeber jenes Muster zur Emendation benützt, da der Text dort offenkundig besser bewahrt ist; so ist von Alexandre und Friedlieb aus V 45 ἐν κόνις für das an unserer Stelle überlieferte εἰκόνες corrigirt worden, ebendaher hat mit Recht Friedlieb ἀλλοτρίη, statt ἀλλότριον geschrieben. Aber auch οὔνομα δ᾽ εἴη, ἄνθεος οὔνομ᾽ ἔχουσα ist nicht zu halten; man könnte nur zu der höchst geschraubten Erklärung greifen: der Name (jener κόνις ἀλλοτρίη) wäre (εἴη unerklärlich) die κόνις, die der Blume Namen trägt! Gerade die Hauptsache, die Nennung jener Blume, würde, von allen sonstigen Bedenken ganz abgesehen, verschwiegen sein. Deshalb muss auch für das verderbte οὔνομα δ᾽ εἴη die Vorlage V 45 in Anspruch genommen werden, wo aus der handschriftlichen Ueberlieferung ἀλλ᾽ ἀνεμήτης, wie die Sippe Φ, und ἀλλ᾽ ἀνεμήεις, wie die übrigen Codices bieten, von Scaliger längst das richtige ἀλλὰ Νεμείης ἄνθεος οὔνομ᾽ ἔχουσα gefunden ist: gemeint ist die Stadt Σελινοῦς, wo Traianus auf der Rückkehr aus Syrien und Armenien starb, mit Anspielung auf den Eppichkranz (σέλινον) bei den nemeischen Spielen. Dass aus ἀλλὰ Νεμείης an unserer Stelle wegen des benachbarten ἄνθεος οὔνομ᾽ ἔχουσα leicht οὔνομα δ᾽ εἴη werden konnte, ist um so begreiflicher, als XII 164 ein ähnlicher Versschluss οὔνομα πόντου vorliegt. In diesem Verse ist übrigens statt τῷ δ᾽ ἔσσεται οὔνομα πόντου nach V 45 τῷ δ᾽ herzustellen; ἀργυρόκρανος hat Alexandre aus demselben Verse für das corrupte ἀργυος κεῖνος von Ω verbessert.

XII 168 χρυσόν τ᾽ ἤλεκτρόν τε καλὸν πολλοῖσι παρέξει.

Bei Mai und Friedlieb steht das τε hinter ἤλεκτρόν gar nicht, während Alexandre es in eckiger Klammer beisetzte, wie wenn es durch Conjectur ergänzt wäre. Indess die

Handschrift Q, welche, obgleich im Allgemeinen aus derselben Quelle wie V und deren Abschrift H fliessend, doch an einigen Stellen eine correctere Ueberlieferung bewahrt hat, bietet dieses τε thatsächlich im Texte, und nur in VH ist es weggeblieben.

XII 179 τοῖς οὐνόματ' ἔσσεται ἐσθλά.

In Ω steht nur τοῖς, doch ist zweifelsohne τοῖς δ' zu schreiben.

XII 183 δὴ τότε Παρθίη πάλιν ἐπελεύσεται Ἄρης.

Zur Behebung des metrischen Fehlers dachte Alexandre an Παρθυαίοισι. Die Handschriften VH bieten παρθία πάλιν, Q παρθενία πάλιν; Meineke sah richtig, dass ein Wörtchen ausgefallen sein dürfte, und conjicirte Παρθίη πάλιν αὖτ' (oder Παρθίη αὖτε πάλιν). Vielleicht ist einfacher Πάρθοισιν πάλιν αὖτ', da auch in Vers 181 zuvor die Völker- und nicht die Ländernamen vorliegen.

XII 190 sq. πολλὰ δ' ἂν ἐκτελέσῃ κρατερὸς μεγάροισι Λατίνοις
μνήμης εἵνεκα πατρός.

Seit Mai (der auch κ' ἂν ohne handschriftliche Gewähr schrieb, worin ihm Friedlieb folgte) steht in den Ausgaben μεγάροισι, welches sich in keiner Handschrift findet und nur auf flüchtiger Lesung beruht; in sämmtlichen Codices der Familie Ω, welche dies Buch enthalten, liest man deutlich μεγάλοισι. Ueber jenes merkwürdige μεγάροισι sind die Herausgeber leicht hinweggeglitten: Alexandre zum Beispiel übersetzt „Latiis in sedibus ardua condet exstincti monumenta patris", was ebenso kühn als unberechtigt ist. Auf Grund der Ueberlieferung wäre, da es doch darauf ankommt, dass schon in diesem Verse die Pracht und Bedeutung der von M. Aurelius errichteten, in den folgenden Versen 191—193 erwähnten Bauten und Denkmale betont werde, herzustellen κρατερῶς μεγάλως τε Λατίνοις, oder wenigstens κρατερῶς μεγάλοισι Λατίνοις.

XII 209 sq. οὗτος ἀνήρ ἕξει περισσοτέρῳ τε λογισμῷ
πάντα.

Die metrische und sprachliche Schwierigkeit, welche in diesem Verse steckt, schwindet, wenn σχήσει περισσοτέροισι λογισμοῖς geschrieben wird; an die Form σχήσεις, welche bei den Sibyllisten auch sonst nachweisbar ist, dachte schon Alexandre; überliefert ist σχήσεις XI 91, durch das Metrum als nothwendig erweist es sich XII 121, 258.

XII 215 ἐν δαπέδῳ Ῥώμης ἔσται μεγάλη ὁμίχλη, τε.

So die Handschriften, was Alexandre zu μεγάλη τις ὁμίχλη (ὁμίχλη hat Mai fälschlich eingeführt) veränderte. Näher liegt die Correctur μεγάλη τότ' ὁμίχλη. Auf anderem Wege suchte unterdess Mendelssohn die Stelle zu heilen.

XII 218 sq. ὁπότ' ἂν αὐτὸς ἄναξ ἐρωτομανής ὁ μιμηνώς
ἥξει ἐπαισχύνων κτλ.

Der Vers 218, dem metrisch eine Silbe fehlt, ist nicht leicht zu emendiren; es kann vor ἐρωτομανής etwa das Wörtchen μάλ' ausgefallen sein, aber vielleicht liesse sich auch an ὁπότε ἀνάκτωρ αὐτός ἐρωτομανής denken. Bedenklich erscheint ferner der Begriff ὁ μεμηνώς neben ἐρωτομανής, zumal mit dem Artikel verbunden! Lautete die genuine Leseart nicht ἀμενηνός in dem bei Späteren gebräuchlichen Sinne ‚Schwächling'?

XII 221 sqq. δὴ τότε χηρωσύνη κρυφθεὶς μέγας οὔλιμος ἀνήρ
μῆνιν ὑπισχόμενος κατὰ χώσεται ἐν βαλανείῳ
ἀνὴρ ἀνδροφόνος δολίαις μοίραισι πεδηθείς.

Der handschriftlichen Ueberlieferung im Verse 222 meinte Alexandre, welcher im Verse zuvor οὔλιμος für das in den Codices stehende οὔλαμος in den Text setzte (oder ist οὔλιος vorzuziehen?), durch die Schreibung καταχώσεται aufzuhelfen. Ich vermuthe κατὰ πείσεται. Zu Anfang des folgenden Verses ist ἀνὴρ ἀνδροφόνος offenbar verderbt; ἀνήρ ist um so weniger erträglich, als ja im Verse 221 οὔλιμος ἀνήρ vorausgeht. Es ist einfach Ἄρης ἀνδροφόνος herzustellen, vgl. Orac. Sib. XII 17 Ἄρεος ἀνδροφόνου Hom. Δ 441 Ἄρεος ἀνδροφόνοιο. Die Form μοίραισι ist durch μοίρῃσι zu ersetzen.

XII 267 sq. συλήσας χθόνα πᾶσαν ἀπολλυμένων ἀνθρώπων
θήσει ἐπ' ἀντολίην· καὶ πᾶς δόλος ἔσσεται αὐτοῖς.

Zu θήσει vermissen wir ein Object, das nicht etwa aus dem Ausdrucke συλήσας χθόνα πᾶσαν oder den vorausgehenden Worten zu entnehmen ist (wie Alexandre meinte, wenn er übersetzt ‚raptamque ab occasu terrae vastator eoas transferet ad gentes'). Der Fehler stockt meiner Ansicht nach im Verbum selbst, das in βήσει' zu verändern ist. Am Schlusse des Verses muss für αὐτοῖς geschrieben werden αὐτῷ.

XII 275 τμηθεὶς αἴθονι σιδήρῳ.

So steht in Ω; αἴθωνι hat Mai corrigirt zu αἴθωνι; aber auch τμηθείς ist selbstverständlich in δμηθείς zu verbessern. Vollständig parallel ist die Corruptel von XIV 162, wo in den Handschriften ταμεῖς αἴθωνι (αἴθωνι) σιδήρῳ sich vorfindet, das von Nauck in δαμεῖς emendirt ward; vgl. auch das von Ω gebotene ὑψίςμητον XIV 217, statt ὑψίδμητον, das Meineke herstellte.

XII 289 sq. ὧραι γὰρ πάντα . . . τάρτῃ δ' ἄλλο καθέξει,
αἰθομένου . . . . . τὸ δ' οὐχ ἅμα πάντες ἴσασιν.

Die Stelle ist verstümmelt überliefert. In Vers 289 hat Alexandre in beiden Ausgaben πάντα im Texte belassen, ebenso wie das verderbte . . . τάρτῃ. Und doch hat er selbst in der Note zur ersten Auflage παντοῖαι· ἑκάστη vorgeschlagen, eine Vermuthung, die unseren Vers trefflich emendirt; ich sehe nämlich darin eine Nachahmung einer hesiodischen Stelle, Erga 824 sq.:

ἄλλος δ' ἀλλοίην αἰνεῖ, παῦροι δὲ ἴσασιν·
ἄλλοτε μητρυιή, πέλει ἡμέρη, ἄλλοτε μήτηρ.

Auch in den nächsten zwei Versen 291 sq. scheinen dem Verfasser die Verse 826 sq. des Epilogs der Erga vorgeschwebt zu haben:

τάων δ' εὐδαίμων τε καὶ ὄλβιος, ὃς τάδε πάντα
εἰδὼς ἐργάζηται ἀναίτιος ἀθανάτοισιν.

XII 294 sq.   σὺ γάρ εἰς ἐμὸν ἦτορ ἔθηκας
                     αὐδὴν ἀμβροσίην — παῦσον λόγον.

In Vers 295 ist παῦσον λόγον zuerst von Mai in den Text gesetzt worden, während in den Handschriften λόγα steht. Dies ist in den Accusativ λόγον zu verbessern, vgl. z. B. XI 322 νῦν παῦσον ἐμὴν πολυήρατον αὐδήν, besonders aber in der ähnlichen Stelle XIII 172 παῦσον αὐδὴν ἡμετέρων ἐπέων.

XII 298 sq.   κέκμηκα γὰρ ἔνδοθεν ἦτορ
                     θεσπεσίων ἐπέων προλέγων βασιλήϊδος ἀρχῆς.

Die hier angeführte handschriftliche Fassung suchte Alexandre zu heilen, indem er προλέγων βασιλήϊδας ἀρχάς schrieb. Aber es muss der sonst regelmässig wiederkehrende Singular beibehalten werden, nur ist βασιλήϊον ἀρχήν herzustellen. Aber noch ein zweiter Fehler erheischt eine Verbesserung. Alexandre's Annahme, der Genetiv θεσπεσίων ἐπέων hänge mit dem vorausgehenden κέκμηκα γὰρ ἔνδοθεν ἦτορ zusammen, ist unmöglich (Note in der zweiten Ausgabe: „utique manebit anacoluthum sive syntaxeos mendum, haud raro, fatemur enim, apud Sibyllistas vitio, nisi θεσπεσίων ἐπέων cum praecedenti κέκμηκα construatur"). Die Construction von κέκμηκα ist hier vielmehr die ganz regelmässige κέκμηκα ἦτορ . . προλέγων; der Genetiv θεσπεσίων ἐπέων aber ist eine Corruptel, durch deren Emendation die ganze Stelle erst die richtige Fassung erhält. Diese muss lauten:
                     κέκμηκα γὰρ ἔνδοθεν ἦτορ
                     θεσπεσίοις ἔπεσιν προλέγων βασιλήϊον ἀρχήν.

XIII 1 sqq.   θεὸν ἀείδειν με λόγον κέλεται μέγαν . . . .
              ἅγιος ἀθάνατος θεὸς ἄφθιτος, ὃς βασιλεύει
              δῶκε κράτος καὶ ἀφείλατο, δὴ χρόνον ὥρισεν αὐτοῖς
              ἀμφοτέρων, ζωῆς τε καὶ εὐλομένου θανάτοιο.

Das ist die handschriftliche Ueberlieferung dieser Eingangstelle in den Codices VII, in Q fehlen leider die ersten sechs Verse ganz, wie der Schluss von XII vom Verse 259 ab. Die Kritiker haben wenigstens theilweise die Verderbnisse zu beseitigen versucht. Das corrupte θεόν, womit das Buch beginnt, sah Alexandre als Glosse für λόγον an und liess es demgemäss ganz weg, während Meineke an θήιον dachte; am Schlusse desselben Verses wollte Alexandre ἀνθρώποισιν nach III 7 ergänzen, wogegen Meineke den Vers so formulirte: θήιον ἀείδειν με λόγον κέλεται μέγας αἰεὶ κτλ.; Friedlieb endlich fügte wenigstens hinter μέγαν ein αὔτις hinzu. Ich selbst bin nun überzeugt, dass in jenem θεόν keine Glosse, sondern ein falsch aufgelöstes Compendium steckt, nämlich θεσπέσιον, das als Adjectiv zu λόγον gehört, vgl. θεσπεσίαις ἔπεσιν XII 299. Das göttliche Wort ist es, das die Sibylle kündet; μέγαν kann dann entweder zweites Epitheton zu λόγον sein, oder es ist μέγας mit Bezug auf θεός in Vers 2 zu schreiben. Der Infinitiv ἀείδειν aber ist unter Annahme des von Friedlieb hinter μέγαν ergänzten αὔτις, resp. αὔτις von seiner Stelle an das Versende zu versetzen (vgl. z. B. Hom. α 350 Δαναῶν κακὸν οἶτον ἀείδειν), so dass der Vers sich nunmehr annehmbar darstellt in der Fassung: θεσπέσιόν με λόγον κέλεται μέγαν αὖτις ἀείδειν.

Im zweiten Verse erscheint ἅγιος ἀθάνατος bedenklich wegen der Länge des α in ἅγιος; es ist deshalb mit Meineke wiederum eine Umstellung ἀθάνατος ἅγιος vorzunehmen (vgl. zu II 348).

Unmöglich kann ferner ἀφεῖλατο, δή im Texte geduldet werden; es ist seltsam, dass Alexandre, der in der Note zur ersten Ausgabe selbst den Vorschlag ἀφεῖλατ' ἰδέ hinwarf, späterhin hievon nicht die geringste Notiz nahm: meines Erachtens ist dies zu recipiren, wogegen Meineke's der diplomatischen Ueberlieferung scheinbar näher stehender Vorschlag ἀφείλαθ' ὃ δή an der unstatthaften Wiederholung ὃς βασιλεύσιν ἔωκε κράτος καὶ ἀφείλαθ', ὃ δή κτλ. scheitert. Dagegen wird desselben Gelehrten Conjectur ἀμφότερον statt ἀμφοτέρων in Vers 5 zu billigen sein.

XIII 13 sq. καὶ τότε δὴ Περσῶν ἐπανάστασις ἀλγηστήρων
             Ἰνδῶν Ἀρμενίων Ἀράβων θ' ἅμα.

Mit Rücksicht auf XIII 33 Ἰνδοί τ' Ἀρμένιοι τ' Ἄραβες Πέρσαι Βαβυλῶνες dürfte auch hier Ἰνδῶν τ' Ἀρμενίων τ' Ἀράβων θ' ἅμα zu schreiben sein.

XIII 21 sqq. αὐτίκα δ' αὖτ' ἄρξει φιλοπόρφυρος αἰχμητής τε
              ἐκ Συρίης προφανείς Ἄρεος φόβος ἔν τε καὶ υἱῷ
              Καίσαρι καὶ πάσῃ πᾶσιν χθόνα.

Für das verdorbte ἔν τε καὶ υἱῷ muss eine Heilung gefunden werden: ich vermuthe, dass zu schreiben sei: Ἄρης φοβερός τε καὶ υἱὸς | Καῖσαρ oder Ἄρεος φόβος ἠδὲ καὶ υἱὸς | Καῖσαρ. Ja, auch an φοβερωτὸς Ἄρης (vgl. XIII 78) τε καὶ υἱὸς | Καῖσαρ liesse sich denken. Dass auch πάσῃ unmöglich ist, sah schon Alexandre in der Note zur ersten Ausgabe; nahe liegt seine Vermuthung, πέσει zu schreiben. Thatsächlich ist πείσει und πέσει anderwärts (wie VI 11) in den Handschriften verwechselt worden.

XIII 39 sqq. ὡς γὰρ ἐφ' ὑψηλῆς πολυδειράδος ἠνεμοέσσης
              ἠλιβάτου πέτρης ἰχθὺς οὐ νήχετ' ἐπ' ἄκρης
              οὐδὲ χέλυς πέταται, αἰετὸς δ' οὐ νήχετ' ἐς ὕδωρ

In diesem Gleichnis muss auf jeden Leser die Verwendung desselben Ausdruckes νήχεται bei den Subjecten ἰχθύς und αἰετός einen recht befremdenden Eindruck machen, zumal bei αἰετός gar die eigenthümliche Fügung οὐ νήχει ἐς ὕδωρ steht. Es liegt sehr nahe zu vermuthen, dass dies Verbum in der Vorlage, auf welche die Handschriften zurückgehen, nur durch das im vorangehenden Verse unmittelbar darüber stehende νήχετ' veranlasst ist. Nehmen wir zugleich, was doch sehr wahrscheinlich ist, an, dass das Wort ähnlich gelautet hat, so werden wir an die Schreibung αἰετὸς δ' οὐκ ἔρχετ' ἐς ὕδωρ zu denken haben.

XIII 55 sq. αὐτούς τ' ἐξολέσει ποταμοῦ χείμαρρος, ὃς ἐλθὼν
             Καίσαρος ἐς πτολίεθρα Σεληναίους ἀδικήσει.

Die Stelle ist nach Alexandre's zweiter Ausgabe angeführt. Die Handschriften enthalten mehrere Divergenzen, die zum Theil bisher richtig emendirt wurden. Dahin gehört die Herstellung des Ausdruckes ἐς πτολίεθρα für handschriftliches ἐμπτολίεθρα durch Alexandre; ferner liest man in den Codices ποταμοῖο χείμαρρος ὅς (nur hat *H* χείμαρος, *Q* ὡς für ὅς), was bei Alexandre in ποταμοῦ χείμαρρος, ὅς geändert ward. Ich meine, es sei nach dem Muster von Hom. *N* 138 ὄν τε κατά στεφάνης ποταμός χειμάρροος ὤσῃ zu schreiben ποταμός χείμαρρος, ὅς.

Ganz anders wird sich nunmehr der zweite Vers gestalten. Hier bieten die Handschriften *VH* Σαταναίους, und diese Lesart allein steht in Mai's erster Publication dieser Bücher auf Grund der vaticanischen Handschriften. Aber der an verschiedenen Stellen genauere Codex *Q* gibt hier die bisher ganz unbekannt gebliebene Lesart Χαναναίους, die Mai offenbar gar nicht gesehen hat, wie er denn zumeist den leichter losbaren und vollständigeren Codex V seiner Ausgabe zu Grunde legte. Dieses Χαναναίους, welches vortrefflich in den Text passt, ist die genuine Schreibung; aus ihr erklärt sich auch leicht die Corruptel Σαταναίους, worin nur zwei Buchstaben verändert erscheinen. Die Conjectur Alexandre's, der mit dem verzweifelten Σαταναίους nichts Besseres anzufangen wusste, als es in Σελγηναίους zu verwandeln (de Seleucensibus ad Tigrim tanquam a Σελήνῃ, dea Luna. cognominatis, falso licet etymo'), erweist sich nunmehr als ganz hinfällig.

XIII 75 sq.   πουλύς δ' ἄρα λαός ὄλειται
            ἀστῶν ὀλλυμένων ὑπ' ἀντιπάλων τε πολήων.

Statt des Ausdruckes πολήων erwartet jeder Leser einen anderen, die Bürger selbst bezeichnenden. Und bedürfte es noch eines Beweises, dass der Versschluss verderbt ist, so wäre das hier ganz unstatthafte τε ein Fingerzeig dafür. Es ist zu schreiben ὑπ' ἀντιπάλων πολιητῶν; leider enthält auch die Mitte des Verses einen Fehler, den Alexandre damit zu beseitigen suchte, dass er das handschriftliche ὑπ' in ὑπό umändorte, wodurch ein arger Hiatus in der Mitte des Hexameters entstand. Da die übrigen Worte, welche diesen Vers ausmachen, in festem Gefüge sitzen, ist offenbar vor ὑπ' ein einsilbiges kurzes Wörtchen ausgefallen, vielleicht περ (vgl. XIV 359) oder τόθ' (τότε).

XIII 77 sq.   ἀμφί δέ τούτοις
            ἀλξας φοβερωπός Ἄρης στήσει πολέμοιο.

So die Handschriften. Die Verderbnis, welche am Schlusse von Vers 78 vorliegt, kann nicht durch die Bemerkung abgefertigt werden ,supple αὐτούς', wie Alexandre in der ersten Ausgabe that. Vielmehr ist meines Eruchtens στήσει aus λήξει verderbt. Der wilde Kriegsgott wird das Mordgemetzel, nachdem viel Volk gefallen, zum Abschluss bringen; vgl. auch die homerische Formel λῆξαν δέ φόνοιο Z 107.

XIII 81 sq.   τόν μέτα δ' αὖτ' ἄρξει κρατεράς Ῥώμης ἐριτήλου
            ἄλλος ἀνήρ μεγάθυμος ἐπιστάμενος πολεμίζειν.

Da Ῥώμης ἐριτήλου kaum noch eines zweiten Epithetons bedarf, so schlage ich vor, statt κρατεράς das naheliegende κρατερῶς mit Bezug auf ἄρξει in den Text zu setzen.

XIII 87 sq.   αὐτίκα δ' αὖ πόλεμοί τε ληλασίαι τε φόνοι τε
            ἔσσονται ἐξαπίνης τε διά πρότερον βασιλῆα.

πόλεμοί τε in Vers 88 rührt von Alexandre her, der das verderbte πίπτον τε so verbesserte. Eventuell liesse sich auch an αὐτίκα δ' αὖτε μάχαι τε κτλ. denken nach II 117.

Dringend verlangt der zweite Vers nach einer bessernden Hand. Jedem wird sofort einleuchten, dass die Partikel γε ein klägliches Einschiebsel ist. An ἔσσοντ' ἐξαπίνης aber darf nicht gerührt werden, wir lesen es abermals kurz nachher, XIII 108; ausserdem aber ist zu vergleichen I 164 ἔσται δ' ἐξαπίνης und I 344, wo das handschriftliche ἔσσεται ἐξαίφνης von mir in ἔσσεται ἐξαπίνης corrigirt worden ist. Darnach erweist sich Meineke's Vorschlag, ἔσσοντ' ἐξαπιναῖα zu schreiben, als unzulässig. Es muss also der Fehler im zweiten Homistichion zu suchen sein. Vergleichen wir nun unsere Stelle mit XIII 80, wo zwar διὰ πρεσβύτερον βασιλείαν überliefert, aber nach unserem Verse βασιλῆα herzustellen ist, so finden wir auch die Corruptel: statt πρεσβύτερον ist durch Missverständnis der vorgefundenen Leseart πρότερον geschrieben worden, was um so leichter möglich war, als thatsächlich auch die Verbindung διὰ γὰρ πρότερον βασιλῆα XII 145 und πρότερον βασιλῆα XI 213 vorliegt. Nachdem einmal der Vers metrisch fehlerhaft geworden war, schob man jenes anstössige γε ein.

XIII 93 δὴ τότε σου, Τύανα καὶ Μάζακα, ἔσσεθ' ἅλωσις.

Bisher liess man diese handschriftliche Ueberlieferung stehen, ohne sich an dem groben metrischen Fehler, welcher in der Kurzmessung des καί liegt, zu stossen. Dass nicht etwa, wie auf inschriftlichen Epigrammen später Zeit, bereits die Lesung κα, welche diesen Gebrauch erklärlich machen würde, vorliegt, beweist die sonstige Behandlung der formalen Seite seitens dieses Sibyllisten. Es bleibt also nichts übrig, als σοι, Τύαν' ἰδὲ Μάζακα zu schreiben. Für σου setzte Alexandre richtig σοι ein.

XIII 94 λατρεύσεις, τούτῳ δὲ πολύζυγον αὐχένα θήσει.

Diese in den Handschriften gebotene Leseart suchte Alexandre durch die Schreibung λατρεύσεις, τούτῳ δὲ πολύζυγον αὐχένα θήσῃ zu berichtigen, wobei er aber selbst gesteht, über πολύζυγον nicht im Klaren zu sein. Meiner Ueberzeugung nach liegen hier zwei Fehler vor: zunächst ist τούτῳ unstatthaft, da die Beziehung auf den in Vers 89 genannten δολομήτης ἀνήρ durch den Vers 93 δὴ τότε σοι, Τύαν' ἰδὲ Μάζακα, ἔσσεθ' ἅλωσις stark unterbrochen ist; der zweite Fehler steckt in πολύζυγον: beiden wird abgeholfen, wenn geschrieben wird λατρεύσεις, δεινὸν δὲ πάλιν ζυγὸν αὐχένι θήσῃ. Dass diese Formulirung begründet ist, beweisen Parallelstellen wie III 448 δεινὸν ζυγὸν αὐχένι θήσῃ, XI 67 ὑπὸ δὲ ζυγὸν αὐχένα θήσει, XI 76 καὶ ὑπὸ ζυγὸν αὐχένα θήσει, XIV 308 δούλειον ὑπὸ ζυγὸν αὐχένα θήσει. Die Verwechslung von πάλι und πολύ steht nicht vereinzelt da, vgl. hierüber III 520, wo in dem überlieferten Verse Ἕλλησιν δ' ἱκέταν πολυβάρβαρον ἔθνος ἐπέλθῃ, von Nauck nach dem Parallelverse XIV 313 ἱκέταν πάλιν βάρβαρος (so Ω, πάλι βάρβαρον ἔθνος Nauck) ἐπέλθῃ jenes πολυβάρβαρον richtig in πάλι βάρβαρον emendirt ward.

XIII 95 sqq. καὶ Συρίη, κλαύσειεν ἀπολλυμένων ἀνθρώπων
οὐδὲ Σελγναίη τότε ῥύσεται ἱερὸν ἄστυ,
ἡνίκα ἂν ἐκ Συρίης φθάμενος περιφυζακτοπέληη
Ῥωμαῖος προφυγὼν διὰ δ' Εὐφρήταο ῥεάων
οὐκέτι Ῥωμαίοις ἐναλίγκιος, ἀλλ' ἀγέρωχος
ἰοβόλοις Πέρσαις. τότε κοίρανος Ἰταλίη χθών
καππέσεται κατάξει αἵματι πολλῷ τυφλαῖς
οὐ κόσμον ἐάσει.

Ich habe die schwer verderbte Stelle in der handschriftlichen Fassung angeführt, wobei noch zu bemerken ist, dass jenes περιφυξανασέλγην (Vers 97) im Codex Q steht, während V H περιφυξανασέλγειν bieten. Einzelne der Corruptelen sind durch die Bemühungen der Kritiker bereits behoben worden. In Vers 97 hat Alexandre das einfach zu verbessernde ἀγεράχοις aus ἀγέρωχος hergestellt, weiters κείρανος Ἰταλίη χθῶν zu κείρανος Ἰταλιητῶν emendirt. Fälschlich ist von Mai Εὐφράτης eingeführt und von Alexandre beibehalten worden, während die Handschriften die oben erwähnte Form enthalten, welche ich wiederherstelle. Weiters hat Mai τυρθεὶς αἴθωπι πλήρφ nach XIII 20 umgesetzt (zugleich αἴθωπι aus αἴθωπι corrigirt). Hiezu kam noch die zutreffende Conjectur von Nauck, welcher gegenüber dem von Alexandre in den Text aufgenommenen καππέσεται πιταγείς, indem er sich sowohl an das Muster von XIII 20 wie auch an die überlieferte Schreibung πιτάξει genauer anschloss, καππέσετ' ἐν τάξει herstellte. Immer bleibt hier aber noch genug zu thun. Zunächst muss wohl eine stärkere Interpunction den Vers 97 vom folgenden scheiden; das ἡνίκα ἂν der Handschriften (Vers 97) ist zu ἡνίκα δ' (nicht zu ἡνίκ' ἂν, wie Alexandre wollte) zu verändern; weiters gilt es für das überlieferte περιφυξανασέλγην (resp. —ειν), da Alexandre's Emendationsversuch (περιούσαν ἀνάγκην) ganz unverständlich ist, die Heilung zu finden. Da hier allem Anscheine nach von dem schmählichen, mit allen Lastern befleckten Flüchtling Kyriades die Rede ist, der später mit den Persern gegen sein Vaterland zieht (Vers 122 sqq.), so möchte ich unbedingt als letztes Wort des Hexameters ἀσελγής festhalten; in dem vorausgehenden περιφυξαν steckt wohl προφύγῃσι, wovon das folgende Ῥωμαίους abhängt; προφυγών aber scheint mir aus dem, wie ich glaube, genuinen περάτη durch das ersterwähnte Verbum veranlasst worden zu sein. Es empfiehlt sich daher die Lesung zu versuchen:

ἡνίκα δ' ἐκ Συρίης φθάμενος προφύγῃσιν ἀσελγής
Ῥωμαίους, περάτη δὲ δι' Εὐφρήταο ῥοάων κτλ.

Die homerische Conjunctivform προφύγῃσι darf nicht beanstandet werden, liest man doch gleich im folgenden Buche XIV 49 ἔλθῃσι.

Noch aber bleibt das seltsame οὐ κόσμον ἐάσας der Handschriften zu besprechen. Friedlieb liess es stehen, ohne eine Vorstellung von dem Sinne zu haben, er übersetzt kurzweg ‚liess nicht in Ruhe die Welt'; Alexandre schrieb ὃν κόσμον ἐάσας, indem er sich die Sache in der Art zurechtzulegen suchte, dass er meinte ‚est autem ἐάσας morte relinquens, amittens', wornach er auch die Uebersetzung ‚summque destituet mundum' construirte. Eine wie die andere Auffassung halte ich für unmöglich. Es bleibt nichts übrig, als auch in diesen Worten eine Corruptel zu erblicken und eine Emendation zu versuchen. Der κείρανος Ἰταλιητῶν wird, heisst es in Vers 101, vom Speere getroffen niedersinken: er vollendet also sein Geschick — und dieser Gedanke ist, glaube ich, hier ausgedrückt gewesen. Unter Hinweis auf die homerische Wendung πότμον ἀναπλήσας Δ 264 möchte ich entweder dies Hemistichon selbst oder ὃν πότμον πλήσας an Stelle jenes unerklärlichen οὐ κόσμον ἐάσας setzen.

XIII 103 ἀλλ' ὁπόταν Γάλλος βασιλεὺς Ῥώμης βασιλεύσῃ.

So lesen wir in den Ausgaben nach der Schreibung der beiden Handschriften VH (Γάλλος); unter diesem Γάλλος sieht man den Kaiser Gallus. Wer sich aber gegenwärtig hält, dass Namen von Personen, über welche eine Weissagung ergeht, von dem Verfasser dieses Buches ebensowenig wirklich angeführt werden wie von den übrigen Sibyllisten, da die Gepflogenheit herrscht, die Namen nur anzudeuten oder in Zahlenräthseln zu verhüllen, der wird sich bass wundern müssen, hier auf einmal diese Gewohnheit durchbrochen zu sehen. Glücklicher Weise stellt sich die Sache sofort anders, wenn man zunächst nicht blos die Codices *VII*, sondern gerade den erprobtesten *Q*, der auch sonst mitunter den Text genauer bewahrte, beachtet. Mai hat nicht gesehen, dass dort γ' ἄλλος steht, und ihm folgten Alexandre wie Friedlieb. Jenes γ' ἄλλος aber ist zweifellos die richtige Schreibung, sie wird trefflich bestätigt durch die Parallelstelle XII 187 τὸν μέτα γ' ἄλλος ἀνήρ ἄρξει. Mit der Lesart γ' ἄλλος ergab sich dem Verfasser hinreichend Gelegenheit, den Namen des Gallus anzudeuten, ohne ihn ganz offenkundig zu nennen. Uebrigens ist die Wendung ἄλλος ἀνήρ oder βασιλεύς bei den Sibyllisten beliebt, z. B. ἄλλος ἀνήρ XII 245, XIV 137, 149, ἄλλος ἄναξ XII 178, ἄλλος βασιλεύς XII 147, βασιλεύς . . . ἄλλος XIV 116 u. s. w.

XIII 119   ἄρτι δέ σε, τλῆμον Συρίη, κατεδύρομαι οἰκτρῶς.

Die Vocativform τλῆμον Συρίη hat Mai in den Text gesetzt und ihm haben die anderen Herausgeber nachgeschrieben. In den Handschriften aber steht τλήμων Συρίη, welches umsoweniger anzutasten ist, als man gleich im folgenden Verse 125 wiederum liest τλήμων Ἀντιόχεια in der Anrede.

XIII 130   Χαλκίδι συγκλαύσεσθε νεοτρώτοις ἐπὶ τέκνοις.

Die Form συγκλαύσεσθε hat Alexandre eingeführt für das handschriftliche συγκλαύσεται. Allein die diplomatische Ueberlieferung ist genauer zu beachten: in derselben steckt meines Erachtens der den Futurbegriff (vgl. zu II 22 sq.) öfters ersetzende Conjunctiv Aoristi συγκλαύσητε, vgl. z. B. διαλιλήσητε XII 72, γένηται II 28, 169 u. f. Die Corruptel ergab sich auf Grundlage der späteren Aussprache.

XIII 131 sqq.   αἴ αἱ ὁπόσοι ναίουσι Κάσιον ὄρος αἰπὺ
ἠδ' ὁπόσοι καὶ Ἄμανον, ὅσοι δὲ καὶ Λύκος παρακλύζει.
Μαρσύας δὲ ὅσους καὶ Πύραμος ἀργυροδίνης.

Die Stelle ist verschiedenen Verderbnissen ausgesetzt gewesen, von denen etliche bereits behoben sind. Nach XIII 115 αἴ ὁπόσων κτλ. ist von Alexandre αἴ ὁπόσοι im Eingange von 131 hergestellt worden, wogegen Meineke αἴ αἱ ὅσοι vorgeschlagen hat, was sich schon wegen des parallelen Anfanges von XIII 132 ἠδ' ὁπόσοι nicht empfiehlt. Ausserdem entfernte Alexandre das καὶ vor Λύκος. Dass in demselben Verse vor Κάσιον eine Präposition ausfiel, sieht Jedermann, Alexandre versuchte ὑπό (in der Note zur ersten Ausgabe auch περί) zu ergänzen; wollte man dies einsetzen, so wäre die Form ὑπαί vorzuziehen. Indess scheint mir weit plausibler der Vorschlag Meineke's, welcher κατά empfahl. Zunächst erklärt sich durch den Anklang der ersten Silbe der Präposition an die erste Silbe des Eigennamens leichter der Ausfall des Wörtchens; entscheidend aber ist für mich ein bisher unbeachteter Umstand. Im folgenden Verse nämlich liest man, wenn man gleich das corrupte ἄμωνον wie *Q*, resp. ὅμωρον, wie *VII* bieten, mit Mai (der übrigens falsch accentuirte) in Ἀμανόν (vgl. XIV 99) rectificirt, ἠδ' ὁπόσοι καὶ

'Αμανόν. Allein was soll hier καί? Offenbar ist es aus κατ' verderbt, und diesen Umstand halte ich betreffs κατὰ Κάσιον für ausschlaggebend. Die Längung der auslautenden kurzen Silbe von κατὰ vor folgendem Explosivlaute ist zwar etwas Selteneres, aber durch den Eigennamen entschuldbar, vgl. meine Neuen Beiträge zur Technik des nachhomerischen Hexameters, p. 21. Uebrigens ist auch Κάσιον in Κασίου zu verändern, wodurch die Längung der auslautenden Kürze vor folgendem Vocal, die allerdings zulässig wäre, verschwindet. Regelmässig nämlich findet sich in den epischen Formeln, denen die hier vorliegende Wendung nachgebildet ist, der Genetiv des Eigennamens vor, vgl. ὑπὸ Κυλλήνης ὄρος αἰπὺ Hom. B 603, Τρηίνης ὄρος αἰπὺ B 829, Μαλειάων ὄρος αἰπὺ γ 287, δ 514, Αὐτοκάνης ὄρος αἰπὺ Hymn. Apoll. Del. 35, Αἰσαγέης ὄρος αἰπὺ ibid. 40.

Mit dem überlieferten ὅσους δὲ Λύκος παρακλύζει im zweiten Hemistichion des Verses 132 ist zu vergleichen XII 135 οὓς παρ παρακλύζει Ὀρόντης, worüber früher gesprochen ward.

Im Eingange des Verses 133 endlich ist statt der handschriftlichen Fassung, welche bisher unbeanstandet in den Texten zu lesen war, δ' ὁπόσους (für δὲ ὅσους) zu verbessern, wodurch das Pronomen ὁπόσοι auch in dem dritten Verse wiederkehrt.

XIII 134 sq.   ἄχρι τε γὰρ Ἀσίης περάτων τήσουσι λάφυρα
                ἄστεα γυμνώσαντες ὅλα εἶσιν ἀφελοῦνται.

Den Genetiv Ἀσίης haben Alexandre und Friedlieb aufgenommen, Q hat ἀσίη. VII ἀσίηισι. Allein auch ἄχρι τε γάρ scheint mir bedenklich, offenbar ist ἄχρις γὰρ τ' zu emendiren. Schlimmer jedoch steht es mit Vers 135: es nützt nichts, wenn Alexandre ὅλα δ' εἴσω oder τ' εἴσω zu schreiben vorschlug: die Schwierigkeit bleibt. Ich vermuthe ὁμοῦ δ'.

XIII 137 sq.   καί ποτε Γαλλίη καὶ Παννονίη μέγα πῆμα
                Μυσοὶς Βιθυνοῖς θ'.

Wegen des Ausdruckes Μυσοῖς Βιθυνοῖς θ' sind auch im Verse 137 statt des Ländernamens besser die Volksnamen einzusetzen Γάλλοισιν καὶ Παννονίοις. Dadurch entfällt zugleich die merkwürdige Längung des ι in Γαλλίη.

XIII 153   καὶ τότε δ' ἠελίου πόλις ἔσσεται.

Das Verbum ἔσσεται ist unmöglich, da wir keinerlei prägnante Bedeutung, die in den Context passte, hier dafür annehmen können. Es dürfte αὐξεται oder etwas Aehnliches zu schreiben sein, eine sichere Emendation weiss ich nicht anzugeben.

XIII 156 sq.   ὃς μὲν ἐρέξει
                ἑβδομήκοντ' ἀριθμόν, ὁ δὲ τριτάτου ἀριθμοῖο.

Unmöglich kann der Accusativ ἀριθμόν von ἐρέξει abhängig sein, zumal gleich τριτάτου ἀριθμοῖο folgt. Es ist vielmehr ἀριθμῶν zu schreiben. Im zweiten Hemistichion muss ὃς δέ (entsprechend dem ὃς μέν) hergestellt werden.

XIII 162   εὐκέρως δ' ἔλαφος μετὰ τόνδ' ἥξει πάλιν ἄλλος.

Die Form εὐκέρως rührt von Alexandre her, dem Mai mit der ganz unmetrischen Schreibung εὔκερως vorangegangen war. Allein die Handschriften bieten keinen Anhaltspunkt hiefür, da in allen ἠυκερως, d. i. ἠυκερως, wie Friedlieb herstellte, steht. Jeder besonnene Kritiker wird diese Stelle zugleich mit XIII 167 berücksichtigen. In letzterem Verse nun finden wir auffallender Weise εὐκεραιοί geschrieben, woraus die letzten Herausgeber εὐκεράως machten. Es stünde also der Form ἠύκερως eine zweite εὐκέραως gegenüber. Aber diese muss Bedenken erregen, sie könnte nur auf einer Missbildung beruhen, da wir unbedingt εὐκέραος erwarten müssten. Und so wird denn an der zweiterwähnten Stelle ebenfalls ἠυκέρωτ herzustellen sein, zumal wir bei Homer x 158 ὑψικερων ἔλαφον und im Hom. Hymn. auf Pan (XIX) 2 und 37 ἀκέρωτα lesen.

XIII 164 sq.   τότ' ἐλεύσεται ἠλεόπεμπτος
                    δεινός καὶ φοβερός τε λέων πνείων φλόγα πολλήν.

Die Verbindung δεινός καὶ φοβερός steht im Verseingange bereits XII 79 und folgt XIV 173; hier aber ist sie wegen des nachstehenden τε sehr misslich. Die Heilung ist nicht so sicher, da es eben verschiedene Möglichkeiten hiezu gibt. Man kann an δεινός καὶ φοβερός λέων denken, aber die unmittelbar auf einander folgenden Worte λέων und πνείων wären dann durchaus nicht euphonisch zu nennen; es liesse sich weiters δεινός τε φοβερός τε schreiben unter Annahme falscher Analogie nach ähnlichen Verbindungen, wo aber τε durch den Einfluss einer folgenden Liquida gelängt ist: ist doch z. B. ganz ähnlich Sib. I 310 selbst εἶδος καὶ μέγεθός τε (statt εἶδός τε μέγεθός τε) in die Handschriften eingedrungen. Auch δεσμαλέος φοβερός τε wäre nicht unmöglich, da δεσμαλέος im Sinne von „furchtbar" in den Sibyllinen wirklich vorkommt, vgl. II 293; selbst die Verbindung δεινοπὸς φοβερός τε könnte man angemessen finden. Endlich lässt sich im Hinblicke darauf, dass der folgende Vers mit δὴ τότε αὐτ' beginnt, der Vermuthung Raum geben, dass etwa καί und δή ihre Plätze gewechselt haben und δεινός δὴ φοβερός τε λέων zu lesen sei. Am liebsten möchte ich δεινός τις φοβερός τε λέων schreiben, wie Hom. P 542 αἱματόεις ὥς τίς τε λέων und P 133 ἑστήκει ὥς τίς τε λέων.

XIII 166 sqq.   δὴ τότε αὐτ' ἐλάσει πολλῇ καὶ ἀναιδέι τόλμῃ,
                 εὐκεράως ἔλαφόν τε θεὸν καὶ θῆρα μέγιστον
                 ἰοβόλον φοβερόν.

Mit grosser Wahrscheinlichkeit ist im Eingange von Vers 166 zu schreiben καὶ τότε δ' αὐτ', wodurch zugleich der grobe Hiatus nach dem ersten Fusse verschwindet. Aber auch ἐλάσει πολλῇ καὶ ἀναιδέι τόλμῃ ist sehr auffällig, wenn man das kurz vorher begegnende ἐξ ὑπ' ἀναιδέι τόλμῃ (XIII 142) berücksichtigt. Ich zweifle keinen Augenblick, dass auch an unserer Stelle so zu lesen ist unter gleichzeitiger Veränderung des Futurs ἐλάσει in den Optativ ἐλάσειαν; demnach hat der Vers 166 zu lauten: καὶ τότε δ' αὐτ' ἐλάσειεν ἐξ ὑπ' ἀναιδέι τόλμῃ.

Ausserdem ist noch die bereits oben berührte Veränderung von εὐκεράως zu ἠυκέρωτ' vorzunehmen.

XIII 172 sq.   ἀλλά, ἄναξ βασιλεῦ κόσμου, ὅσει, παύσον ἀοιδήν
                ἡμετέρων ἐπέων· δὸς δ' ἱμερόεσσαν ἀοιδήν.

Die handschriftlichen Fehler ἀλλ' ἄναξ und ἡμέραν πᾶσιν (statt ἱμερόεσσαν) sind von Alexandre beseitigt worden. Nun könnte Jemand allenfalls an dem Umstande Anstoss nehmen, dass Vers 172 und 173 mit demselben Ausdrucke schliessen. Indess lagen hier dem Sibyllisten mehrere Muster aus den homerischen Hymnen vor, so dass an eine Textesänderung absolut nicht gedacht werden darf; vgl. Hom. Hymn. VI 20 sq. ἐμὴν δ' ἔντυνον ἀοιδήν. | αὐτὰρ ἐγὼ καὶ σεῖο καὶ ἄλλης μνήσομ' ἀοιδῆς. X 5 sq. δὸς δ' ἱμερόεσσαν ἀοιδήν. | αὐτὰρ ἐγώ καὶ σεῖο καὶ ἄλλης μνήσομ' ἀοιδῆς. XIX 48 sq. καὶ σὺ μὲν οὕτω χαῖρε, ἄναξ. λίτομαι δέ σ' ἀοιδῇ· | αὐτὰρ ἐγώ καὶ σεῖο καὶ ἄλλης μνήσομ' ἀοιδῆς XXV 6 sq. χαίρετε, τέκνα Διός, καὶ ἐμὴν τιμήσατ' ἀοιδήν· | αὐτὰρ ἐγὼν ὑμέων τε καὶ ἄλλης μνήσομ' ἀοιδῆς.

XIV 7 sqq.   οὕνεκεν ἀντ' ἀγαθῶν ἔργων δικαίων τε λογισμῶν
             φάρεα πορφύρεα, χλαίνας προυκρίνατε πάντες
             τοὺς πολέμους ποθέοντες ἀζύσις τε φόνους τε.

In Vers 8 ist die Form προυκρίνατε durch προεκρίνατε zu ersetzen, vgl. VIII 19 und 23, wo beide Male προέκριναν im Versschlusse steht. Eine grössere Verderbnis ist in Vers 9 eingedrungen: hier ist zunächst der Artikel τοὺς auf keinerlei Weise zu entschuldigen; schon Alexandre hat in der Note bemerkt ‚vacat τοὺς initio'. Der ganze Verseingang macht mir den Eindruck einer in den Text eingeschmuggelten Glosse. Mit grosser Wahrscheinlichkeit lässt sich behaupten, dass derselbe ursprünglich lautete: ὑσμίνας ποθέοντες; zu ὑσμίνας war als Interlinear- oder Marginalerklärung notirt τοὺς πολέμους. Ebenso muss aber ἀζύας emendirt werden, welches in höchst auffälliger Weise mit langem υ gebraucht ist und in Verbindung mit Begriffen vorliegt, wie wir solche im epischen Sprachgebrauche gewöhnlich nicht finden. Deshalb vermuthe ich, dass ἀζηράς (scil. ὑσμίνας) zu schreiben ist, vgl. das homerische παύσασθαι ἀζηροῦ πολέμοιο Γ 112.

XIV 14 sqq. καὶ νομίας θραύσεις, βίη δ' οὐκ ἔσσεται αὐτοῖς,
             εἰ μή, ἄρ' ὠκύτητι ποδῶν σκύλακες διὰ ῥήσσας
             εἰς ἔρην ἀντήσουσι διακέμεναι μεμπώτες.

So liest man bei Alexandre. Die handschriftliche Ueberlieferung von Vers 14 lautet jedoch καὶ νομίας θραύσῃ, βίη δ' οὐκ ἔσσεται αὐτοῖς; θραύσεις rührt von Alexandre, während Mai θραύσει edirt hatte. Allein es ist θραύσῃ festzuhalten, wie auch ἐλέσσῃ am Schlusse des vorausgehenden Verses 13, wo gleichfalls von den Herausgebern gegen die Handschriften ἐλέσσει geschrieben ward: die Conjunctive stehen hier im Sinne eines Futurbegriffes (vgl. das zu II 22 sq. Erwähnte). Denn mit den Worten (in Vers 13) καὶ πάντας ἐλέσσῃ (oder ist ῥύς ἀπολέσσῃ zu vermuthen?) beginnt der Nachsatz zu dem Vordersatze ὁπόταν — ᾔει. Die metrische Unzukömmlichkeit aber, welche bei der Schreibung θραύσῃ, βίῃ κτλ. sich ergibt, ist mittelst der Ersetzung von βίῃ durch νίκῃ zu beseitigen; dieser Begriff wird hier vom Contexte verlangt, und überdies ist die Phrase νίκη δ' οὐκ ἔσσεται αὐτοῖς eine echt sibyllinische, vgl. XIII 38, XIV 334 (an letzterer Stelle haben die Handschriften νίκος).

Auch der Eingang des Verses 15 ist nicht intact: statt εἰ μή, ἄρ' ὠκύτητι ποδῶν, worin ein starker metrisch-prosodischer Anstoss vorliegt, ist zweifelsohne herzustellen εἰ μή ἄφαρ ταχυτῆτι ποδῶν κτλ.; diese Verbindung liegt an derselben Versstelle vor bei Xenophanes Eleg. Fr. 2. 17 B.‚ οὐδὲ μὲν εἰ ταχυτῆτι ποδῶν, τό πέρ ἐστι πρότιμον κτλ.; vgl. auch Hom. Θ 339 κύων — ποσὶν ταχέεσσι διώκων.

XIV 22 sq.   μεγάλη δ' ἐπὶ τούτοις
ἔσσεται εἰρήνη, κόσμοιο παντί τε δήμῳ.

Statt dieser handschriftlichen Lescart edirte Mai in der Publication dieses Buches aus dem Ambrosianus *M* κόσμοιό τε, was auch Alexandre annahm, obgleich er selbst in den Noten zur ersten Ausgabe κόσμῳ ἐνὶ vorgeschlagen hatte. Ich erachte nur diese letztere Conjectur für möglich; die Musterstelle ist Hom. *I'* 50 πόληι τε παντί τε δήμῳ. Als Parallele für unsern Vers ist zu vergleichen XIV 198 κόσμῳ ἐνὶ παντί.

XIV 24 sqq.   τοὺς δ' αὖ κορυθαίολοι ἄνδρες
χρυσοῦ δευόμενοι καὶ ἀργύρου, οὕνεκα τούτους
δυσσεβέως κτείνουσιν ἐνὶ παλάμῃσι λαβόντες.

Die Worte οὕνεκα τούτους in Vers 25 enthalten eine offenbare Verderbnis, welche den ganzen Zusammenhang zerstört. Durch eine einfache Aenderung jedoch wird diese Schwierigkeit beseitigt. Schreibt man εἵνεκα τούτων scil. χρυσοῦ καὶ ἀργύρου, oder εἵνεκα τούτου (oder εἵνεκα κέρδους?), so ergibt sich ein ganz annehmbarer Sinn. In Vers 26 ist, wie früher auseinandergesetzt worden, das Futurum κτενέουσιν herzustellen. Am Schlusse desselben ist überliefert ἐν παλάμῃσι λαβόντες, was von Mai in ἐνὶ παλάμῃσι verändert ward. Ich bin der Ansicht, es sei κτείνουσ' ἰδίαις (oder κτείνουσιν ἐαῖς) παλάμῃσι λαβόντες in den Text einzusetzen, vgl. XI 269 ἰδίαις παλάμῃσι φέροντες.

XIV 31   πρηνίξας πᾶσάν τε πόλιν κλεινῶν τε Λατίνων.

Den Versschluss κλεινῶν τε Λατίνων hat Alexandre nach XII 34 formulirt, ohne zu beachten, dass dann nicht blos ein τε, sondern sogar deren zwei in dem Verse gänzlich überflüssig wären. Die handschriftliche Lescart κλίνην τε ist etwa in χώρην τε zu verändern, oder besser nach Hartel's Vorschlage in κλισίην τε.

XIV 32 sq.   'Ρώμη δ' οὐκέτ' ἐστὶν ἔτι οὐδ' ἔστ' ἀκοῦσαι,
οἵαν περ πρώην εἶδεν τοίαν παροδίτης.

Die vorstehende verderbte Fassung bieten alle Handschriften, nur Q hat statt οὐκέτ' die volle Form οὐκέτι. Schon Mai sah, dass für ἐστὶν ἔτι hergestellt werden muss ἐστὶν ἰδεῖν, und auch ἔστ' ἀκοῦσαι ward von ihm zu ἔστιν ἀκοῦσαι corrigirt. Am Anfange des Verses ist, wie Alexandre in den Curae posteriores vermuthete, ohne jedoch darnach den Text zu gestalten, der Accusativ 'Ρώμην zu schreiben. Für οὐκέτ' ἐστιν kann aber nicht die Lescart von Q οὐκέτι ἐστίν, die einen argen Hiatus enthält, aufgenommen werden, es ist vielmehr offenbar ausgefallen: ich vermuthe οὐκέτ' ἄρ' ἐστίν. Schlimmer noch ist in der Ueberlieferung der nächste Vers weggekommen, wo unmöglich οἵαν und τοίαν neben einander stehen können; τοίαν drang offenbar an Stelle eines verderbten oder ausgefallenen Ausdruckes ein. Dieser kann wohl kaum etwas Anderes sein als ein Epitheton zu παροδίτης; wegen XIV 358 ἄλλος ὁδίτης (vgl. Homer. λ 127) möchte ich diesfalls an ἄλλος παροδίτης denken, so dass die beiden Verse nunmehr lauten würden:

'Ρώμην δ' οὐκέτ' ἄρ' ἐστιν ἰδεῖν οὐδ' ἔστιν ἀκοῦσαι
οἵην περ πρώην εἶδεν ἄλλος παροδίτης.

Dieser ἄλλος παροδίτης ist ein Wanderer, der von anderswo herkommt. Oder sollte ἱερὸς παροδίτης zu vermuthen sein?

XIV 39 sq. καὶ τότε δὴ κτενέουσιν ἀναιδέα κοίρανον τινόν
νηπίαχοι 'Ρώμης κρατεράς 'Ρώμης τε Λατίνοι.

So die Handschriften, nur *M* hat κτανέουσιν, was auf die Doppellesart κτενέουσιν und κτανέουσιν hinweist. An νηπίαχοι ist kein Anstoss zu nehmen, da dies hier so viel bedeutet wie sonst ἥσσει (vgl. XIII 7); dagegen ist offenbar das zweite 'Ρώμης, durch das Vorangehende veranlasst, an Stelle eines Epithetons zu Λατίνοι getreten. Dies aber dürfte κλεινοί gewesen sein, vgl. XII 34 κράτος 'Ρώμης κλεινῶν τε Λατίνων. Mai's λαοί τε Λατίνοι, wie er in der Mailänder Ausgabe edirte, ist von ihm selbst nachmals in der Publication der vaticanischen Handschriften unberücksichtigt geblieben.

Zweifelsohne aber hatte auch νηπίαχοι eine Beifügung, welche in dem fälschlich zu 'Ρώμης bezogenen κρατεράς steckt. Ich möchte daher vorschlagen:

νηπίαχοι 'Ρώμης κρατεροί κλεινοί τε Λατίνοι.

XIV 50 sq. κοίρανος ἐκ δυσμῶν ἐπιβὰς μετέπειτα θανεῖται
Ἄρηι κρατερῷ δεδαϊγμένος ὑξέι χαλκῷ.

In dieser Art hat Alexandre für das überlieferte Ἄρει καὶ κρατερῷ δεδαϊγμένος geschrieben nach XII 249, 275, XIII 146, XIV 115. Allein das Vorhandensein jenes καί weist auf die einstige Existenz eines Wörtchens hin, das unter den gegebenen Umständen nur ὑπό gewesen sein kann (demnach Ἄρει ὑπὸ κρατερῷ). Durch Aufnahme dieser Präposition wird auch dem Missverhältnisse begegnet, das in der Aufeinanderfolge zweier reiner Dative in einem Verse bestünde.

XIV 52 sq. καὶ τότε δ' αὖτ' ἄρξει καὶ ὑπερμενέων 'Ρωμαίων
ἄλλος ἀνὴρ μεγάθυμος.

VHM bieten ἄρξει καί, *Q* ἄρξουσι καί (vgl. den Vers XIII 155 ἡνίκα δ' αὖτ' ἄρξουσιν ὑπερμενέων 'Ρωμαίων); aber καί ist hier ganz unbegründet und unstatthaft, es ist ἄρξειεν zu schreiben. Ganz dieselbe Corruptel liegt vor XIV 127 'Ρωμαίων ἄρξει καὶ ὑπερμενέων ἀνθρώπων, wo gleichfalls καί eindrang, nachdem einmal die Form ἄρξειεν zu ἄρξει verdorben war.

XIV 61 sq. σχέπλιοι, οἳ χρυσόν τε καὶ ἄργυρον ἐν πυρὶ πολλῷ
χωνεύουσι, ναῶν ἱδρύματα χειροποιήτων.

In Vers 61 ist οἳ durch Mai ergänzt worden, χωνεύουσι im nächsten bietet *Q*, die übrigen Handschriften χωνεύουσιν. Den folgenden Ausdruck ναῶν ἱδρύματα aber halte ich für verderbt und schlage vor θεῶν ἀφιδρύματα χειροποιήτων in den Text zu setzen. vgl. IV 28 καὶ βωμοὺς εἰκαῖα λίθων ἀφιδρύματα κωφῶν. Auch III 31 ist wohl λιθίνοις τ' ἀφιδρύμασι φωτῶν zu schreiben (für λιθίκοις θ' ἱδρύμασι).

XIV 74 sq. καὶ τότε μοῦνος ἄναξ ἀπὸ τριτάτων πόλει ἄλλῳ
ἄρξει καὶ ταχὺ μοῖραν ἐρόψεται δουρὶ βληθείς.

Diese Fassung liegt in den Handschriften vor; für ἐρόψεται ist durch Alexandre und Friedlieb ἐπόψεται corrigirt worden. Einen Versuch, den Schluss von Vers 75 zu emendiren, machte Alexandre, indem er theilweise Mai folgend, der in seinen beiden Ausgaben πολύ ἄλλῳ in den Text gesetzt hatte, πολύ μᾶλλον schrieb, ohne in den Noten und in der lateinischen Uebersetzung die Bedeutung dieses Ausdruckes irgendwie klarzulegen. Die ganze Conjectur muss als missglückt bezeichnet werden. Die Emendation muss schon hinter ἄναξ beginnen: denn das sinnlose ἀπὸ τριτάτων, das zugleich einen argen prosodisch-metrischen Fehler enthält, ist durch ἀριθμοῦ τριτάτου zu ersetzen, einem in den letzten Büchern der Sibyllinen geläufigen Ausdrucke; vgl. z. B. XIII 157 τριτάτου ἀριθμοῖο. Die corrupten Schlussworte πόλει ἄλλῳ aber entstanden zweifellos aus ursprünglichem πάλιν ἄλλος, vgl. dieselbe Fügung z. B. μετὰ δ' αὖτ' ἄρξει πάλιν ἄλλος XIII 144, τὸν μέτα πεντήκοντ' ἀριθμῶν ἄρξει πάλιν ἄλλος XIV 163, μετὰ τόνδ' ἥξει πάλιν ἄλλος XIII 162 u. a.

Endlich erfordert auch der Schluss des Verses 75 eine bessernde Hand. Die Verbindung ἐπόψεται δουρὶ βολητθείς ist ein metrisches und grammatisches Monstrum, das seltsamer Weise bisher ohne Weiteres in den Ausgaben geduldet ward. Die Kürzung des auslautenden Diphthongen in ἐπόψεται verlangt folgenden vocalischen Anlaut, während die Form βολητθείς ein singuläres, erst durch Interpolation in den Text gedrungenes Product darstellt, das ganz äusserlich dem Particip Perfecti βεβολημένος, welches etliche Male in den Sibyllinen begegnet, nachgebildet erscheint. Letzterer Umstand ist auch Alexandre nicht entgangen, der wenigstens in der Note zur ersten Ausgabe bemerkte: ‚in fine denique βολητθείς ad exemplar perfecti βεβολημένος audacter ac nisi fallimur, barbare fictum est'. Beachten wir die zwei berührten Umstände, so ist kaum daran zu zweifeln, dass der Schluss des Verses gelautet habe ἐπόψεται ἄορι βληθείς; zu vergleichen wären homerische Fügungen wie ἄορι πλῆξε Λ 240 ἄορι τύψῃ Υ 378. Sonach sind die beiden in Rede stehenden Verse folgendermassen richtigzustellen:

καὶ τότε μοῦνος ἄναξ ἀριθμοῦ τριτάτου πάλιν ἄλλος
ἄρξει καὶ ταχὺ μοῖραν ἐπόψεται ἄορι βληθείς.

XIV 76 sq. τὸν μέτα πολλοὶ ἔπειτα ἐπ' ἀλλήλοισιν ὀλοῦνται
ἴφθιμοι μέροπές τε ὑπὲρ βασιλῆιδος ἀρχῆς.

Was soll ἴφθιμοι μέροπές τε bedeuten? Es stellt nichts als eine Corruptel aus ἴφθιμοί περ ἐόντες vor, das trefflich in den Zusammenhang passt. Zum Ueberflusse sei auf homerische Formeln hingewiesen wie Π 620 ἴφθιμόν περ ἐόντα, Μ 410 Υ 356 ἰφθίμῳ περ ἐόντι.

XIV 80 καὶ τότε Φοινίκῃ πόλεμος καὶ δῆρις ἔσσεται.

So steht in den Handschriften: Mai hat ἔσσεται in seinen Texten edirt, worin ihm die übrigen Herausgeber folgten. Indess ist ἐπέσται bei Weitem vorzuziehen.

XIV 82 καὶ πόσα προσπέσεται ὑπό τ' ἀνδρῶν βαρβαροφώνων;

Mai hat βαρβαροφώνων verbessert, QM haben βαρβαροφόνων, VII βαρβαρορρόνων. Aber auch ὑπό τ' ἀνδρῶν, das einstimmig überliefert ist, darf im Texte nicht geduldet werden, da dies τ' absolut widersinnig wäre. Es ist hier einfach durch Umsetzung zu helfen: ἀνδρῶν ὑπὸ βαρβαροφώνων; vgl. I 394, wo das überlieferte verderbte ὑπ' ἀνδρῶν βαρβαροφώνων von Meineke in derselben Weise richtiggestellt ward.

XIV 87   αἵ μέλλει Τόριοι διὰ κακὸν θέρος ἀμήσασθα.

Zunächst ist für αἱ, das Mai in αἴ änderte, ἅ zu setzen, denn die Verbindung ἅ μέλλει ist seit homerischer Zeit ständig und bei den Sibyllisten ebenfalls zu finden; so muss auch XIV 215 ἅ μέλλει Κέκροπες geschrieben werden. Betreffs des auffälligen δὲ hinter Τόριοι aber ist unser Vers mit I 387 zu vergleichen: ἔνθεν ὅταν Ἑβραῖοι τὸ κακὸν θέρος ἀμήσωνται. Natürlich werden wir auch hier für δὲ schreiben müssen τό, wodurch die Schwierigkeit beseitigt wird. Ausserdem ist ἀμήσασθα mit Alexandre für ἀμήσασθε zu corrigiren.

XIV 97   τοὔνομα δ᾽ ἐσθλὸν ἔχων ἐσθλοῖς ἔργοις προτάψει.

In den Curae posteriores schlug Alexandre vor ἔργοισι προσάξει, meinte aber, es liesse sich προτάψει auch durch das Supplement von ἑαυτόν erklären, was unmöglich ist. Eher liesse sich Struve's Meinung hören, wonach zu προτάψει ὄνομα Object wäre. Einfacher indess stellt sich die Sache, wenn man in προτάψει eine Corruptel sieht und hiefür etwa (ἔργοισι) προσάψει oder προκόψει vermuthet.

XIV 99 sqq.   μεσσηγὺς Ταύρου τε νιφοβλήτοιό τ᾽ Ἀμανοῦ
ἐκ Κιλίκων γαίης νέα τις πόλις ἐξαπολεῖται
καλή, τε βριαρή, τε βαρυσθενέος ποταμοῖο.

Die Form νιφοβλήτοιο stellte Mai her für νιφηβλήτοιο der Handschriften. Der Genetiv βαρυσθενέος ποταμοῖο, der bisher unangetastet blieb, ist meines Erachtens nicht zu halten und in βαρυσθενέοιν ποταμοῖσιν zu ändern. Wie oft dergleichen Verwechselungen in den Endungen vorkommen, braucht nicht erst betont zu werden.

XIV 111 sqq.   σῆμ᾽ ἔσται ἄρα πᾶσιν ἐπιχθονίοις ἀνθρώποις·
πλειότεραι δ᾽ ὑετοὶ νιφάδες ἔσσονται χάλαζαι·
ἐξολέσει ληΐων καρποὺς ἐπ᾽ ἀπείρονα γαῖαν.

In dieser verderbten Form ist die Stelle überliefert; zunächst ist wohl ἔσται δ᾽ ἄρα zu verbessern. Im folgenden Verse begnügte sich Alexandre mit der Schreibung πλειότεραι δ᾽ ὑετοί, νιφάδες [τ᾽] ἔσσονται χάλαζαι, wozu er in der zweiten Ausgabe zur Entschuldigung bemerkt: „utique metrum laborat et syntaxis". Ich vermuthe als ursprüngliche Fassung: πλειότεραι δ᾽ ἔσσοντ᾽ ὑετοί, νιφὰς ἠδὲ χάλαζα | ἐξολέσει κτλ. Den Singular χάλαζα hat mit Rücksicht auf das folgende ἐξολέσει auch Mai in den Text gesetzt. Die von mir hergestellte Verbindung νιφὰς ἠδὲ χάλαζα ist der homerischen νιφὰς ἠὲ χάλαζα O 170 nachgebildet. Zum Ueberflusse lesen wir auch in den Sibyllinen III 691 ganz ähnlich λίθος ἠδὲ χάλαζα im Versschlusse.

XIV 114   αὐτοὶ δ᾽ αὖτε πεσοῦνται ἐνὶ πτολέμοισι δαμέντες.

Statt αὖτε πεσοῦνται muss mit Rücksicht auf XIV 240 ἀργινομοῖς πεσέονται ὑπ᾽ αἰθαλόεσσι κεραυνοῖς (und XIV 125 αὐτὸς δ᾽ αὖ πέσεται προδοθεὶς αἴθωνι σιδήρῳ) geschrieben werden αὐτοὶ δ᾽ αὖ πεσέονται κτλ. Ebenso hat Nauck XIV 145 πολλοὶ δὴ πεσέονται für das überlieferte πολλοὶ δὴ πεσοῦνται hergestellt, da die ersterwähnte Form wiederholt begegnet III 275, 342, 685, XII 244 u. s. Gemeinsame Quelle und Muster ist Hom. Λ 824. Die contrahirte Form wird nur an hervorragenden Versstellen verwendet, wenn zugleich die Mittelsilbe des Wortes in die Vershebung treten muss, wie XIII 57 ἔνθα τεσοῦνται im Versschlusse.

XIV 129   Πάρθοις 'Ασσυρίοισι μεναπτολέμοις δὲ τε Πέρσαις.

In dieser Weise wird seit Mai der Vers geschrieben. Allein die Handschriften QVH bieten μεναπτολέμοισί τε Πέρσαις, und nur M hat μεναπτολέμοις τε, weshalb Mai ein δέ einschob. Selbstverständlich ist an μεναπτολέμοισι festzuhalten. Vielleicht ist auch Πάρθοις τ' Ἀσσυρίοις τε zu verbinden.

XIV 131   χρυσῷ ἠλέκτρῳ τε καὶ ἀργύρῳ ἠδ' ἐλέφαντι.

Aus XIV 211, wo dieser Vers wiederkehrt, muss χρυσῷ τ' verbessert werden.

XIV 137 sq.   ἄρξει δ' ἄλλος ἀνὴρ τριάκων δέκα, θηρὶ ἐοικώς
                ἐν χαίτῃ βλοσυρωπός· ἀφ' Ἑλλήνων γένος ἔσται.

So die Handschriften bis auf M, welches mit einer kleinen Differenz βλοσυρωτός bietet. Nicht minder auffällig wie das unverständliche ἐν χαίτῃ βλοσυρωπός ist der Umstand, dass das kleine Sätzchen ἀφ' Ἑλλήνων γένος ἔσται abrupt dem Vorausgehenden angefügt wäre. Jedesfalls brauchen wir hierin nicht etwa eine Eigenthümlichkeit der Sibyllengräcität zu sehen, sondern es liegt eine Corruptel vor. Vergleichen wir nämlich unseren Vers einerseits mit XIV 13 ηὔκομος βλοσυρός θ', was von dem ταύρων ὀλετήρ gesagt wird, anderseits aber mit III 193 Αἰγύπτου βασιλεύς, ὃς ἀφ' Ἑλλήνων γένος ἔσται (siehe auch XIV 225 ὃς Αἰγύπτου γένος ἕξει), so wird es Jedermann klar, dass unser Vers ursprünglich gelautet hat εὐχαίτῃ βλοσυρῷ θ', ὃς ἀφ' Ἑλλήνων γένος ἔσται. Betreffs des ersten Wortes ἐν χαίτῃ dachte auch Meineke schon an die etwaige Correctur εὐχαίτῃ.

XIV 139 sq.   καὶ τότε δὴ Φθίης πουλυτρόφου ἄστυ Μολοσσῶν
                καὶ Λάρισσα κλυτὴ καὶ ἐπ' ὀφρύσι Πηγασίοιο.

Man vermisst hier ein Prädicat; das betreffende Verbum musste, soweit sich aus dem Folgenden schliessen lässt, irgend ein Unheil bezeichnen, welches die genannten Städte heimsuchen sollte. Die Corruptel steckt wohl in κλυτὴ καί: ich vermuthe hiefür κλιθήσει; zu vergleichen ist die Stelle VIII 77, wo es in Bezug auf Rom heisst: οὐδ' ὀρθωθήσῃ ποτὲ δύσμορος, ἀλλὰ κλιθήσῃ; einen ähnlichen Gedanken hatte auch Meineke, welcher κλύsειται mit Futurbedeutung vorschlug, was jedoch unstatthaft ist. Uebrigens dachte dieser Gelehrte auch daran, es sei etwa ein Vers ausgefallen. Wegen der Verbindung ἐπ' ὀφρύσι Πηγασίοιο ist zu vergleichen Hom. Υ 151 ἐπ' ὀφρύσι Καλλικολώνης. Seither fand diese Stelle eine eingehende Behandlung durch Mendelssohn, mit dem ich Μολοσσόν (als Flussnamen, vgl. XIV 216) schreiben möchte.

XIV 142 sqq.   καὶ πόλεμος δεινὸς Μαιώτιδος ὕδασι λίμνης
                ἔσται ἐπὶ προχοαῖσι παρ' ὑστάτιον πόμα πηγῆς
                Φάσιδος ὑγροκόμοιο κατ' ἀσφοδελὸν λειμῶνα.

Ausser πόμα πηγῆς, das nach IV 15 (vgl. jetzt das oben zu Proöm. 44 Gesagte) in στόμα πηγῆς verbessert ward, hat Meineke auch im Vers 142 offenbar richtig Μαιώτιδος ἐγγόθι λίμνης geschrieben. Ich möchte hier auf die significante Parallele im Hom. Hymnos auf Apollon Pyth. 102 hinweisen, wo wir an derselben Versstelle Κηφισίδος ἐγγόθι λίμνης lesen.

XIV 150 sq. ὅσαι πίνουσι πάντοτεν
'Αρμένιαι κρύσταλλον ἄγαν ῥαίοντος 'Αράξεω.

Für das von den Handschriften gebotene πάντοτεν vermuthete Boissonade πάντησεν (Compositum von ἱστόν); Alexandre schrieb τάχιστεν. Ich denke, die ursprüngliche Schreibung hat wohl πίνουσιν ἄριστον gelautet.

XIV 154 sqq. ἔσσονται πόλεμοι δεινοί ἀνδροκτασίαι τε·
καί Φρυγίη γαίη τε Προποντίδος ἄστεα γαίης
φάσγανά τ' ἐκ κολεῶν ἀμφήκεα γυμνώσαντες
ἀλλήλας κόψουσι διά δυσσεβίας αἰγεινάς.

Im Verse 154 scheint mir πόλεμοι δεινοί eine Corruptel zu sein, aus dem Eingange von Vers 142 hieher eingedrungen; eine unzweifelhafte Verderbnis, die ganz analog wäre, bietet XI 124 καί πόλεμος δεινός τε (statt λοιμός τε). Die ursprüngliche Leseart dürfte πόλεμοί τε μάχαι τ' ἀνδροκτασίαι τε gewesen sein, wie XII 113, XIII 9.

In den folgenden Versen sind einige der handschriftlichen Fehler schon verbessert worden: so schreibt Mai ἀλλήλους κόψουσι (vgl. XIV 196), was Meineke in κόψουσ' ἀλλήλους umsetzte, indem er den metrischen Fehler hiemit entfernte; διά δυσσεβίας αἰσγεινάς hat Alexandre hergestellt. Es bleiben jedoch der Bedenken noch genug. Wegen γυμνώσαντες ist ein Subject männlichen Geschlechtes zu erwarten: dies steckt offenbar am Schlusse von Vers 155; denn γαίης ist Wiederholung aus γαίη, das an die Stelle eines ausgefallenen Wortes getreten ist. Ich vermuthe καί Φρυγίης γαίης τε Προποντίδος ἄστε' ἔχοντες κτλ. Für φάσγανά τ' dürfte φάσγανά ῥ' zu schreiben sein.

XIV 158 sqq. καί τότε δή μέγα σῆμα θεός μερόπεσσι βροτοῖσιν
οὐρανόθεν δείξει περιτελλομέναις ἐνιαυτοῖς
φάλκην, ἐσσομένην δέ τέρας πολέμοιο κακοῖο.

Statt ἐσσομένην δέ in Vers 160, woran jeder Anstoss nehmen wird, ist wohl ἐσσομένοιο herzustellen. Eine vollständig parallele Corruptel liest man in den sibyllinischen Handschriften III 817 θεοῦ μεγάλην δέ προφῆσιν statt θεοῦ μεγάλοιο προφῆσιν. Herr Hofrath von Hartel möchte laut brieflicher Mittheilung ἐσσομένην τὸ τέρας in den Text setzen.

XIV 161 sq. καί τότε δή βασιλεύς στρατιῆς οὐ φεύξεται χεῖρας.
ἀλλά θανεῖθ' ὑπό χειρί δαμείς αἴθωνι σιδήρῳ.

Mai hat θανεῖθ' aus dem handschriftlichen θάνηθ', δαμείς Nauck aus ταμείς corrigirt. Aber φεύξεται χεῖρας ist bisher stehen geblieben (ebenso XIV 168, wo es wiederkehrt). Die Corruptel scheint unter dem Einflusse des χειρί im folgenden Verse entstanden zu sein, vgl. auch das verderbte στρατιῆς ἀπό χειρός XIV 242 (siehe zu dieser Stelle). Ich vermuthe für beide Stellen die Correctur κρατερήν οὐ φεύξετ' ἀνάγκην, vgl. zu XII 115 sq. Oder sollte die ursprüngliche Leseart στρατιῆς οὐ φεύξεται αἰχμάς oder Aehnliches gewesen sein?

XIV 164 ἐξ Ἀσίης προφανείς, δεινὸς φόβος, ἀντιμαχητής.

Der zweite Theil des Verses enthält den offenbaren Fehler ἀντιμαχητής für ἀγχιμαχητής, wie sich unzweifelhaft aus XIV 27, wo dies Hemistichion ebenfalls zu lesen ist, ergibt.

XIV 167 Εὐξείνῳ πόντῳ Θρήκης ψαμμώδει κόλπῳ.

Die Lesart ψαμμώδει rührt aus *M* her und ist seit Mai in die Texte aufgenommen worden. Allein *VH* (in *Q* fehlen die Verse 146—167 inclusive) bieten ψαμαθώδει, eine Form, die nicht blos durch das archaische Epos empfohlen wird (vgl. Hom. Hymn. auf Herm. 75, 347, 350 διὰ ψαμαθώδεα χῶρον), sondern auch durch den Gebrauch der Sibyllisten selbst, vgl. XII 44 ὑπὲρ ψαμαθώδεας ἀκτάς XIV 345 ἐπὶ ψαμαθώδεας ἀκτάς.

XIV 175 sq. Βρεττανοὺς Γερμανίους τε φαρετροφόρους τ᾿ Ἴβηρας
Μασσαγέτας σκολιούς, Πέρσας δ᾿ ὑπερηνορέοντας.

So bieten die Handschriften. Dass in dem verderbten Γερμανίους der Name der Bewohner von Irland stecke, vermuthete schon Mai mit Recht. Die Corruptel Γερμανίους ist wohl durch den Namen Γερμανούς im vorangehenden Verse hervorgerufen worden. Alexandre schlug Ἱερνούς τε vor, was man annehmen müsste, wenn sich die Form Ἱερνοί sonst nachweisen liesse. Demnach kommt nur Ἱερνίους und Ἰουέρνος, resp. das Feminin Ἱερνίς als Adjectiv in Betracht, da von der andern Bildung Ἰουέρνος im Hexameter schwer Gebrauch gemacht werden kann. Es ist deshalb wohl an eine Umsetzung zu denken, indem man schreibt Ἱερναίους Βρεττανούς τε; letztere Form Βρεττανοί steht neben Βρεττανοί in Gebrauch. In Vers 176 ist für das überlieferte δ᾿ vielmehr θ᾿ zu lesen.

XIV 180 sq. οὐρανόθεν στέφανοι μεσημβρίης τε καὶ ἄρκτου
ἀστράσι φαινομένοις πανομοίοι ἀντέλλουσιν.

So die Handschriften. Alexandre schrieb στέφανοι μεσημβρίης und verbesserte πανομοίοι. Wäre aber nicht vielleicht στεφάνωμα μεσημβρίης und im nächsten Verse dann πανομοίον ἀντέλλειεν vorzuziehen? Der Ausdruck στεφάνωμα gehört dem Sprachgebrauche der Sibyllisten an, vgl. I 218 οὐράνιον στεφάνωμα.

XIV 197 οὐ βασίλειον ἔχοντες ἀνάκτων, ἀλλὰ τυράννων.

Diese Fassung hat Alexandre dem Verse gegeben, während derselbe schon bei Mai etwas besser lautet: οὐ βασίλεια ἔχοντες ἀνάκτορας, ἀλλὰ τυράννων. Die Handschriften bieten οὐ βασιλεῖ ἔχοντες ἀνακτόρων, ἀλλὰ τυράννων. Hieraus entnehme ich die Lesung οὐ βασιλῆ᾿ ἔχοντες ἀνάκτορας, ἀλλὰ τύραννοι; die letztere Phrase ἀλλὰ τύραννοι liegt auch XI 262 am Versschlusse vor: οὐ τί γε μὴν μακάρων προδεδειγμένοι ἀλλὰ τύραννοι.

XIV 215 αἱμαλέοι Κέκροπες καὶ Δαραῖοι ἠδὲ Λάκωνες.

Dies ist die Schreibart der Handschriften: das erste Wort, welches *Q* in der angeführten Form bietet, während *VH* αἱμάλεοι, *M* aber αἰμα | λέοι in zwei Zeilen getrennt aufweist, ist natürlich ἁ μέλεοι; Mai corrigirte αἱ μέλεοι, was in Alexandre's und Friedlieb's

Ausgaben überging. Schlimmer steht es mit dem den Rhythmus des Verses vollständig zerstörenden καὶ Δαρσίαι. Die bisherigen Emendationsversuche müssen als verfehlt bezeichnet werden. Mit Mai's καὶ Δαυλίκα wird sich Niemand befreunden können. Die Stellung jenes corrupten Ausdruckes zwischen den Worten Κέκροπες, also der Bezeichnung der Athener, und Λάκωνες weist darauf hin, dass ein bedeutenderer Volksstamm als die Bewohner von Daulis hier genannt war. Aus diesem Grunde mag Alexandre καὶ Ἀργεῖοι in den Text gesetzt haben, das aber aus prosodisch-metrischen Rücksichten ganz und gar zurückzuweisen ist. Eher wäre an Δαναοί zu denken, dessen Einführung jedoch eine bedeutende Metamorphose in der Mitte des Verses nöthig machen würde. Am nächsten scheint mir zu liegen, dass aus der Corruptel ΚΑΙΔΑΡΕΙΟΙ der Name ΚΑΔΜΕΙΟΙ zu entnehmen ist, wornach dann nur ein τ', mit dem in den Sibyllinen so willkürlich umgesprungen worden, einzusetzen ist, um einen auch äusserlich fehlerlosen Vers zu erhalten. Diese Conjectur ist umso wahrscheinlicher, als hier auch die Athener, wie die Thebaner als Καδμεῖοι, in poetischer Weise als Κέκροπες bezeichnet werden. An dieser letzteren Form ist kein Anstoss zu nehmen, vgl. Kaibel Epigramm. ex lapid. conl. 969, 3 (II. Jahrhundert n. Chr.) ξυστάρχην Κεκρόπεσσι καὶ ἀθλητῆρσι Τρύγωνα ibid. 5 κλεινότατον Κεκρόπων ἐρικυδέος ἕρμα πόλη̣ος 120, 3 δῆμόν τε] Κεκρόπων ἱερὰν βουλήν τε γεραίρων 168, 2 ἐς χθόνα τὴν Κεκρόπων u. s. Dass die Thebaner neben den Athenern und Lakonen in einem Verse genannt werden, entspricht ihrer politischen Bedeutung: es sind die drei Staaten, welche nacheinander (wenn auch nicht in der vom Sibyllisten eingehaltenen Reihenfolge) die Hegemonie in Griechenland innehatten. Demnach dürfte die genuine Schreibung gewesen sein:

ἃ μέλεοι Κέκροπες Καδμεῖοί τ' ἠδὲ Λάκωνες.

XIV 224 καὶ τότε δ' αὖτ' ἄρξει ὑψωρόφος ἄσπετος αἴθων.

Unter ἄσπετος αἴθων kann man sich keine bestimmte Vorstellung machen, ich vermuthe hier eine Corruptel aus αἰετὸς αἴθων, das an derselben Vorastelle bei Homer O 690 vorliegt und dorther von unserem Sibyllisten ebenso entnommen ward wie vom Verfasser des dritten Buches V. 611, wo dieselbe Bezeichnung von einem Könige (Antiochus Epiphanes) gebraucht wird: ὅλη̣ δ' ἐξ Ἀσίης βασιλεὺς μέγας, αἰετὸς αἴθων.

XIV 230 sqq. ἔσται γὰρ μερόπεσσιν ἐφημερίοις ἀνθρώποις
λιμοὶ καὶ λοιμοὶ πόλεμοί τ' ἀνθρωπασίαι τε
καὶ σκότος ἀκίματον καὶ ἐπὶ χθόνα, μητέρα λαῶν,
ἥδ' ἀκαταστασίη καιρῶν καὶ ἀμείλιχος ὀργή
οὐρανόθεν. σεισμοί τε κεραυνοί τε φλεγέθοντες
χάλαιναί θ' ὑετοί καὶ αὐχμηραὶ ψακάδες.

In Vers 230 ist zunächst ἔσται γὰρ unmöglich, da gleich mehrere plurale Subjecte folgen; denn es kann keinen Einfluss üben, dass in Vers 232 sq. singulare Begriffe folgen, da am Schlusse der Prophezeiung des Unheils 234 sq. wieder Pluralität der Subjecte eintritt. Es ist deshalb ἔσονται ἄρ' oder ἔσονται wie XI 260, 281 zu schreiben. Ebenso kann das Wörtchen καί in Vers 232 vor ἐπὶ χθόνα unmöglich richtig sein, es ist meines Erachtens durch περ zu ersetzen. In Vers 234 hat Mai das τε nach κεραυνοί in der Mailänder Ausgabe richtig ergänzt, während im folgenden Verse Alexandre die handschriftliche Lesart κελαινοί in καὶ λάϊνοι änderte, wie XII 75 κελαινὸς ὑετός in καὶ λαϊνός. Nicht unmöglich ist es, dass an beiden Stellen, wie Meineke bezüglich der ersteren vermuthete, wegen des Metrums καὶ λίθινος die ursprüngliche nachmals durch καὶ λάϊνος verdrängte Schreibung war. Die weitere Herstellung des Verses durch Alexandre θ' ὑετοί καὶ αὐχμηραὶ ψεκάδες τε ist ganz unstatthaft: es dürfte καὶ λάϊνοι ὑετοί τ' ἠδέ (oder τε ἠδὲ) ψεκάδες αὐχμηραί zu schreiben sein.

XIV 242 sq. καὶ τότε δ' αὖ πέσεται βασιλεὺς στρατιῆς ἀπὸ χειρὸς βληθείς, οἷά περ οὖ τις, ὑπὸ σφετέρων ἀνθρώπων.

Der Ausdruck στρατιῆς ἀπὸ χειρός ist um so seltsamer, als im folgenden Verse ὑπὸ σφετέρων ἀνθρώπων zu lesen ist. Es liegt nahe, auch hier wie anderwärts in στρατιῆς eine Verderbnis aus κρατερῆς (oder στυγερῆς) zu sehen. Es ist merkwürdig, wie gern die Abschreiber das Wort στρατιῆς an Stelle eines andern in den Text eindringen liessen, vgl. zu XII 97 sq., XII 115 sq., XIV 161, 168. Dass für ἀπό zu schreiben sei ὑπό, vermuthete schon Alexandre in den Curae posteriores, ohne jedoch die Forderung nach einer Aenderung im Texte zu stellen.

XIV 249 εἰς δὲ φέρων νίκος τὸ μετώνυμον, οἷά περ οὐδείς.

So liest man bei Alexandre, welcher νίκος für das handschriftliche νεῖκος in den Text gesetzt hat. Aber die Construction verlangt einen Genetiv, der von dem selbst etwas verderbten Adjectiv abhängig ist, ich vermuthe daher, dass νίκης τὸ ἐπώνυμον die ursprüngliche Lesart darstellt, was mit Berücksichtigung von XIV 311 sehr wahrscheinlich wird: ὁ (τὸ?) πρὶν ἐλευθερίῃσιν ἐπώνυμος ἡγεμονεύσας.

XIV 284 sqq. ἔστι δέ τις γαίη, φύλη τροφὸς ἀνθρώποισι, κειμένη ἐν πεδίῳ, περὶ δ' αὐτὴν Νεῖλος ὁρίζει πᾶσαν ἐπουρίζων Λιβύην ἠδ' Αἰθιοπίαν.

Eine den beiden ersten Versen ähnliche Ausdrucksweise finden wir XIII 43 sq.:

ἤματι τῷ, ἐφ' ὅσον τε φύλη τροφὸς Ἰταλιήων · κειμένη ἐν πεδίῳ Νείλου παρὰ θέσφατον ὕδωρ.

An der früher erwähnten Stelle ist die Messung des ῑ in φῖλη als Länge nothwendig, und da könnte Jemand auf die Idee verfallen, etwa die Form φυλίη einzusetzen. Allein dies ist aus mehreren Gründen unzulässig: zunächst sind die beiden Versschlüsse in XIV 284 und XIII 43 der bekannten homerischen Verbindung φῦλα τροφὸς Εὐρυκλείᾳ β 361 nachgebildet; ferner schützen sie sich gegenseitig, da man für ἐφ' ὅσον τε φύλη nicht wohl wird einsetzen mögen ἐφ' ὅσον φυλίῃ; endlich lässt sich auch die Längung des ῑ entschuldigen: der Sibyllist fand bei Homer Δ 155, Ε 359, Φ 308 φῦλε κασίγνητε mit langem ῑ in der ersten Vershebung vor (über deren Bedeutung Hartel Hom. Stud. I² 122 sq. gesprochen hat), er las wiederholt ἐφῦλατο Ε 61, φύλατο Υ 304, φύλαι Ε 117 Κ 280, φύλονται Hom. Hymn. Demet. 117, 487 mit langem ῑ, das auch von jüngeren Epikern gebraucht ward: dieser Umstand mag ihn veranlasst haben, sich die Länge des ῑ von φίλη auch einmal in der Senkung zu gestatten, zumal es sich um die stereotype Formel φίλη τροφός handelte.

XIV 297 sqq.   οἱ δ' ἱερὴν Αἴγυπτον ἀπήμονα τὴν ἀσύλευτον
βάρβαροι οἰκήσουσιν, ὅταν φόνος ἐκπόθεν ἔλθῃ.
χεῖμα θέρος ποιεῖ· τότε θέσφατα πάντα τελεῖται.

So bieten hier die Handschriften: Alexandre hat βάρβαροι für βάρβαρον geschrieben, ebenso fühlte er, dass οἱ δ' im Eingange von 297 unmöglich ist: „οἱ δ' obscurum est et sane vacat, nisi barbaros Aegyptiis opponit". Ausserdem aber ist in demselben Verse auch τὴν ἀσύλευτον eigenthümlich mit dem Artikel nach ἀπήμονα hinzugefügt. Die genuine Fassung des Verses dürfte vielmehr gewesen sein:

αἳ ἱερὴν Αἴγυπτον ἀπήμονα γῆν ἀσάλευτον
βάρβαροι οἰκήσουσιν

Der Wehruf αἴ wird nicht blos vor einzelnen Ausdrücken wie αἴ αἴ σε πυρίκαυστε πόλις XIV 208 angewendet, sondern auch vor einem ganzen Satze, der eine unheilkündende Prophetie enthält, wie z. B. XIV 144 αἴ μαλερῷ χαλκῷ πόσους παραλήψεται Ἄρης oder XIV 344 αἴ ὁπόσοι φῶτες περὶ κύματα νηχήσονται.

Nicht minder verderbt sind die weiterhin folgenden Worte

ὅταν φόνος ἐκπόθεν ἔλθῃ.
χεῖμα θέρος ποιεῖ· τότε θέσφατα πάντα τελεῖται.

Der Vers 299 findet sich in fast derselben Form wie an der in den Versschlüssen verstümmelten Stelle VIII 214 sq.:

ἀλλ' ὁπότ' ἂν ἀλλάξῃ καιροὺς θεός . . . . .
χεῖμα θέρος ποιῶν, τότε θέσφατα ⟨πάντα τελεῖται⟩.

Mit Rücksicht hierauf nun und in der Erwägung, dass bei den Sibyllisten oft mit dem Zorne Gottes gedroht wird, dürfte zunächst zu emendiren sein ὅταν θεόθεν χόλος ἔλθῃ. Ferner liesse sich χεῖμα θέρος ποιῶν schreiben, vorausgesetzt, dass θεόθεν χόλος als Subject (etwa so viel wie θεός selbst) gefasst werden könnte; sonst ist der Ausfall eines ganzen Verses (wie er VIII 214 vorliegt) zu constatieren.

XIV 301   κἂν μὲν δὴ φράζουσι θεόκλυτα θέσφατα λέξῃ.

Die Lesart δὴ φράζουσι steht in QM, während die Codices VII verderbt δὴ φραζῶσσι bieten. Aber das Activ ist unmöglich, im Sinne des Begriffes „sich ein Orakel geben lassen" muss das Medium stehen, weshalb φραζόμεναι in den Text zu setzen ist. Umgekehrt ist XIV 273, wo von dem Inhalte der χρησμοί selbst die Rede ist, das überlieferte φραζόμενοι, woraus Friedlieb φραζομένους, Alexandre aber φραζόμενος gemacht hat, in φράζοντας zu verändern.

XIV 304   οὔτ' ἂν πανθαλέων δόρυ μακρὸν πᾶσι τανύσσῃ.

So Alexandre. Im Verseingange ist aber überliefert οὔ γ' ἂν in VM, οὔγ' ἂν in H, οὐ γὰρ in Q: ich schreibe ὃς γ' ἂν mit Bezug auf ὕψιστος. Weiters bieten die Handschriften δόρυ μακρὸν ἐπὶ πᾶσι. Aus metrischen Rücksichten hat Nauck μακρὸν δόρυ πᾶσι umgesetzt, Hilberg minder richtig (mit Zulassung der τομή κατὰ τέταρτον τροχαῖον) δόρυ μακρὸν ἅπασι vermuthet. Vielleicht ist am Schlusse des Verses πνάσσῃ (vgl. Hom. Μ 289 χ 419) für τανύσῃ der Handschriften einzusetzen.

XIV 308 sqq. τὸν γὰρ δὴ δούλειον ὑπὸ ζυγὸν αὐχένα θήσει
ὁ πρὶν ἐλευθερίῃσιν ἐπώνυμον εἰς ἐμονίσεις
βουλὰς ἔμπροσθεν μὲν ἀσίθμον οὕτος ἐλίσσων·
ταύτην δουλοσύνην θήσει πολύεδρον ἀνάκτων.

Ich habe diese Verse nach der handschriftlichen Ueberlieferung gegeben; zu bemerken ist noch, dass statt οὗτος (in Vers 310) M οὕτως bietet, der auch εἰς (in Vers 309) hat. Betrachten wir die vorhandenen Cornptelen der Reihe nach, so ist gleich das erste Wort τὸν durch τοῖς zu ersetzen, vgl. VIII 126 οὐκέτι σοι δούλειον ὑπὸ ζυγὸν αὐχένα θήσει. Im folgenden Verse hat Mai ἐπώνυμος ἡγεμόνησας, von Alexandre zu ἡγεμονήσας verbessert, geschrieben, was allenfalls zugestanden werden kann, obwohl es nicht ganz befriedigt. Mit μὲν ἀσίθμον im nächsten Verse ist nichts anzufangen: man muss sich entschliessen, mit Meineke μέγ' und mit Mai ἀσίθμος zu schreiben und auch οὗτος nach Alexandre's Vorschlage in ωθεῖθ' zu verändern, wenn einigermassen ein Sinn herauskommen soll. Endlich glaube ich, dürfte in Vers 311 ausser der schon von Meineke vorgebrachten Conjectur ἀνάκτωρ das räthselhafte πολύεδρον durch πολύδακρυν (mit Bezug auf δουλοσύνην) zu ersetzen sein.

XIV 315 sq. τοῖς κακὸν ἀντὶ κακοῦ δώσει θεὸς ὑψικέραυνος,
ξείνος ξείνον ἀεὶ προνομεύσας χρυσὸν ἀπέλθῃ.

In dieser Weise liest man die Stelle in Alexandre's Ausgabe, indem statt der handschriftlichen Ueberlieferung ἀντ' ἀγαθοῦ — ἀντὶ κακοῦ geschrieben worden ist. Alexandre hielt sich bei seiner Textesänderung fälschlich an den Vers VIII 280, der hier jedoch gar nicht analog ist. Im Gegentheil, jenes ἀντ' ἀγαθοῦ muss stehen bleiben, da es seine Stütze an einem hesiodischen Verse findet, der offenbar dem Sibyllisten vorschwebte. Theog. 585 τεῦξε καλὸν κακὸν ἀντ' ἀγαθοῖο. Im folgenden Verse bieten die Handschriften προνομεύσας χρυσὸν ἀπεχθῆ; Alexandre's Schreibung ἀπέλθῃ scheint mir sehr willkürlich; ich vermuthe, dass einfach προνομεύσας in προνομεύσει zu verändern ist mit Beibehaltung von ἀπεχθή.

XIV 334 καυχὴ δ' ἔσται, νίκος δ' οὐκ ἔσσεται αὐτοῖς.

Den Ausdruck καυχὴ hat Alexandre nach Mai recipirt, der ihn aus der Handschrift M, wo er sich thatsächlich findet, entnahm. Friedlieb schrieb richtig nach H νευμαχίη, was von Alexandre als unwahrscheinlich erklärt ward: nun aber bieten auch die vaticanischen Codices Q V νευμαχίη, so dass die Variante von M als offenbare Verderbnis sich herausstellt; im zweiten Verstheile ist οὐκ ἔσσεται αὐτοῖς aus dem handschriftlichen αὐτοῖσιν οὐκ ἔσται durch Alexandre aus XIII 38 νίκη δ' οὐκ ἔσσεται αὐτοῖς verbessert worden; ob auch νίκη für νίκος zu lesen ist, mag dahingestellt bleiben.

XIV 336 καὶ πολέμοις σκύλευμα γενήσεται οὐκ ἐπὶ δηρόν.

Der von Ω überlieferte Dativ πολέμοις muss durch den Genetiv πολέμου (oder πολέμων) ersetzt werden, was die Satzconstruction gebieterisch verlangt, vgl. VII 58, XI 185.

XIV 340 sqq. Ἰουδαίους ἐλάσουσι μενεπτολέμους ἀνθρώπους
            ἄχρις ἁλὸς πολιῆς κεραΐζοντες πολέμοισι
            ποιμένες ἀμφότεροι περὶ πατρίδος ἠδὲ τοκήων·

Im Verse 340 ist hinter Ἰουδαίους ein δ' einzuschieben. Mit ποιμένες ἀμφότεροι lässt sich nichts anfangen: ich bin der Ansicht, dass hier ursprünglich geschrieben war: ἀμφότερον, πρόμαχοί περὶ πατρίδος ἠδὲ τοκήων. Ich erinnere an ähnliche epische Wendungen, wie bei Hom. Γ 179 ἀμφότερον, βασιλεύς τ' ἀγαθὸς κρατερός τ' αἰχμητής, Λ 418 ἀμφότερον, νέκυάς τ' ἀγέμεν, ἕταροι δὲ μεθ' ὕλην, ξ 505 ἀμφότερον, φιλότητι καὶ αἰδοῖ u. s. Wegen περὶ πατρίδος ἠδὲ τοκήων vergleiche man das Muster Hom. ι 34 ἧς πατρίδος οὐδὲ τοκήων.

XIV 347 δὴ τότε τῶν Ἀράβων μεταλεύσεται αἷμα βρότειον.

In dieser Art lautet die Ueberlieferung der Handschriften ausser Q. worin καὶ δὴ τότε τῶν κτλ. zu lesen ist. Allein τῶν ist hier ganz ungehörig: der Emendation ist die Lesart von Q zu Grunde zu legen, wonach ich zu schreiben vorschlage καὶ τότε δή; der Versanfang καὶ τότε ist ja bei den Sibyllisten ein überaus geläufiger. Weiters ist Ἀράβας zu verbessern, vgl. VIII 157 καὶ τότε θήρα μέγαν μεταλεύσεται αἷμα κελαινόν.

XIV 350 ἀνέρες οἰκήσουσι πόλιν τὴν πολλὰ παθοῦσαν.

Im Versanfange ist eine anreihende Conjunction durchaus von Nöthen, weshalb ἀνέρες δ' herzustellen ist; statt τὴν πολλὰ παθοῦσαν wird man μάλα πολλὰ παθοῦσαν schreiben müssen.

XIV 353 ἀλλὰ μίη φιλότης καὶ εἰς τρόπος εὔφρονι θυμῷ.

Der Sinn verlangt hier vielmehr εὔφρονι θυμῷ, einen Ausdruck, der schon zum älteren epischen Sprachgute gehört, vgl. Hom. Hymn. XXX 14 an derselben Versstelle. In den Sibyllinen lesen wir ihn VIII 497 und anderwärts, III 687, 722 wenigstens den Gegensatz ἄφρονι θυμῷ. Für μίη schlug Nauck μόνον vor.

XIV 356 καὶ τότε δ' ἔτρος ἦεν τὸ θέρος μερόπων ἀνθρώπων.

Für das unmetrische ἦεν der Codices hat Alexandre ἔην in den Text gesetzt, obgleich der Zusammenhang dies Imperfectum als unstatthaft erscheinen lässt. Wie die genuine Lesart gelautet, lehrt die Parallelstelle II 164 ἔρχο τὸ θέρος μερόπων ἀνθρώπων. Dies ἔρχο ergibt hier recipirt den verlangten Sinn, indem es einem ἐστί gleichkommt.

XIV 358 sq. οὐ λέξει τότε τις μεμνημένος ἄλλος ἐθείης,
            ὡς ῥά ποτ' ἀμπαύσει μερόπων γένος ἐλλομένων περ.

Den Ausdruck ἄλλος hat bereits Alexandre aus dem verderbten handschriftlichen ἀλός hergestellt. Aber das vorangehende μεμνημένος hat gar keinen Bezug auf den Context. Es ist seltsam, dass noch keiner der Herausgeber wahrgenommen hat, woher die ganze Wendung stammt: die Erkenntnis hievon hätte auch die Emendation ermöglicht. Man wird keinen Augenblick zögern nach Hom. λ 127 συμβλήμενος ἄλλος ὁδίτης in den Sibyllentext zu setzen. Die Aenderung auch auf das Wörtchen τις zu erstrecken und dies nach dem homerischen Ausdrucke in τοι zu verwandeln, ist nicht erforderlich.

XIV 360 sq. καὶ τότε δ' ἁγνὸν ἔθνος πάσης γῆς σκῆπτρα κρατήσει
εἰς αἰῶνας ἅπαντας ἅμ' ἰφθίμοισι τεκέσσιν.

Statt τεκέσσιν muss τέκεσσιν geschrieben werden, das der Sinn dringend verlangt, da hier nur von der Nachkommenschaft des ἁγνὸν ἔθνος die Rede sein kann. Alexandre hatte in den Noten zur ersten Ausgabe an τέκνοισιν gedacht, diese Vermuthung dann aber wieder vollständig fallen gelassen. In Vers 360 ist πάσης aus ἁπάσης von dem genannten Herausgeber corrigirt worden nach VIII 169, vgl. auch III 49.

INDEX CRITICUS.*)

	pag.		pag.		pag.
Procem. 44 Alex	2	II 240 sq.	20	III 451 sq.	32
„ 49 „	2	II 249	20	III 453 sq.	33
I 50 sqq.	3	II 253	21	III 454 sqq.	33
I 57	3	II 284 sqq.	21	III 457	34
I 66	4	II 288	21	III 501	34
I 70 sqq.	4	II 316	21	III 512 sq.	35
I 87 sqq.	4	II 317	21	III 516 sq.	36
I 94 sq.	5	II 319	22	III 528 sq.	36
I 98 sqq.	5	II 320 sq.	22	III 529 sq.	36
I 120 sqq.	5	II 322	22	III 549 sq.	37
I 189 sq.	6	II 343 sq.	22	III 564 sqq.	37
I 193	6	II 345 sq.	23	III 570 sqq.	38
I 201 sq.	6	II 348	23	III 612	38
I 220 sqq.	6	III 36 sq.	24	III 677	38
I 225 sqq.	7	III 84 sqq.	24	III 680 sq.	38
I 230	7	III 100 sqq.	24	III 699 sq.	39
I 244 sq.	7	III 118 sq.	25	III 704	39
I 247	8	III 123	25	III 761 sqq.	39
I 261 sq.	8	III 129 sqq.	25	III 765	40
I 293 sq.	8	III 135	26	III 779	40
I 309 sq.	9	III 162 sq.	26	III 787 sq.	40
I 324 sq.	10	III 165 sq.	26	III 790 sqq.	40
I 344	113	III 167 sqq.	26	III 803	40
I 363 sq.	10	III 175 sq.	27	III 806	41
II 22 sq.	10	III 224	27	III 808 sqq.	41
II 34	15	III 226	27	IV 1	42
II 39	15	III 234 sqq.	28	IV 13	42
II 52 sq.	15	III 261 sq.	28	IV 19	44
II 71 sq.	15	III 295	29	IV 44	43
II 74 sqq.	16	III 299	29	IV 108	43
II 105	16	III 301	29	IV 114	44
II 109 sq.	16	III 304	14	IV 166 sq.	44
II 121	17	III 333	29	IV 168 sq.	44
II 161	18	III 334 sqq.	30	IV 172 sq.	45
II 182 sq.	18	III 350 sqq.	13	IV 183 sqq.	45
II 184 sqq.	19	III 371 sq.	30	V 1 sqq.	48
II 204 sqq.	19	III 382	30	V 37	103
II 206	19	III 385 sq.	31	V 51	50
II 213	19	III 396 sq.	31	V 55 sqq.	51
II 229	19	III 398 sqq.	31	V 60	52
II 230 sqq.	20	III 421	32	V 65 sqq.	52
II 234 sqq.	20	III 439 sqq.	32	V 85	52
II 239	26	III 450	14	V 92 b sqq.	53

*) Zählung nach Alexandre.

	pag.		pag.		pag.
V 98	54	VII 79 sq.	69	VIII 430 sq.	84
V 100 sqq.	54	VII 119	70	VIII 438 sqq.	85
V 104	55	VII 126	11	VIII 450	85
V 105 sqq.	55	VII 145	70	VIII 452 sq.	85
V 133 sq.	56	VII 157 sqq.	70	VIII 454	86
V 143	56	VII 161	70	VIII 465 sq.	86
V 158	57	VIII 1 sqq.	71	VIII 478	86
V 159 sq.	57	VIII 6 sqq.	71	VIII 478 sq.	87
V 177	57	VIII 12	72	XI 13 sqq.	87
V 179 sq.	57	VIII 14	72	XI 25 sqq.	87
V 186 sq.	58	VIII 25	73	XI 35 sq.	88
V 193 sqq.	58	VIII 44	73	XI 51 sq.	89
V 198	59	VIII 52	73	XI 53 sqq.	89
V 205	59	VIII 54 sq.	73	XI 61 sq.	89
V 221 sqq.	59	VIII 58	74	XI 67	89
V 246 sqq.	59	VIII 78	74	XI 73 sqq.	89
V 250 sq.	14	VIII 95	74	XI 96 sq.	90
V 272	60	VIII 129	74	XI 109 sqq.	90
V 311 sqq.	60	VIII 131	75	XI 114 sqq.	90
V 316	60	VIII 135 sq.	75	XI 123 sq.	90
V 337	14	VIII 139	75	XI 134	90
V 352 sqq.	61	VIII 143	75	XI 140	91
V 356 sqq.	61	VIII 151 sq.	75	XI 148 sq.	91
V 394 sq.	62	VIII 161	76	XI 153	91
V 398	62	VIII 163 sq.	76	XI 155	91
V 405 sq.	62	VIII 171 sq.	76	XI 156 sq.	91
V 421 sq.	63	VIII 194 sq.	77	XI 159 sqq.	92
V 426	63	VIII 196 sq.	77	XI 167 sq.	92
V 428	63	VIII 203	78	XI 171	92
V 431	14	VIII 213	78	XI 186 sqq.	92
V 437	63	VIII 225 sq.	78	XI 191 sq.	93
V 448	63	VIII 249 sq.	79	XI 194	93
V 467	13	VIII 302	79	XI 198	93
V 486 sq.	63	VIII 313 sqq.	79	XI 202	31
V 491	64	VIII 318	80	XI 202 sq.	94
V 502	64	VIII 324 sqq.	80	XI 204 sqq.	94
V 508	64	VIII 333	81	XI 213	94
V 525	65	VIII 335 sq.	81	XI 217 sq.	94
VI 5	65	VIII 337	19	XI 219 sq.	95
VI 11	65	VIII 344	81	XI 221	95
VI 13 sqq.	65	VIII 350 sqq.	81	XI 225 sq.	95
VI 24 sq.	66	VIII 358	82	XI 229	95
VI 26	67	VIII 366	82	XI 232 sqq.	96
VII 7	67	VIII 369 sq.	82	XI 252 sqq.	96
VII 12 sq.	67	VIII 378	83	XI 266 sqq.	97
VII 32	67	VIII 388 sq.	83	XI 270 sq.	97
VII 34 sq.	67	VIII 403	83	XI 292 sq.	97
VII 48 sqq.	68	VIII 408	83	XI 296	97
VII 51 sq.	68	VIII 425	83	XI 297	98
VII 58 sq.	69	VIII 426	84	XI 303	98
VII 76	69	VIII 430	84	XI 304	98

	pag.		pag.		pag.
XI 306	98	XII 289 sq.	109	XIV 98	88
XII 16 sq.	98	XII 294 sq.	110	XIV 109 sqq.	122
XII 21	99	XII 298 sq.	110	XIV 111 sqq.	122
XII 28	99	XIII 1 sqq.	110	XIV 114	122
XII 30 sq.	99	XIII 13 sq.	111	XIV 127	120
XII 32 sq.	99	XIII 21 sqq.	111	XIV 129	123
XII 42 sqq.	99	XIII 39 sqq.	111	XIV 131	123
XII 51 sq.	100	XIII 65 sq.	111	XIV 137 sq.	123
XII 60 sq.	100	XIII 75 sq.	112	XIV 138 sq.	123
XII 78 sqq.	100	XIII 77 sq.	112	XIV 142 sqq.	123
XII 87 sqq.	102	XIII 81 sq.	112	XIV 150 sq.	124
XII 95 sq.	103	XIII 87 sq.	112	XIV 154 sqq.	124
XII 97 sq.	103	XIII 93	113	XIV 158 sqq.	124
XII 101	103	XIII 94	113	XIV 161 sq.	124
XII 102	104	XIII 95 sqq.	113	XIV 164	125
XII 103	104	XIII 103	114	XIV 167	125
XII 105 sq.	104	XIII 119	115	XIV 175 sq.	125
XII 107 sqq.	104	XIII 130	115	XIV 179	87
XII 115 sq.	104	XIII 131 sqq.	115	XIV 180 sq.	125
XII 119	105	XIII 134 sq.	116	XIV 197	125
XII 121	105	XIII 137 sq.	116	XIV 215	125
XII 130 sq.	105	XIII 153	116	XIV 224	126
XII 133 sq.	105	XIII 156 sq.	116	XIV 230 sqq.	126
XII 135 sq.	105	XIII 162	116	XIV 242 sq.	127
XII 138 sqq.	106	XIII 164 sq.	117	XIV 249	127
XII 147 sqq.	106	XIII 166 sqq.	117	XIV 264 sq.	77
XII 152	107	XIII 172 sq.	117	XIV 284 sqq.	127
XII 153	107	XIV 7 sqq.	118	XIV 297 sqq.	128
XII 156	107	XIV 14 sqq.	118	XIV 301	128
XII 162 sqq.	107	XIV 22 sq.	119	XIV 303	77
XII 168	107	XIV 24 sqq.	119	XIV 304	128
XII 175	96	XIV 31	119	XIV 308 sqq.	129
XII 179	108	XIV 32 sq.	119	XIV 315 sq.	129
XII 183	108	XIV 39 sq.	120	XIV 334	129
XII 190 sq.	108	XIV 50 sq.	120	XIV 336	129
XII 209	108	XIV 52 sq.	120	XIV 340 sqq.	130
XII 214	87	XIV 61 sq.	120	XIV 347	130
XII 215	108	XIV 74 sq.	120	XIV 350	130
XII 218 sq.	108	XIV 76 sq.	121	XIV 353	130
XII 221 sqq.	109	XIV 80	121	XIV 356	130
XII 254	105	XIV 82	121	XIV 358 sq.	130
XII 267 sq.	109	XIV 87	122	XIV 360 sq.	131
XII 275	109	XIV 97	122		